2015年度教育部哲学社会科学研究重大课题攻关项目“职业教育现代学徒制理论研究与实践探索”（15JZD046）

职业教育现代学徒制研究丛书

职业教育现代学徒制生涯基础研究

张　宇◎著

中国财经出版传媒集团
经济科学出版社
Economic Science Press

图书在版编目（CIP）数据

职业教育现代学徒制生涯基础研究/张宇著. -- 北京：经济科学出版社，2020.12
（职业教育现代学徒制研究丛书）
ISBN 978-7-5218-2269-4

Ⅰ.①职… Ⅱ.①张… Ⅲ.①职业教育-学徒-教育制度-研究-中国 Ⅳ.①G719.2

中国版本图书馆 CIP 数据核字（2020）第 267828 号

责任编辑：孙丽丽　撖晓宇
责任校对：王苗苗
责任印制：范　艳

职业教育现代学徒制生涯基础研究
张　宇　著
经济科学出版社出版、发行　新华书店经销
社址：北京市海淀区阜成路甲 28 号　邮编：100142
总编部电话：010-88191217　发行部电话：010-88191522
网址：www.esp.com.cn
电子邮箱：esp@esp.com.cn
天猫网店：经济科学出版社旗舰店
网址：http://jjkxcbs.tmall.com
北京季蜂印刷有限公司印装
787×1092　16 开　15.75 印张　300000 字
2021 年 12 月第 1 版　2021 年 12 月第 1 次印刷
ISBN 978-7-5218-2269-4　定价：66.00 元

序　言

学徒制作为一项我国职业教育人才培养模式改革正在如火如荼地进行中，特别是2014年，教育部出台《教育部关于开展现代学徒制试点工作的意见》，正式启动现代学徒制试点工作。学徒制作为一种传统的技术实践学习方式在我国具有悠久的历史，传统学徒制与现代学徒制本质区别是很小的，只是在形式上有很大的区别，比如指导关系的现代化。因此，我们需要借助学徒职业生涯的视角，探究学徒指导作为一种技能实践学习方式在现代职业教育人才培养中的价值，即为何要在现代教育体系中去恢复传统的学徒学习？学徒经历对个人职业生涯成功到底产生了哪些影响？对这一系列问题的回答，能够从根本上剖析我国现阶段实施现代学徒制的价值诉求，这也是我国在现代社会中建构现代学徒制人才培养模式的前提条件。

目前学徒制已有研究中，对学徒制受益者的关注较少，即缺乏对“人”本身的关注。因而对企业专家的学徒经历和职业生涯成功的研究，能够帮助我们回答学徒指导作为一种实践性学习成分在职业教育人才培养过程中的作用，即从问题本源思考职业教育到底应该培养什么样的人才和如何培养的问题。本研究主要采用以建构主义为方法论基础的质性研究方法，从“职业生涯”视角切入，通过对具有学徒经历的企业专家的深度访谈和资料分析，探究学徒经历对各行业企业专家职业生涯成功的影响及其表征，分析学徒经历中的关键要素是如何影响个人职业生涯成功的，以进一步探究学徒制在现代职业教育中复兴的价值。

为了能够更好地分析学徒经历是如何影响个人职业生涯成功的，

本书主要采用扎根理论研究方法，以深度访谈法和非参与式观察法作为主要的资料收集方法，选取50位具有学徒经历的企业专家作为研究对象，并对其学徒经历和职业生涯发展历程进行扎根理论三级编码，对编码结果进行分析。最后本研究认为，学徒经历中的职业身份形成、职业能力提升和社会关系建立对个人主客观层面的职业生涯成功产生重要影响。

首先，学徒经历中的职业身份形成具体表现为职业伦理、职业知觉和职业适应力。职业身份形成是个体获得职业能力的前提条件。学徒经历中的职业身份形成是促进个人职业生涯发展的基础要素。其次，学徒经历中的职业能力具体表现为职业知识、实践技能和职业态度。学徒经历中的职业能力提升是促进个人职业生涯发展的核心要素。最后，学徒经历中的社会关系包括师傅与学徒之间的师徒关系，学徒与其他学徒之间的同辈群体关系以及学徒与行业内大师或技术专家的“重要他人”关系。学徒经历中社会关系的建立是促进个人职业生涯发展的关键要素。

本研究认为学徒经历对个人不同职业生涯发展阶段的影响，可以从职业生涯发展初期、职业生涯发展中期和职业生涯发展后期三个阶段进行分析，包括职业身份形成、职业能力提升和社会关系建立之间的相互作用，最终促进个人在工作世界中取得职业生涯成功。在职业生涯发展初期，新手学徒通过师傅的指导获得额外的知识。在职业生涯发展中期，学徒在师傅的指导下，通过体验学习方式在有效支持的环境中扩展知识。在职业生涯发展后期，学徒个人经验和先进的系统思维得到师傅的支持和肯定，学徒可以成为指导其他学徒的师傅。在此过程中学徒经历中的职业身份、职业能力和社会关系对个人不同职业生涯发展阶段产生交互影响，在不同职业生涯发展时期对个人职业生涯成功发挥促进作用。

综上所述，本研究在理论分析和实证数据的基础上，构建了学徒经历对个人职业生涯成功的影响模型，揭示了学徒经历中的个人职业身份形成、个人职业能力提升以及社会关系建立对个人职业生涯成功和职业生涯发展的影响。学徒指导作为一种技术技能人才的实践学习方式，在促进个人职业生涯成功和职业生涯发展的过程中表现出以下具体价值：(1) 职业身份形成促进个人快速适应工作真实情境；(2) 职业能力形成促进个人获得行业关键技术要点；(3) 社会关系形成促进个体建立行业相关人脉资源。

目前我国职业教育现代学徒制的试点工作还存在一些问题，例如，难以确保校企合作育人的长效机制、缺乏完整的学徒利益保障体制、缺少国家层面的学徒培养质量认证以及缺少企业师傅和学徒的劳动安全保护。基于上述研究，职业生涯视角下的职业教育现代学徒制实践价值表现为，明确现代学徒制促进个体职业生涯发展的理念、关注现代学徒制促进从业人员职业身份的形成、重视现代学徒制促进个体岗位核心能力的培养以及加强现代学徒制促进师徒关系稳定发展的设计。

目录

Contents

第一章

国际比较视野下学徒制在现代社会复兴的生涯基础

学徒制是一个起源于前工业社会，又在工业社会的主导下获得新发展的技能学习方式。目前有关学徒制的研究主要集中于西方学徒制的经验介绍及其功能方面，近来也有学者关注学徒制背后的社会制度环境，但是未能从学徒制的主要受益者——学徒的角度，即从个人职业生涯发展角度进行研究与思考。虽然管理学、心理学等研究领域开始关注学徒制的微观层面，即现代学徒制中的师徒指导对职业生涯成功的影响和收益，但他们感兴趣的是学徒指导作为一种企业培训手段对公司内部组织的影响，这既没有关注到学徒指导的内部关系结构，也忽视了学徒作为个人受益者在学徒制中获得的学习结果与效益。值得注意的是，学徒作为学徒制实施的主要受益人，是学徒制评价效果的核心指标。与心理学家关注学徒学习结果不同的是，教育学领域更关注师徒指导对学徒技能形成的教育过程，比如师傅指导时间和师傅指导方式对学徒学习的作用变化①。我国目前正在大力提倡师带徒学习方式与学校职业教育结合，进行技术技能人才的培养。从职业教育积极实施现代学徒制人才培养模式的现实情况来看，对企业专家学徒经历的分析以及学徒经历对个人职业生涯成功的研究，能够从本源上剖析目前实施现代学徒制的价值和效果。

---

① 赵志群、陈俊兰：《现代学徒制建设——现代职业教育制度的重要补充》，载《北京社会科学》2014 年第 1 期。

第一节　核心概念界定

从个人职业生涯发展的角度研究现代学徒制实施的价值问题，其本质就是要分析具有学徒经历的企业专家职业生涯发展历程，探寻学徒经历中有哪些关键要素对个人职业生涯成功产生影响并且是如何产生影响的。因此，学徒经历、职业生涯发展和职业生涯成功在本书中是较为重要的核心概念，本书的分析和论证都是围绕这几个重要概念展开。

一、学徒经历

从个人职业生涯发展的视角研究现代学徒制实施的价值问题，本质上是要分析企业专家的学徒经历对其职业生涯发展的影响，因此企业专家的“学徒经历”是本研究重要的变量。“经历”既可以作为名词，指代个人亲身见过和做过的事情，还可以指个人亲身遇到过，强调动作行为。因此，本研究将经历界定为亲身做过和实践过的事，在一定程度上可以将“经历”理解为“经验”。从教育学来看，学徒经历类似教育过程中的“学生”，但又不是基础教育学中完全意义上的学生，较为类似的是高等教育学中的“研究生”培养，即学徒在技能学习过程中，不像基础教育中的学生那样会按照特定的教学标准进行学习，更多是在具有丰富工作经验的师傅的指导下进行的与工作岗位内容相关的知识、技能与态度等方面的学习。在教学过程中，师傅主要以口传身授为主要的技能传递形式。与学校职业教育相比，学徒经历更为强调将个体的实践技能学习寓于真实的工作情境中，学徒在完成工作任务的过程中学习职业相关的知识、技能和态度等。

从社会学角度来看，学徒经历中的“学徒”不仅是一种职业身份，也是一种社会关系中的身份类型。在传统社会中，学徒群体是一种职业阶层，还是特定的社会阶层。学徒制除了能够为学徒工签发进入特定职业或行业的“资格证书”，还是一种社会阶层流动机制。从心理学角度来看，学徒经历是学徒在师傅指导下进行的技能学习方式，学徒可以界定为对某一领域的技能经验不足的新手。从管理学角度来看，人力资本理论认为个人之所以会产生不同的人力资本价值和差异，主要是因为个人学习、生活和工作的亲身体验过程不同。因此，本研究将学徒经历定义为，在真实的工作场所中，工作经验丰富的企业师傅为使学徒达到一定的技能目标进行的与工作相关的指导，其中包括师傅对学徒的职业生涯指导和社会心理指导。职业生涯指导包括师傅对学徒进行的与职业相关的专业知识、技能以及态度等方面的指导，社会心理指导是指师傅为使学徒能够适应工作岗位和职业生涯发展对其进行的心理层面的指导。

此外，本研究认为学徒经历是一个立体结构，其中主要包含四个方面的内容（见图 1－1）：学徒指导关系的确立（确定的方式和时间，师徒关系）、学徒指导内容、学徒指导方式以及学徒指导周期和频率。学徒指导关系的确定一般存在两种：学徒和师傅双方选择和企业指派。确立时间是指何时确定学徒与师傅的指导关系，通常是在学徒正式进行技能学习开始之间，也有部分是在职业生涯发展中遇到专业问题后再确立的师徒关系。学徒指导内容是有关“师傅指导学徒什么”的问题。指导方式是有关“师傅如何指导学徒”的问题。指导周期和频率等同于修业年限，是指学徒与师傅正式确立师徒关系一直到学徒期满这段时间，通常学徒学习结束时，企业或师傅会要求其完成一定的技术操作或工作任务，如果学徒达到评价标准，即可以成为独立的工作者。指导频率是指师傅指导学徒的次数，指导周期和频率直接影响学徒指导的程度。

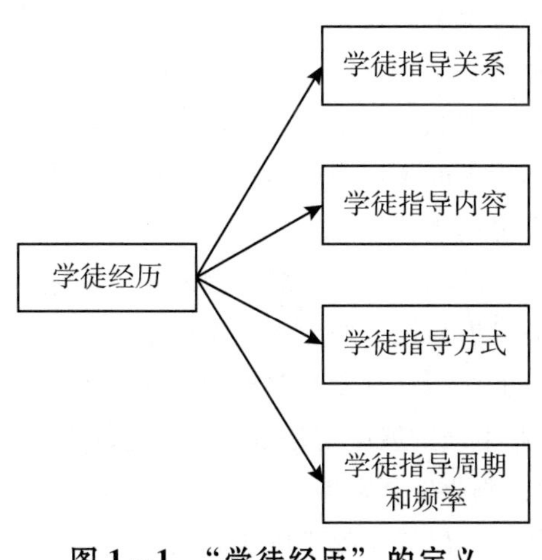

图 1－1 “学徒经历”的定义

二、职业生涯发展

广义的职业生涯（career）是个人在其一生中所承担的以职业发展过程为主的工作历程。有研究者认为“职业生涯”和“生涯”的概念是等同的，因为人在进入工作场所以前的学习实践，可以理解为职业（生涯）做准备，退出职业活动后，他的生活也与之前的职业有关。即职业生涯和生涯之间没有明确的界限，因此二者可以混淆使用。然而冯大奎（2012）认为职业生涯是一个人的职业经历，即个人从入职开始，到离职结束。[①] 沈和赫尔（2004）认为职业的概念是一生中扮演角色的整合体[②]。而从狭义上来看，西尔斯（1982）将职业生涯定义为一生的全部工作。因此本研究认为，严格意义上的职业生涯是狭义的，即个人从入职到离职的人生经历，而不是人的整个生命历程。

克诺（2007）认为职业生涯可以划分为四种类型，分别是直线型、专业型、螺旋型和短暂型四种。直线型职业生涯是指个人在科层组织中，按照既定的职业路径进行发展；专业型职业生涯是指个人在某一工作领域中，长时间追求知识和技能最大化的提升；螺旋型职业生涯是指个人按一定的周期和频率在工作领域之间的工作变换，在不同的工作过程中积累相关的工作技能和经验；短暂型职业生涯是指个人在工作不相关的职业领域中不停地进行工作更换和变更[③]。

职业生涯发展是人的职业活动、职业生涯内容、职业收获由低级到高级、由简单到复杂、由少到多正向演化的过程。个体的职业目标是以职业生涯发展为前提条件，无论是客观职业成就还是主观职业成就都必须通过职业活动和职业行为获得保障。职业生涯发展建立在个体做出职业结果的基础上，它是职业结果的一个重要方面。舒伯的生涯发展阶段理论包含人一生的完整发展过程，并将生涯发展分为五个阶段。本研究在此基础上，认为职业生涯发展（career development）是指个体在工作中所经历的职业、工作以及职位之间相互关联的序列。职业生涯发展理论认为职业生涯中人的主体活动是与职业相关的内容，职业生涯的演化过程遵循产生、发展和衰退的规律。

因此，本研究将个人的职业生涯发展过程划分为职业生涯发展早期、职业生涯发展中期和职业生涯发展后期。职业生涯发展早期是指个人刚结束学习生涯进入劳动力市场，谋取可能成为一种职业基础的第一项工作，个体在此期间的年龄可能在 15 ~ 25 岁；职业生涯发展中期是指个人已经成为工作组织中的正式成员，一般年龄在 30 ~ 45 岁；职业生涯发展后期是指个人从 45 岁开始直到退休，或继续在行业内的兼职工作，可以说是处于职业后期阶段。需要指出的是，本研究虽然基本依照年龄增大顺序划分职业发展阶段，但并未囿于此，其阶段划分更多的根据职业状态、职业行为和发展过程的重要性，又因为每人经历某一特定职业阶段的年龄有别，所以，这只是大致的年龄跨度，并且职业阶段的年龄有所交叉。同时，在职业生涯发展研究中通常会用到职业生涯成功的指标进行结果的测量。

---

① 冯大奎：《生涯发展导论》，新华出版社 2012 年版，第 42 ~ 50 页。

② Shen Y. J, Herr E. L. Career placement concerns of international graduate students: A qualitative study [J]. *Journal of Career Development*, 2004, 31 (1): 15 - 29.

③ Kerno S. Continual Career Change: Tomorrow's Engineers Will Need to be Adaptable [J]. *Mechanical Engineering*, 2007, 129 (7): 30 - 33.

因此本研究中所涉及的“职业生涯发展”一词更多的指向基于个人产生工作绩效的结果。

三、职业生涯成功

职业生涯成功（career success）的研究最早可追溯到1934年美国心理学家桑代克的《预测职业生涯成功》，在这本书中，桑代克提出职业生涯成功的内涵、标准和测量以及职业生涯成功的影响因素。随后，在1982年，斯通普夫在《管理职业生涯》一书中将职业生涯成功定义为，个人在职业生涯发展过程中不断积累的、与职业生涯相关的积极工作成就或职业心理满足感，例如个人收入、权力、职业声誉和职业地位等，而后者主要是指个人的职业满意度等。塞伯特（1999）认为职业生涯成功是个人在工作经历中逐步积累起来的工作成就和积极的心理感受①。

本研究认为职业生涯成功可以划分为两大维度，即主观层面和客观层面。主观层面的职业生涯成功是内部关注取向，它是个人对其职业生涯的独特评估，如“工作满意度”“职业满意度”“职业承诺”等；客观层面的职业生涯成功是指可测量的和评估的外部关注成就指标，如“职业收入”“职业晋升”“职业地位”等。主观与客观层面的职业生涯成功指标之间是相互依存的，例如，客观的成功指标可能会影响职业满意度等主观因素。

第二节　主要发达国家学徒制在现代社会复兴的生涯基础

学徒制在世界各地广泛实施。国际劳工组织分析了实施学徒制人才培养模式的14个国家和地区，分别为澳大利亚、奥地利、加拿大、中国、丹麦、法国、德国、意大利、印度尼西亚、爱尔兰、瑞士、土耳其、英国和美国。研究发现，在这些国家中学徒制表现为如下特征：（1）学徒合同的期限通常为2~4年；（2）学徒与企业雇主之间要签订劳动合同；（3）学徒在培训期间作为准员工，企业要支付津贴报酬。虽然这些国家在学徒制实施方面存在相似之处，但这些国家在劳动力市场的其他体制特征上往往有所不同。在此过程中，德国、美国、英

① Seibert S. E，Crant J. M，Kraimer M. L. Proactive personality and career success［J］. *Journal of applied psychology*，1999，84（3）：416.

国和澳大利亚等国家的学徒制实施过程也在不断发生变革。

一、德国双元学徒制教育研究

在德国，“双元制”是德国职业教育和学徒制的代名词。双元制是德国学徒制的典型模式，它能够帮助青年人实现从学校到工作的平稳过渡，其核心目标是使年轻人获得从事某种职业的资格水平。2017 年，德国 15 ~ 24 岁的青年失业率仅为 6.8%，而在希腊、西班牙和意大利等国家失业率超过 30%。尽管德国学者们反复讨论过“双元制”的挑战和弱点，例如双元制缺乏差异性和灵活性，导致双元制的吸引力降低，但其培训成本较低，便于企业与学校之间的合作。因此，双元制成为德国最常见的职业教育形式。15 岁及以上的德国人口中近一半已经通过双元制培训并获得了职业证书。从职业教育统计数据来看，2018 年，约有 140 万青年人参加双元制培训，约 125 万人在学徒制度以外的职业学校学习，其中包括同样实施双元制模式的医疗保健等行业。[①] 在德国，企业中有相当一部分具有中等职业资格的劳动力，特别是在大公司和手工艺行业。与英国和法国不同的是，在德国经济体中几乎所有的行业部门都能看到双元制的身影，不论是政府公务员还是金融行业。

（一）法律和制度：两套教育培训和管理系统

德国学徒制的典型特征是具有相互独立的两套教育培训和管理系统。参与学徒制的学生具有双重身份，他们既是企业的学徒，又是职业学校的学生。从德国职业教育的历史发展来看，德国发达的行会制度和立法为传统学徒制、双元制和现代学徒制的发展奠定了扎实的制度基础。德国学徒制既满足教育规律又体现了法律和体制特征，它依托于一个具有供应商市场并且性质运作良好的培训市场。校企双方签订培训合同后，培训过程中的主要财务责任由企业承担，其中包括培训津贴、培训人员、设备、培训管理和社会保险缴款等学徒培训中产生的直接和间接费用，企业实施的双元制主要由企业雇主出资。早在 19 世纪末，《手工业保护法》的颁布对行业协会管辖的学徒制培训内容和质量赋予了更大的管制权力。虽然目前手工业在经济比重中呈现下降趋势，但是一直以来它体现了工作场所技能传承的优良传统。在体制上，行业履行重要的公共职能，如考试和对培训企业的监督。1969 年德国《职业教育法》的颁布为德国职业教育校企合作的困境提

① Ebbinghaus M. Training marketing by German companies. Which training place characteristics are communicated? [J]. *International Journal for Research in Vocational Education and Training*, 2019, 6 (2): 102 – 131.

供了解决思路，对学校和企业之间的分工进行保障，如学校主要为学生提供基础知识，为通过考试的学生颁发毕业证书；企业主要对学徒进行技能实践教学，学徒首先要获得企业提供的岗位才能申请进入职业学校学习，企业与学徒要严格按照所签订的合同进行培训，学徒在企业培训合格后，授予相应的职业资格证书。

（二）企业为主导：贴近真实岗位实践

德国以企业为主导的学徒制具有贴近真实岗位实践的特点。首先，德国以企业为主导的学徒制具有浓厚的历史文化根源。德语中的“职业”（Beruf）一词本身就具有文化和宗教伦理的色彩，译为“天职”，从对职业内在的崇敬到尊重职业教育，特别是达成企业为主导的职业教育共识。企业为学徒制实施提供丰富的实践教学和真实岗位体验。其次，行业中的劳动共同体制度也是促进企业民主化的重要方式之一。劳资共决制度作为劳动共同体制度的核心，为德国以企业为主导的学徒制发展创建了集体主义的管理体制和框架，通过协商的方式规定学徒工的培训时间、劳动收入与福利、招生数量等，避免了工资差距的增加以及行业企业之间学徒流动，造成企业之间的恶性竞争。在现代社会，除了德国一直延续至今的文化传统和劳资制度以外，德国学徒制能够经久不衰的主要原因还在于以下两点：一是德国学徒制培训主要是通过创造新职业和更新现有职业而不断实现现代化的。例如，在 1998～2009 年期间，总共修订和更新了 267 项需要完成正规职业培训的职业。学徒制持续不断的现代化进程对于职业培训系统应对挑战具有重要意义，如行业产业结构升级对用工需求的变化和人才就业能力要求的提升。二是为了增加学徒制培训的灵活性，在学徒制课程模块化培训基础上，将培训分解为经过认证的培训模块，使企业、教育提供者和学校不仅能够提供培训方案的一部分，以及能获得公认的职业资格。例如，在学校完成模块的学生继续参加公司学徒职业培训时，可以因此获得学分。双元制目标是提高学徒培训和其他类型的培训课程之间的流动性。

（三）政府部门：更新政策措施和加大财政补贴力度

德国政府在职业学校和外部职业培训机构设立了职业培训方案，使年轻人能够获得充分的学徒职业资格。它与学校到工作的过渡制度不同，参加培训的青年人可以获得与学徒培训同样的职业资格。职业培训方案的好处是，它直接提供了充分的学徒名额的替代办法。虽然鉴于未来的人口趋势，这些措施的需求可能会减少。然而，如果德国政府要履行为青年人提供教育的义务，就不得不重视这些替代措施。政府公共政策措施必须灵活应对不同的情况，定期加以调整，并帮助青年人作出职业决定。此外，政府也将继续为企业提供财政援助。企业利用政府补贴的联邦和州资助方案，可以尝试增加徒培训数量。联邦劳动和社会事务部以培训奖金形式提供财政援助。提供额外学徒培训的企业可获得 4 000 ~ 6 000 欧元的额外学徒培训补贴。联邦劳动和社会事务部的培训奖金方案于 2008 年启动，目的是资助总共 10 万名学徒。然而，截至 2009 年，受补贴学徒的实际人数仍然不到 20 000 人。① 从这个例子中可以明显看出，政府通过财政补贴直接影响企业的培训决策存在局限性。

（四）社会层面：加强对从学校向工作世界过渡的支持

德国政府正在利用一些援助措施，努力促进学生从普通中学向学徒培训的过渡，特别针对在学校表现不佳的年轻人。这些措施弥补了普通中学的不足，目的是确保青年人获得成功学徒培训所需的基本知识和态度。它们还特别侧重于加强学生在校期间的职业取向，并在学徒培训过渡期间向成绩低的离校生提供监督和援助。例如，在企业师傅的帮助下，为需要过渡到学徒市场的年轻人建立支持制度。这类支持从学生完成普通中学教育的前一年开始，通常应在个人开始学徒培训后六个月结束，这种援助总共可以持续两年。在未来几年里，企业可能发现招聘高素质的年轻工人比过去困难得多。因此，在某些情况下，企业仍要将具有较低学历的年轻人作为学徒培训的目标群体。同样，展望未来，应采取更多措施确保培训公司的要求与年轻人职业培训的愿望更好地匹配。一方面，公司可以加大招募年轻人的力度，并使某些职业的培训名额更具吸引力；另一方面，应该向离校生提供更多有关工作机会的信息。尽管存在大量尚未找到合适学徒培训的年轻人，但匹配过程的失败可能导致熟练工人更为短缺。

（五）教育结构：加强学徒制与高等教育之间的融合

德国“双元制大学”是一种大学与职业教育相整合的教育模式。这种教育模式重视大学与企业实践伙伴联合培养学生，学生理论学习在大学进行，职业实践能力从企业获得，是一种理实一体化的人才培养模式。双元制大学重视研发企业和高等教育机构之间的合作，具有如下特征：延续传统学徒制中企业和学校双重学习场所、培训内容符合企业要求和科学相关性、企业参与意愿强烈、培训目标指向劳动力市场所需的学位、课程教学中注重理论和实践之间的联系。2004 ~

① Gessler M. The Lack of Collaboration Between Companies and Schools in the German Dual Apprenticeship System: Historical Background and Recent Data [J]. *International Journal for Research in Vocational Education & Training*, 2017, 4 (2): 164 - 195.

2016年间，高等学徒制所开设的课程数量从500门增加到1592门。双元制大学代表了德国高等教育体系的一种新的结构扩张，并在一定程度上复制了双元制系统的职业原则。

二、美国青年学徒制教育研究

随着21世纪以来全球竞争的加剧，美国劳动力发生了很大的变化，企业为降低劳动力资本，不断适应新技术变化，同时造成劳动力规模的减少。企业劳动力为了更好地胜任现有工作岗位，越来越多的在岗工人希望获得多样化的技术技能。由此，工作本位学习特别是青年学徒制的参与人数正在迅速增长。“工作本位学习”和“青年学徒制”对所有职业发展专业人员都具有重大意义。与其他工业化国家相比，美国高中毕业生进入劳动力市场的困难在于从教育到就业的转变。在德国，几乎所有寻求就业的高中毕业生都能迅速从学校过渡到就业，而美国的青年劳动力通常会进入“二级劳动力市场”，也就是说，他们要在提供低薪的、没有工作保障、没有健康、病假或休假福利，也没有职业晋升机会的工作中就业。国家教育与经济中心主席马克·塔克（Marc Tucker）在《学校与工作的联系》中说：“美国从学校到工作的过渡制度在工业化国家中是最糟糕的”。青年学徒制旨在提高青年劳动力的技术技能水平，让其找到满意的工作。

（一）法律和体制：健全严谨的政策框架

学徒制在美国具有一定的历史发展，学徒制是让技术技能人才做好就业准备的方式和手段。美国学徒制发展之初就非常重视法律和体制的建设。在1911年，威斯康星州首次建立“注册学徒制”体系（Registered Apprenticeship）。紧接着，在1943年第一部为在职培训和学徒制体系建设提供新平台的联邦法律《国家行业复兴法案》颁布，它为产业工会和政府开发的产业标准提供机制，并对建筑行业学徒制制定规章。1937年《菲茨杰拉德法案》又称为《国家学徒制法》（*the National Apprenticeship Act*）的颁布和修订为国家学徒制咨询委员会起草规章制度和建立标准提供了依据。同时，由美国劳工部和培训管理局负责《国家学徒制法》的管理。美国劳工部学徒办公室与25个州学徒机构协同管理全国学徒计划，其主要职责为对满足联邦和州标准的学徒制专业进行登记、向学徒颁发职业资格证书、促进新学徒项目的开发、确保学徒培训的质量等。近年来，美国为振兴制造业，对技能人才给予高度重视。2017年6月，特朗普政府颁布《在美国拓展学徒制总统行政令》推进学徒制实施，并成立专门的学徒制扩展工作组进行学徒制战略研究。伴随总统行政令还相继出台《学徒制项目、劳工注册标准、政策修订》《产业认可的学徒制》《注册学徒制项目劳动标准》等。美国统筹学徒行业分布和规模是美国学徒制取得成效的主要原因，同时建立了强有力的政策框架和推进学徒制的跨部门协同合作。

（二）政府规划：推进学徒制与高中生涯技术教育合作

美国教育部主要通过社区学院和高中生涯技术教育开展学徒制。从美国职业教育发展来看，20 世纪 90 年代技术准备是美国教育部门的举措之一，它为年轻人提供学习机会，并涉及企业和社区学院之间的合作。技术准备是为高中毕业生从学校到工作提供成功就业机会，特别是注册学徒制的实施。首先，2017 年，美国教育部推进高中阶段的生涯技术教育学生学徒制项目，学徒主要是来自高中生涯技术教育的在校生，学生及其家长签订书面协议，培训时间是在放学后或假期的非学习时间。同时，企业也要签订相应的协议，在特定的时间、特定的领域或岗位提供正式的培训，与学校保持一致。企业会为学生制定熟练工人或者指导教师作为企业师傅。学徒的薪资按照协议的规定执行，薪酬不得低于州一级职工最低工资标准。最理想的情况是，学生在完成高中生涯技术教育学业后能够参加全日制的学徒制教育，这样可以在已经掌握工作技能和知识的基础上继续与学习工作相关的知识和技能。该项目分别在北卡罗来纳、威斯康星和南加州等地区实施和推进。例如，在北卡罗来纳州，青年学徒制为高中生提供就业机会，获得中等教育生涯技术教育课程学分、学院学分和在岗培训，学生毕业后完成带薪学徒制学习，获得副学士学位。其次，美国实施“高中生涯技术教育学生 STEM 学徒制路径”项目。2018 年，美国教育部积极创新推出该项目，项目的目的是支持各州学徒制扩展计划，通过在科学、技术、工程和数学以及计算机科学在内的领域开展学徒制，提升生涯技术教育高中生向高等教育阶段转换能力和就业能力。该项目要求至少一个企业雇主与高等教育合作开展项目，企业雇主提供学徒学习的技能内容、资助、薪酬等。因此，企业雇主的合作是发展与维持该项目的关键。

（三）实施机构：社区学院协会全方位开展学徒制

美国青年学徒制实施的主要机构是社区学院，这主要得益于社区学院本身的优势。社区学院的学校董事会一般由地方公民选举产生，因此它要面临多样化的社区服务工作，如学术理论、职业生涯、技术服务和休闲娱乐等。同时，由于董事会是从当时进行推选的，因此他们非常熟悉社区和当地的情况，重视和帮助当地企业的发展和经济需求，为企业提供相应的服务和促进学徒制的发展。社区学院能够在不同的组织之间建立合作伙伴关系，这些都为学徒制的实施奠定基础。

社区学院中的职业咨询委员会负责监测各种职业和技术专业，同时遵守《帕金斯生涯技术教育法案》中的委员会组成和安排等。社区学院在促进学徒制实施方面做出以下举措，首先，为学徒提供“双元”招生服务，一方面为学院招收学生，另一方面为州劳工局招收注册学徒制学徒；其次，社区学院能够对专业计划安排做出快速反应，对大范围的学徒培训领域提供支持；此外，社区学院也为合作伙伴提供学徒制补充资金。学院通过不同的渠道获取学徒制补充资金，并为企业节约成本。2017 年开始，美国社区学院协会与美国劳工部达成合作伙伴关系开展相关项目，积极回应学徒制扩展需求，在教育部学徒制扩展计划框架下，强化社区学院在学徒制培训领域的参与度。此外，社区学院协会还启动了“社区学团学徒制扩展项目”，与劳工部共建学徒制网络，组织国内和国际性学徒制研讨会，对社区学院学徒制实施情况进行系统报道，在社区学院体系扩大学徒制的影响力和实施范围。

（四）行业层面：多样化的学徒制合作团体和模式

注册学徒制的实施主体是行业和企业。企业聘用的学徒在州一级劳动部门注册和学习，与当地的学校或社区学院签订培训协议。同时，不同企业合作成立行业组织、行业联合会、企业宣传团体和企业联盟等，与社区学院和劳动部门协调为学徒制开发培训标准。行业协会能够协助当地企业找到其所需的技术技能人才，例如南佛罗里达生产制造商协会启动机械学徒制计划，该协会主要负责学徒注册、课程开发、与高校合作以及技能标准制定等，这样可以解决当地企业的技术人才短缺和人才培养的问题。通过行业协会的安排，能够减少学徒制计划参与成员之间的成本核算，同时，如果一家企业不能承担特定领域的培训任务，那么其他企业也可以为学徒技能培训提供机会。企业宣传团体能够为当地企业承办学徒制提供场所，指导和实施基于行业的技能标准，并为社区学徒提供团队合作的机会。例如，华盛顿汽车零售协会作为汽车服务技术员培训的宣传和领导者，对美国国会大厦地区的经销商开展学徒制培训，主要做法是创建培训中心和研究院，雇用工作人员负责与学徒、经销商和相关培训组织对接，通过多个教育场地实施培训，学徒培训后还会获得相应的奖学金等。企业联合会是指一部分有代表性的企业通过享受集体资源实施学徒制，这种行业合作模式被称为“学徒制 2000”，比较有代表性的实施模式是在北卡罗来纳州，这种模式是两家或多家企业为解决各自技术技能人才短缺问题联合实施学徒制计划，共同建立企业联合会并展开注册学徒制。例如，在北卡罗来纳州，两家在机械生产设备方面都存在招聘难题的公司联合其他公司开展学徒制计划，通过对学徒提供四年制培训，为他们支付专业学位课程学费并提供福利，确保学徒完成学徒制学业的同时取得学位证书，并作为企业的储备人才。虽然美国企业在学徒制实施方面发挥的作用并没有像德国双元制那样明显，但是美国学徒制通过多样化的企业伙伴关系，促进了学徒制培训应用的不断发展。

汉密尔顿在《美国的选择：高技能还是低工资》中提出，青年在高中毕业后发现企业雇主不愿雇用其从事初级劳动，大多数从业者直到25岁左右都在中等劳动力市场上从事低端低薪工作。他提出假设，如果青年没有按时进入二级劳动力市场，是否会促进其职业成熟度的发展？即通过青年学徒计划改变青年的职业认知、职业态度和职业选择等。因此，有研究者提出在美国创建和实施三种不同的青年学徒计划，包括：(1) 面向十一年级学生的“职业意识学徒制”，目的是让他们尝试与各种各样的职业相关的各种工作任务；(2) 十二年级学生的“职业探索学徒制”，旨在使青年能够在一个职业集群（career cluster）中尝试各种形式的工作活动；(3) 针对社区大学生的“技能习得学徒制”，旨在帮助青年在特定的职业分组中培养技能和专门知识。

三、英国现代学徒制教育研究

英国学徒制实施的历史悠久。然而，从20世纪60年代初开始，人们越来越关注学徒培训的数量和内容。1964年通过了《工业培训法》，对雇主征收强制性税费，同时为培训提供资金，培训公司获得回扣。此外，政府在学徒制政策实施方面进行了重大改革，减少了学徒在企业的实习时间并延长学校出勤时间。尽管进行了这些改善，学徒制仍然面临压力与挑战。从20世纪60年代末开始，学徒人数开始下降。除了征税之外，英国政府针对学徒颁布的法律政策减少。随着1979年撒切尔保守党政府的选举，政策转向反对学徒制计划，原因是英国政府认为学徒制落后、限制性强且过于以工会为导向。在新自由主义思想的影响下，英国政府废除了征税制度，恢复了市场化的做法，其他政策进一步损害了企业雇主的利益或培训动机。大型公用事业的私有化将重点从长期投资学徒制转向更短期的企业利润最大化。同时，传统制造业的衰落使情况更加复杂。经济增长缓慢、失业率上升，学徒人数减少。最后，新自由主义的劳资关系政策减少了工会会员制和行业谈判。

到20世纪90年代初，由于技能短缺和青年失业率上升，培训重新获得了优势。1994年，保守党政府在新的领导下，开始重大政策改革，并推出了所谓的“现代学徒制”。该倡议涉及以下事项：第一，现代学徒制涵盖传统学徒制，借鉴先前解决青年失业问题的计划，包括传统行业和新服务业。第二，所有部门必须在新的国家级机构以及新的行业级培训组织和技能理事会的主持下制定培训标准和评估框架。第三，应用了“基于能力的培训”的新教学法。能力本位教学优先考虑对实际工作绩效的评估，淡化了课程和理论。第四，引入了新的国家职业资格制度，尽管与传统资格制度重叠。将学徒准入资格等级设定为三级或四级，相当于中学毕业以上，但一些特别的行业可放宽要求，如在建筑业和服务业，学徒达到二级即可。同时，英语、数学和职业特定的技术知识测试是可选的额外测试，但后来被强制进行。第四，政府为非工作培训提供经费。随着服务业的快速增长和来自工业界的补贴压力，培训人员的资金投入有所增加。

新自由主义政策对现代学徒制的设计和实施产生了关键影响。例如，新制度明确指出由“企业雇主主导”，工会或学院很少参与学徒制的培训内容和管理。然而，在实践中，公司的实际参与率往往很低。具有讽刺意味的是，政府在系统设计和运作方面仍然占主导地位。2000 年后，政府和雇主继续改革这一制度，其举措包括设置四级资格及以上的高级学徒、24 岁以上的学徒有资格获得资助，还制定了课程标准、实际测试和大学出勤率。

（一）法律制度：明确的法律制度基础和运行规则

英国现代学徒制主要以法律、规则、政策和条例等制度要素对学徒制实施的规则设定、经济激励和学位学徒制的合法性地位进行规制。2009 年英国政府通过《学徒制、技能、儿童与学习法案》，重新确定了学徒制的法律地位，提出企业雇主应为年轻人提供多样化的培训机会。2012 年《理查德学徒制评论》中指出英国学徒制存在的问题根源是企业雇主参与力度不足，应重视企业雇主在学徒制实施中的核心地位。2013 年《英格兰学徒制的未来：执行计划》中明确提出学徒制实施的改革目标。2015 年启动《英格兰学徒制未来——开拓者指南：从标准到新项目》，其中引入了能力导向的学徒制计划终点评估。同年《英格兰学徒制标准规范》中再次对英国学徒制标准中的各项指标进行明确规定，包括硬指标和软指标，体现了企业雇主主导学徒制的合法性。在此基础上，英国政府为了激励更多的企业参与学徒制计划，提高学徒制实施的质量要求。从 2017 年春季开始，英国政府开始征收学徒税。对于年薪超过 300 万英镑的雇主，该税项的征收范围为工资的 0.5。培训必须达到新批准的标准，并且至少持续 12 个月。参与学徒制的年龄也在不断放宽，包括新招的和现有的工作人员。2019 年开始，企业承担比例从 10% 下降到 5%，政府承担比例从 90% 增加至 95%，英国政府通过经济激励政策减少企业承担学徒制的经济成本，这样可以激发企业雇主参与学徒制的积极性。

（二）企业主导：学徒制职业标准的开发与推行

英国学位学徒制作为学生参与高等教育的替代方案，主要由行业领先的企业与研究型大学、综合型大学合作开展，学习时间为 3 ~6 年，最终获得学士或硕士学位。在学位学徒制中，由企业雇主、大学和专业机构共同设计职业标准和综合学位课程，课程开发和评估主要包括学术学习和职业训练两大要素。为了促进更多的企业参与学徒制培训，学徒制职业标准主要由企业开发和制定，企业雇主建立工作小组，小组中至少有 10 位雇主，他们负责根据不同职业的需求制定学徒标准。企业雇主除了标准制定以外，还要确保学徒制实施的经济成本、人力资源和时间成本等，为了防止部分企业对学徒制实施出现认知偏差，英国行业协会定期向企业宣讲学位学徒制在高技能人才培养中的作用和收益等，促进企业对学位学徒制的认知和理解，促进企业之间的经验交流，搭建企业与高等教育机构交流的平台等。

（三）教育贯通：英国学位学徒制的发展

在经济高速发展的英国社会，专业性工作对从业者学历学位的要求逐渐提高。英国现代学徒制从传统的职业教育领域开始向高等教育发展，授予职业技术人才高等教育学位，促进普职之间的融通和企业高级技术人才的储备。2015 年英国国家学徒周（national apprenticeship week）启动涉及 9 个领域的学徒制项目，分别为测绘、航空工程、核能等。同时，形成了涵盖中级、高级和高等现代学徒制的职业教育体系。不同级别的学徒制分别与英国国家职业资格等级相对应，这就很好地解决了英国学徒制实施过程中的课程学习、学分转换和评价考核等方面的问题。英国高等教育界在推进学位学徒制的过程中采取了多样化的措施，如组建学位学徒制工作小组、召开学位学徒制学术研讨会、加强校企合作和运用新媒体技术等。在此背景下，很多因时间、经济和家庭等原因未接受过高等教育的非传统学生通过选择学位学徒制获得学位。例如，桑德兰大学通过招募护理专业学位学徒，构建贯通的学徒制教育体系，实现教育公平的同时，也打通了学术教育与职业教育之间的壁垒，构建开发的、现代化的教育体系，为提升个体才能和英国劳动力竞争水平提供可能。

（四）社会层面：弱势群体和劳动力多样化诉求

随着英国高等教育成本的日益增长，来自低收入家庭和偏远地区家庭的学生进入高等教育机构接受高等教育的可能性受到影响。如何为这部分学生提供有效的教育机会成为英国社会各界关注的共同话题。因此，英国学位学徒制通过减免学费和工学结合教育模式，为学徒提供获得学位与工作经验的培训。据统计，2016 年和 2017 年，参与学位学徒制的成员中约有 30% 来自处境不利的地区和家庭。除此之外，英国政府非常关注劳动力群体的多样化，因为这些劳动力能够为英国经济的发展提供充足的劳动力支持。在英国传统劳动力中，白人男性占有绝对优势，女性、黑人和亚裔等少数族裔占比较低。通过学位学徒制的实施，女性等占比较低的劳动力现状得以缓解，促进了英国劳动力队伍的多样化，解决了英国劳动力短缺、技能短缺和生产率及创造性不足等问题。同时，学位学徒制专项发展基金将处境不利群体和劳动力多样化等指标纳入基金资助标准。

四、澳大利亚新学徒制教育研究

在澳大利亚，学徒制是进入手工艺类职业的主要培训手段。澳大利亚学徒制计划是根据 1901 年《学徒法》建立的。长期以来，学徒制度一直受劳资关系法的影响，该法律规定了学徒资格、工资和出勤等方面。企业雇主和工会一直是该学徒制项目设计和运作的核心。学徒在学校的培训是通过资源良好的公共技术和继续教育学院提供。职业技术教育（Technical And Further Education，TAFE）学院的专家在与行业协会和工会协商后编制了详细的课程和学习材料。从 20 世纪 80 年代末开始，学徒工作受到来自不同方面的挑战。如经济结构的变化降低了企业雇主雇用学徒的能力和动机。其中许多政策是由新自由主义经济政策造成的，这些政策受到英国经济政策的启发，包括政府公用事业的私有化，以及政府资助的服务接受竞争性招标。随着英国“股东价值”理念的影响，企业管理激励措施与股东盈利能力最大化挂钩。这导致公司裁员、外包人员的增加，以及财务回报长期减少的培训。在 1991 ~ 1992 年，严重的经济衰退导致失业率上升到前所未有的 11%。1974 ~ 1992 年，年培训率（就业学徒占贸易就业总额的比例）平均为 13%。1993 ~ 2003 年，这一指标跌至 10%。培训学徒总数直到 2005 年才恢复。1993 年后，经济进入长期增长期，但培训率并没有发生结构性变化。澳大利亚经济衰退和随后的高就业增长的综合影响导致严重的技能短缺。

澳大利亚在 1996 年启动“新学徒制”项目，“新学徒制”即通常所说的“现代学徒制”，是为了区别传统的“受训生”项目。澳大利亚“新学徒制”的学徒准入资格为国家资格框架的三级或四级证书，以保证学徒具有良好的文化知识基础。和英国相比，澳大利亚经历了从 20 世纪 90 年代中后期开始的单一和延长的学徒期。继英国之后，新自由主义的核心理念是：该制度应由企业雇主主导，减少工会和 TAFE 投入，并优先考虑培训内容、交付、评估、持续时间和学校培训时间，以满足各个工作场所的需要。20 世纪后期，澳大利亚政府提出“技术立国”的职业教育发展新理念，认为现代学徒制的发展要顺应经济与社会的发展需求。其次，澳大利亚学徒制实施满足个人先天的职业性向，为学徒个人的职业生涯发展寻求适合的发展道路，从而降低青年失业率。特别是澳大利亚国家职业资格培训框架的制定，能够从根本上保证学徒从学徒到工作世界的结果认证，顺畅地将教育培训和就业体系相互衔接，推动了澳大利亚新学徒制的健康发展。

（一）顶层设计：政府设立专门的管理机构

澳大利亚政府高度重视新学徒制实施，并且为学徒制设立了专门的机构。澳大利亚“国家培训署”和国家产业技能委员会专门负责学徒制事宜。国家产业技能委员会的职责是收集产业培训所需要的信息，开发“培训包”，并且为学徒制实施提供建议等。这些机构作为政府、行业和学校实施学徒制的中间纽带，促进澳大利亚学徒制的跨界实施，并且能够保证学徒制发展的科学性和合理性。除此之外，由国家牵头各州、领地和联邦政府，组建“职业与技术教育部长委员会”，委员会的主要职责是制定职业教育发展战略和规划，以及处理跨地区的职业教育问题。在此之下设立“国家质量委员会”（National Quality Council），该委员会成员主要来自政府、行业团体、工会和培训机构的代表，并主要负责职业教育管理的具体事务，例如开发澳大利亚“国家质量培训框架”。澳大利亚政府设立学徒制管理部门的同时，也非常重视通过加强立法与政策推动现代学徒制的不断成熟和发展。2008 年颁布“澳大利亚技能保障法”和 2010 年制定“职业教育与培训管理法案”。澳大利亚州和领地层面的政策包括 1996 年颁布的《职业教育与培训法案》、2000 年昆士兰制定的《职业教育、培训与就业法案》、2001 年颁布的《学徒制与受训生制法案》、2006 年维多利亚制定的《教育与培训改革法案》和 2008 年南澳大利亚的《培训与技能开发法案》。这些法律法规从制度和规范层面明确了学徒申请的程序和义务、规范学徒和企业雇主“脱岗”培训要求、规定学徒培训与就业的条件和制定行政管理方面的要求。

（二）框架标准：统一的国家培训框架制定

澳大利亚颁布国家层面的职业教育和学徒制培训办学标准。一是澳大利亚国家资格框架（Australian Qualification Framework，AQF），该框架是联邦政府统一管理下的教育与培训资格体系，它为高等教育、职业教育和学徒制培训等学历资格证书设置标准，实现了不同教育领域之间的沟通和衔接；二是澳大利亚质量培训框架（Australian Quality Training Framework，AQTF），该框架规定了国家统一的职业教育与培训机构办学标准；三是对各个培训机构出台相应的国家标准。澳大利亚国家培训署以“培训包”为基础，制定统一的培训框架，为学徒制培训设计统一的制度。“培训包”将工业界规定的“能力”和“评估原则”作为国家证书文凭标准，将学徒培训过程与企业需求之间相互连接，总体设计体现了现代学徒制跨界需求。国家产业培训委员会作为“培训包”开发的主体，组织国家相关专业培训理事会和顾问组织根据不同产业的发展需求制定。“培训包”的制定和开发也会跟着劳动力市场的变化不断更新。“培训包”主要包括职业能力标准、职业培训标准和考核评估标准等部分。为确保“培训包”的一致性和全面性，职业培训标准与职业能力标准高度统一。

（三）行业组织：行业技能委员会加强监管

澳大利亚现代学徒制的发展离不开政府、企业雇主和工会等多方利益相关者之间的协调沟通和对话，各方之间通过合理的、有效的策略解决学徒制实施中的问题。21 世纪以来，澳大利亚政府更为重视发挥行业组织在学徒制培训中的作用。澳大利亚对参与学徒制培训的行业组织进行改革，首先，联邦政府对行业培训咨询机构进行重组，成立专门的行业技能委员会。2003 年开始，联邦政府设立了 11 个新的全国性的行业技能委员会。行业技能委员会是由澳大利亚政府认证和资助的独立社团组织，由行业主导的非营利性公司组成，包括农业、食品安全、社区服务、医疗健康、建筑和交通等多个行业领域。澳大利亚行业技能委员会的职责主要包括：为澳大利亚技能署、政府、企业提供有关劳动力发展和技能需求等方面的行业信息和建议；负责澳大利亚“培训包”的编制；为企业提供独立的技能和培训方法、需求等建议。根据生产力培训安置计划的要求，与企业、就业服务机构、注册培训机构和政府等共同分配培训名额；同时与州政府、州产业咨询组织以及本行业具有代表性的行业资质开展协同合作。

其次，澳大利亚倡导建立政府、职教和产业相互协作的培训产品协同治理模式，重点建立以企业为导向的劳动力队伍培训的标准框架。该框架由三个主要机构组成，一是澳大利亚产业与技能委员会，主要负责向产业与技能委员会提供咨询，确保政府的职业教育政策能够符合产业的需求，确保培训质量；二是行业咨询委员会，主要职责是向澳大利亚产业与技能委员会提供咨询，确保不同行业能够就自身需要的技能和能力需求提供多样化的意见和建议；三是技能服务机构，该机构是在行业咨询委员会的指导下，提供专业化服务，如准确反映产业界对培训包的具体意见和建议，关注“培训包”的编制、修订和实施等。现代学徒制相对于传统学徒制，更强调学校和企业双主体之间的合作，共同培养高质量的技术技能人才。现代学徒制主要以企业方为技术技能培训的主要提供者，现代学徒制作为一种人才培养模式不仅要向企业提供所需的技术技能人才，也是一种“以企业为主体”和“通过企业”培养技术技能人才的职业教育制度。

（四）经费投入：学徒培训机构的资金投入

澳大利亚联邦政府和州政府为实现“绿色技能”立国的方针，为满足经济社会对高技能人才的需求，政府积极推进现代学徒制项目，并为其高额的经费成本买单。政府对现代学徒制的实施单位和学徒个人进行资助。任何机构和企业只要通过澳大利亚国家培训署的认定，企业按照约定完成学徒制培训任务后，联邦政府将会对其进行经费资助。学徒可以从企业雇主手中领取一定比例的工资报酬。除此之外，联邦政府还会支付学徒保险、培训费和工作福利待遇等的优厚政策。2017 年，澳大利亚联邦政府专门设立“国民技能提升基金”，预计四年内为提升技能类培训拨款 15 亿澳元。同时，为增加 30 万名学徒、受训生和高学历层次技能提升培训，各州政府提供配套经费，重点支持的领域包括旅游酒店与管理、健康与老龄化、农业、工程、制造、建筑以及数字化等行业。

综上对各国学徒制进行比较发现（见表 1－1），各国职业教育的结构差异很大，但是有两种基本模式。第一种，通常称为学徒制或双元制，允许学生每周在工作场所花三到四天时间参加公司组织的有偿培训，而在教室里花一两天时间进行相关学术工作。布罗德斯基（1989）在《外国劳工发展：学徒制的国际发展》一书中总结了奥地利、德国、法国、英国和美国的学徒制培训计划[①]。在奥地利，大约一半的 15 岁学生在离开全日制学校后进入学徒制。在德国，大多数 16 岁的中学毕业生进入了学徒制。奥地利和德国都有一份正式的职业清单，该清单认可学徒制，或者只有学徒制才能接受初始培训。在奥地利，有 245 种职业属于该类别。在法国，学徒与雇主签订合同，使学徒每周在公司接受三到四天的在职培训，一到两天在大学或培训中心工作，学徒可以在其中获得理论知识，以加强实际在职培训，约有 15% 的强制性毕业生接受学徒训练。在英国，青年培训计划（Young Training Scheme，YTS）取代了学徒制。青年培训计划最初于 1983 年推出，它为 16 岁的学校“学习者”提供了为期两年的基本培训计划和工作经验，而针对 17 岁的学生则提供了类似的一年计划。尽管培训主要在工作场所进行，但大多数受训人员也要接受 20 周的非工作培训。政府保证每 16～17 岁的年轻人在 YTS 中占有一席之地，现在约有 60%～70% 的学习者参加。在所有这些学徒制中，雇主组织都扮演着重要角色。

① Brodsky M. International developments in apprenticeship [J]. *Monthly Lab. Rev.*, 1989, 112: 40.

表 1－1　　　部分发达国家学徒制实施的主要特征

	德国	美国	澳大利亚	英国
政策法规	1969《职业教育法》的颁布为德国职业教育校企合作的困境提供了解决思路	联邦学徒制委员会的建立，1937 年颁布《国家学徒制法》	联邦政府 2008 年颁布“澳大利亚技能保障法”和 2010 年“职业教育与培训管理法案”	2009 年，国家学徒制服务中心成立，隶属国家教育和就业部，负责制订计划以及建立学徒制基金
管理方式	早在 19 世纪末，《手工业保护法》就对行业协会管辖的学徒制培训赋予管制权力	联邦与各州协同管理，国家学徒办公室与 25 个州协同管理全国的学徒计划	“国家培训署”和国家产业技能委员会专门负责学徒制事宜	联邦机构全面负责学徒制计划框架内容的实施和标准制定，协调 73 个国家培训组织
企业奖励	税收减免。联邦劳动和社会事务部以培训奖金形式提供的财政援助	税收减免。如果企业招收的员工里包括满足补助金要求的学院，企业就可以享受“工作机会税收抵免”政策	支付学徒保险、培训费和工作福利待遇等经费资助，设立“国民技能提升基金”	政府对培训提供者，根据年龄和学徒具体情况给予补贴
针对特殊人群采取的政策		1992 年《妇女学徒制和非传统职业法案》，美国退伍军人事务部特别雇主奖励		学位学徒制专项发展基金将处境不利群体和劳动力多样化等指标纳入基金资助标准

目前，美国有 850 多个职业可供学徒参与学习。其中建筑和制造学徒制是最常见的，但是学徒制适用于各种职业，包括电信、环境保护、糕点制作、医疗保健、育儿和艺术等。目前的课程长度从一年到六年不等。在整个学徒制期间，学徒都是作为员工进行工作和学习的。学徒完成注册程序后，会获得美国劳工部的国家认可证书，以证明其学历。学徒制也可以与其他类型的培训相结合；课堂教学通常计入执照、证书和大学学位。学徒制被认为是一种职业准备，它结合了在职学习和课堂学习。例如，从事学前教育的学徒可能会整天担任助理老师，以帮

助监督儿童、领导活动并组织手工艺品材料。白天工作结束后，学徒会安排学习安全程序和儿童发育理论。

大多数正式的学徒训练都是在美国劳工部注册的，这表明该程序符合政府的公平性、安全性和培训标准。注册课程的毕业生称为“学徒工”（journey workers）。员工协会、雇主或雇主团体管理学徒计划，作为计划的发起人，他们选择学徒、制定培训标准，并支付学徒工资。当学徒被接纳为已注册程序时，发起人和学徒签署协议。该协议解释了学徒计划的细节，学徒将在工作中学习的技能，他们将获得的工资以及该计划所花费的时间。在签署协议时，发起人承诺对学徒进行培训，并尽一切努力保证他们就业。学徒承诺会完成工作并完成课程。对于学徒来说，学徒制和持续性实习对于满足年轻人的发展需求特别有效。它促进了从青春期到成年的过渡，目前美国大多数从业者缺乏这种过渡，并且在工作环境中，从业者每天承担责任和挑战日益增加。工作世界中的成人关系应建立在支持、问责、指导和监督上。

各国学徒制实施都表明要加强对学徒制培训的监管，避免学徒制培训成为以牺牲学生学习为代价的、狭窄的企业技能培训。因此，如果学徒培训只是强调最低限度的合格，而不是促进学徒未来职业生涯发展的“存储和积累”，那么就必须制定明确的质量标准和学习目标。同时，必须在学校、工作场所和学徒所在的相关机构之间建立这些标准和目标。国际经验表明，对学徒训练的社会监管至关重要。劳动力市场各方在保证高质量、更新的培训内容以及培训场所都起着非常重要的作用。

第三节　发达国家学徒制在现代社会复兴的主要特征

一、概念转变：关注个体职业生涯发展

学徒制的起源通常被称为中世纪晚期在手工业协会和政府监督下开展的培训。20世纪，两种发展趋势已逐渐取代了这种传统理解。其一与以下事实有关：教学原则和师徒关系在很大程度上发生改变，开始倾向于组织特征，即二元性原则。传统上，学徒通过在大师、工头或专业人员的监督下在真实工作场所中工作来获得专业知识。因此，学徒制具有两个基本特征：（1）知识的来源是代表专业团体及其标准的专业从业者或“大师”；（2）专业学习发生在大师的工作室，或

更普遍地说，学习在真实工作环境发生。这项原则在发展中国家的所谓非正式学徒制中得以延续。但是，在较为发达的地区，课堂教学和实践技能培训的结合正在不断消解这种学习方式。

在现代社会中，学徒制是一种基于工作本位的学习模式，将行业中的在职培训与在职业机构中进行的非工作培训相结合。在企业师傅和管理者的监督下，生产工作与动手学习之间进行有效联系，在更正式的环境中获得知识。与学校提供的职业培训相比，学徒制培训有很多优势。首先，学徒培训中由雇主提供培训场所，这保证了培训将发生在劳动力需求明显的劳动力市场。在以学校为基础的培训模式中，学徒制实施缺乏相应的保证，在这种模式中，学生自己的选择可以更大程度地控制培训场所的组成。其次，工作场所是一个强大的学习环境。学生能够使用最新的设备，并获得有关工作安排的见解。这意味着他们在人工学习环境中可以获得“硬技能”和“软技能”资格。学校很少向学徒传授最新技术或最新的工作流程，这种情况凸显了在教育中采用基于工作场所要素的重要性。同时，学徒将会成为工作场所和职业团体中实践社区的一部分。学徒学习作为一种实践活动，学徒通过成为实践社区的成员，逐渐在其职业领域内发展技能，并吸收与该职业有关的企业文化和职业认同感。

此外，学徒训练有助于招募人才。对于雇主而言，招聘新员工涉及巨大的不确定性和重大成本。考虑到工作场所和特定职业中可能出现的各种需求和压力，有必要了解个人的可靠性和工作能力。学徒制培训为雇主提供了更多的机会来测试个人的工作能力。同时，学徒有助于提高企业生产。这有利于公司和整个经济的发展，也有利于学徒在参加培训时获得报酬。随着学历的提高，学徒的贡献值会随着时间增长而增加，并且企业将委托他们执行更高级的任务。从学习的角度来看，这些工作能够更好地将学生在学校中学习的理论转化为生产实践，培养其与现实环境相关的问题的解决能力，并且对扩大学生的技术和社交技能至关重要。因此，在理论上，学徒制学习模式具有基于工作场所学习的一系列优势。

二、制度规范：重视学徒的职业身份认定

不同国家对学徒职业身份的认定各有不同，主要体现为，一是以德国为代表的准学徒和学生身份，二是以英美澳等国家为代表的学徒和准员工身份。德国双元制通过法律体制规定学徒必须首先获得企业提供的学徒工或实习岗位，才能申请进入职业学校学习。在实际的教学过程中，学徒在企业的实践技能学习时间占总学习时间的2/3，在学校学习基础知识占总学习时间的1/3。如果学徒在学校和企业学习期满并通过考核之后，将会获得学校颁发的毕业证书和企业颁发的职

业资格证书，学徒将凭借这两个证书进入劳动力市场。学徒在企业接受技能培训之前将会与企业签订劳动合同，这时学徒身份属于企业的准雇员，企业将按照《职业教育法》《职业教育条例》《青年劳动保护法》等法律文件对学徒在企业培训时间、津贴待遇和工作时间等方面履行相应的义务。企业将支付给学徒相较于正式员工的“生活津贴”，学徒在培训结束后，考核通过可以选择留在企业继续工作，也可以选择去其他企业或者继续深造等。如果学徒选择留在原企业，企业将会认可学徒先前在本企业的学习经历，有助于学徒职业生涯发展中的职业晋升。英国政府在 2015 年颁布《英格兰学徒制未来——开拓者指南：从标准到新项目》，在该指南中，英国政府向企业雇主表明，企业雇主共同设计学徒制实施的标准和评估计划是现代学徒制实施的关键特征，这旨在提高学徒制的质量。在此过程中，企业雇主可以直接招募学徒，学徒的身份是企业正式雇员。每个企业要与学徒签订服务合同，企业雇主按照服务合同和相应经费规定的要求，向学徒提供培训。学徒制协议根据《英国就业权法》和《学徒制、技能、儿童和学习法》的规定，具有一定的法律效力，企业和学徒之间的权利义务分配关系按照英国国内的劳资法律进行调整，如果学徒对企业的行为有任何异议，都可以上诉劳资法庭。与英国类似，澳大利亚强调企业要向学徒提供一对一的培训服务。总体来看，上述发达国家都在法律和体制层面明确学徒在企业中的职业身份，充分保障了学徒在企业培训和工作中的合法权益，从而也在一定程度上为学徒确立职业身份认同感打下基础。

三、模式转变：强调工作过程中的学习

20 世纪后，学徒制被理解为一种特定类型的教育计划，旨在培养熟练工人，并且与不同行业的职业资格认定密切相关。在许多国家，学徒制被解释为一种将结构化的企业培训和学校学习相结合的正式学习。学徒制实施之前，企业雇主和学习者之间存在正式合同，学习者通常具有劳动法所定义的“学徒”身份。在此过程中，个体既可以通过学徒制也可以通过学校的职业教育与培训获得资格。学徒制中边做边学的机会有助于学徒探索工作世界和实现职业抱负，它可以成为准学徒的主要动力。学徒模式的价值在于理论和实践相结合，提高学徒的职业认知和动机。在某些学徒制中，实践会促进工艺的发展。理查德·森内特在《手工艺人》中解释了如何将技能、判断力、实践能力和思维方式连接到手和头，从而发展手工艺。技能的发展从身体的练习开始，即通过触摸和运动，通过想象的力量，工匠获得了技术上的理解，并建立了手与头之间的联系。学徒制中学徒和师傅通过口头交流使认知理解和实践经验融合在一起。这是一个在工作场所中以行

动为导向的学习过程，学徒直接参与解决问题。

学徒们在真实的工作环境中使用工具，他们的学习重点是现实生活中的技能操作应用。各国非常重视学徒在企业培训的质量和效率问题。在学徒制政策中，发达国家学徒制实施中的创办主体由行业产业机构负责，能够从标准设计、培训安排、学徒完成率和支持服务等方面提出新的实施手段（见表 1 - 2），如英国提出每个行业领域的学徒培训时间至少在一年以上。澳大利亚提出要面向企业雇主和学徒提供一系列的支持服务来确保学徒培训的展开。

表 1 - 2　　部分发达国家行业产业参与学徒制情况

国别	创办机构	承担内容
德国	行业协会	行业履行重要的公共职能，如考试和对培训企业的监督
美国	产业创办，也受产业管理	国家电气联合会学徒委员会（the National Electrical Joint Apprenticeship Committee）是最大的委员会，为产业电气学徒制培训制定标准
英国	产业部门技能委员会	负责职业资格证书管理和培训政策的制定，承担职业资格认定
澳大利亚	行业技能委员会	为国家技能署、政府、企业提供有关劳动力发展和技能需求等方面的行业信息和建议；负责澳大利亚培训包的编制；为企业提供独立的技能和培训方法、需求等建议

对于部分欧洲国家来说，大多数青年直接选择职业路径，以职业教育的形式进行工作和学习。职业教育和培训是一种主流系统，这些国家认为职业教育是帮助大多数年轻人向成年过渡的途径。在奥地利、丹麦、芬兰、德国等国家，40% ~70% 的年轻人选择三年制的教育计划，该计划通常将九年级或十年级后的课堂和工作场所学习结合在一起。学生参加学徒制后可以获得文凭或证书，即所谓的“资格”，在劳动力市场上具有实际货币价值。青年在 16 岁时参加职业教育，同时也要接受学校教育，每周两天在学校上课，其他三天在有收入的工作场所培训，根据职业教育所涉及专业培训时间的长短，青年人可能完成两年制的联邦职业教育与培训计划（the Vocational Education and Training，VET），取得资格证书，获得通过 3 ~4 年的大学学习，取得联邦毕业证书。

但是，如果学徒学习质量不够高，“基于工作的学习”也可能会阻碍学徒学习。限制性学习的特征是狭窄的学习目标和围绕严格定义的任务而组织的工作，这限制了学徒参与更广泛的社区实践，并限制了发展学徒职业身份的机会。埃及的传统学徒制表现出了这样的抑制作用，即学徒被视为廉价劳动力，而该制度的特征是“知识从师傅向学徒的部分转移、提供的培训质量差异很大、延续现有的低生产率技术以及创新缓慢的问题”。在这样的学徒制中，学徒学习通常是被动的。因此，实际情况可能并不支持学徒的技艺学识，并且可能阻碍其他人参与这种学习模式。

四、内涵转变：重视学徒制的教育功能

富勒和温格的“扩展”工作场所学习模型提到“企业管理者是劳动力和个人发展的促进者”，而不是高水平的培训师。即使是在行业企业更有效地融入职业技术教育与培训的国家，如采用“双元制”的德国，培训师的贡献也是短暂的。这种狭义的学徒培训只是简单地将认知过程描述为训练，更复杂的理解将包括逐渐获得专业知识、理论知识和技能的渗透，将其应用于新情境和建立关系的能力。实际上，以工作为基础的员工和以大学为基础的专业人员的作用可以有效地帮助学徒探索行业问题、更广泛的行业实践示例及其理论概括之间的联系。

王振洪等（2012）认为现代学徒制更加关注个人的职业发展，相比学校职业教育，学徒制人才培养采用针对性、适应性和发展性的策略，能够体现“以人为本”的人才观和学生观，符合人才培养发展规律，这有利于促进学徒的职业生涯成功和职业生涯发展①。2014 年，《国务院关于加快发展现代职业教育的决定》颁布以来，现代学徒制作为一种将传统的师带徒技能传承方式和学校职业教育相结合的全新形式的人才培养模式已经在职业院校广泛地开展试点。现代学徒制逐渐成为学界关注的热点问题，但是现代学徒制如何真正发挥培养高水平技术技能人才的作用，还需要我们进一步探索。学徒制作为一种传统的技术实践学习方式在我国具有发展历史，传统学徒制与现代学徒制的本质性区别很微小，只是在形式上存在很大的区别，比如师徒指导关系现代化的问题。在现代学徒制中，师徒关系之间不具有传统学徒制中的人身依附关系，而从其他方面的内容来说二者是一致的，如一对一、观察与模仿的指导方式和充足的指导时间等。因此，本研究旨在探究学徒指导作为一种技能实践学习方式在现代职业教育人才培养中的价值，即我们为什么要在现代教育体系中去恢复传统的学徒学习，学徒经历对个人职业生涯成功到底会产生哪些影响？这同时也是目前我国在现代社会中建构现代学徒制人才培养模式的前提条件。

---

① 王振洪、成军：《现代学徒制：高技能人才培养新范式》，载《中国高教研究》2012 年第 8 期。

第四节 本章小结

现代学徒制是一种存在于现代职业教育中的人才培养模式。目前有关学徒制的研究主要是围绕现代学徒制的运行机制、历史发展以及国际比较经验等方面，如现代学徒制实施利益相关方的博弈，技能等级制度与职业资格匹配制度以及不同国家实施现代学徒制的比较研究等。虽然这些宏观层面的制度研究有利于我国职业教育现代学徒制实施进行制度设计。但是这些研究却忽视了现代学徒制人才培养模式的教育价值。现代学徒制必须要与订单培养模式进行明确区分，学徒制的实施要满足个人职业生涯发展的需求，而不只是满足某个企业短时间对技术技能人才的需求。因此，从研究价值的角度来看，有必要从职业生涯和职业教育人才培养模式的角度对学徒制进行理论分析。目前有关学徒制对个人职业生涯发展影响的研究较少，尤其是从实践层面进行理论反思的研究尚缺乏，需要进一步加强。

此外，在我国职业教育研究领域，尤其是针对现代学徒制这类实践领域的议题，很少有研究者采用理论研究与实证研究相结合的研究方法，尤其缺乏来自学徒制受益者的真实数据资料分析。学徒制作为一种职业教育人才培养模式，其根本作用是培养技术技能型人才，现代学徒制的服务对象和受益者是学生或学徒。因此，本研究旨在从个人职业生涯发展的角度，分析学徒指导学习中的关键要素对个人职业生涯发展的影响，并以此展示在现代社会复兴学徒制的价值。

第二章

学徒经历对个人职业生涯成功影响的研究设计

研究现代学徒制的实施效果，必须要回溯学徒制的受益者——学徒的职业生涯发展历程。具体到实践中，就是具有学徒经历的企业专家的职业生涯发展过程。现代学徒制实施的主要目的是培养满足产业发展需求的高水平技术技能人才，而企业专家和技术骨干就是高水平技术技能人才的代表。因此，本研究为了深入剖析现代学徒制实施的育人价值，就必须要从企业专家职业生涯的角度入手，通过对这一群体学徒经历的解构，分析学徒经历中的关键因素对其职业生涯成功的影响，并将这些关键因素比照现代学徒制实践中，从而回答现代学徒制在我国实施的可能和价值，基于此，有必要对个人学徒经历中的关键问题进行学理上的分析。

第一节　基于扎根理论的研究方法设计

前面对学徒经历相关的教育理论背景研究进行梳理和分析，并明确了本研究所面向的研究对象及其特征。接下来将针对本研究进行扎根理论方法的总体设计，以便收集丰富且有价值的实证资料。

学徒制的最大受益者是学徒，学徒经历几乎是每个成为行业技术佼佼者不可或缺的职业生涯发展历程。本研究通过对具有学徒经历的企业专家的职业生涯发展进行追述，分析学徒经历在个人职业生涯过程中的作用，揭示学徒经历对个人职业生涯成功的影响，为我国实施现代学徒制提供个人职业生涯层面的理论支撑。这就涉及到采用何种研究方法揭示学徒的职业生涯发展经历的问题。基于此，本研究采用了扎根理论的研究方法进行资料收集与分析，具体原因如下：一是本研究旨在提出“实质性理论”，该理论解释了基于企业专家职业生涯成功前提下，学徒经历中的关键因素是如何在其职业生涯过程中发挥作用的。目前，完全揭示学徒经历是如何影响企业专家职业生涯成功发挥作用的相关理论，因此扎根理论为本研究提供了一种创造性的方法，研究者将基于实地调研，从现实资料中进行提取，而不是局限于已经存在的理论领域。二是个人职业生涯具有一定的主观性和阶段性，其背后蕴含着学徒职业心理、学徒与师傅、学徒与组织之间的社会关系等方面内容，扎根理论允许研究者在已有假设中不受限制地用新的视角来看待现象。三是扎根理论可以帮助研究者从整体上理解现象。四是与其他的定性研究方法相比，扎根理论在编码过程中具有更好的定义程序。总之，开放性、整体性、准确性和客观性是选择资料收集方法时主要考虑的因素。基于此，本研究将主要采用深度访谈和非结构式观察法等收集相关实证资料。

一、资料收集方法

研究者在开始资料收集之前，首先从受访者那里获得知情同意协议，以确保他们是出于研究目的而参与。资料数据以多种方式收集，通常是通过采访、收集现场记录或两者结合来进行。研究者出于研究构想对访谈框架进行初步设计，并随着受访者的回答和对研究问题的聚焦，不断地使访谈更加深入和具体。研究人员从不断汇总的资料数据中寻找新兴主题。资料转录和编码分析记录与访谈过程同步进行，在不断地调整和变化过程中对资料数据进行组织和分析，并基于该分析得出结论。

（一）访谈法

访谈法是一种面对面的研究性交谈。本研究选择这一方法是基于以下几个方面考虑的：首先，访谈法具有认识社会现象广泛性的特征。访谈是一种直接的、面对面的社会交往过程，研究者不仅在与研究对象的访谈中得知被试者的外在行为以及发生的事件，还可以了解被试者对某一事件的观点、情感、动机以及观点。因此，在本研究中，研究者通过与被试者的访谈，详细地了解被试者学徒经历的情况和学徒经历对其职业生涯成功影响的看法，通过与不同行业不同工种被试的访谈，可以全方位、多角度地了解学徒经历的情况。其次，访谈法可以深入地了解研究问题。研究者可以与被试单独接触，研究者不仅可以知道“是什么”，还可以进一步了解“为什么”，在反复交谈过程中，研究者可以了解被访者学徒经历背后更多深层次的内容，研究者可以了解受访者学徒经历中的哪些内容更多地影响其职业生涯发展，学徒经历为什么会对受访者产生这样的影响。与之相比，观察法和问卷法只能了解被试者较为粗浅的表面想法。再次，访谈法是一种较为可靠的资料收集方法，在访谈过程中，研究者和被试之间面对面的、直接的交流，研究者能够直接观察到受访者在回答问题和表达观点时的各种反应，研究者根据受访者的反应进行不断的追问和判断，根据受访者回答问题时的表情和准确程度进行判断，研究者在访谈过程中与受访者之间的非言语方式的交流，例如眼神、表情和手势动作等，能够提高访谈的可靠性，从而保证收集资料的准确性和可靠性。最后，访谈法是一种较为灵活的调查研究方法，这种面对面的、直接的调查方法，可以根据不同访谈对象、不同访谈环境、不同研究主题以及访谈过程中发生的情况，随时调整资料收集方法，有针对性地展开调查。

本研究的主题是学徒经历对个人职业生涯成功的影响，由于个人学徒经历的具体内容和形式不同，行业之间以及机构之间的差异很大，因此很难通过量化法进行资料收集。访谈法可以根据不同的受访者设置合适的问题，当受访者不理解研究者对其提出的问题时，研究者可以重复提问或进行简单的解释，但是其他的调查方法很难具备这种灵活性，比如访谈法可以避免问卷法回收困难、填写者不认真或不理解等的缺陷，并且访谈法可以使不善于读写的研究对象可以在与研究者交谈的过程中，更好地表达自己的想法和观点。

（二）非结构式观察法

非结构式观察法是指研究者在没有设定研究范围和记分标准的情况下进行的观察，观察过程不必受到研究设计的限制，针对观察对象的行为表现和当时的情境进行描述和记录。本研究之所以将非结构式观察法作为收集数据的方法，是因为：第一，非结构式观察主要是了解研究的情况，帮助确定研究主题和观察方法，如在制订研究方案前，研究者到不同的场所观察学徒的工作环境和各种设施以及学徒学习的工作情境、职业行为和基本情况等。研究者在学徒工作现场对学徒学习进行观察，最终将研究主题确定为学徒经历对个人职业生涯成功的影响。第二，非结构式观察法能够帮助研究者检查研究对象所说的与实际做的是否相同，并且能够提供研究对象和研究者之间相互作用的见解。研究者通过观察可以确定访谈对象所说的话和现实中的话是否相符。研究者在选择观察的内容，如何过滤该信息以及如何对其进行分析方面具有很大的自由度和自主权。虽然研究员进行访谈时，研究者提出的问题有一定的自由度，但是研究者可以将已分析的数据返回受访者进行成员检查。因此，受访者可能会影响数据分析，而观察到的人和事通常可以避免。第三，非结构式观察法能够帮助研究者捕获研究主题相关过程和研究者工作环境对研究内容和访谈主题的影响，如观察者能够通过学徒的工作环境来捕捉学徒活动所在的整个社会环境。非结构式观察法能够与访谈法之间形成一定的补充和对应，有助于研究者找到事件本身的来龙去脉。此外，观察也是一种持续不断的动态活动，它比访谈更有可能为研究过程提供证据，因为事物是不断变化和发展的。

二、研究对象选择

抽样是指为确定整个群体的参数或特征而选择群体的代表性部分的行为、过程或技术。广义上定性研究中的抽样是指研究者选择收集数据的特定来源以解决研究目标。格罗恩瓦尔德（2004）讨论了各种采样方法。在一项研究中，他选择了目的性抽样（purposive sampling）作为确定主要参与者的最重要的非概率抽样[①]。巴顿（2015）认为目的性抽样的逻辑在于选择信息丰富的案例进行深入研究[②]。信息丰富的案例是那些可以从中学到很多关于对调查目的至关重要问题的案例，研究信息丰富的案例可以产生洞察力和深入理解。同时，滚雪球抽样（snowball sampling）是通过让一个联系人或参与者推荐其他人进行访谈来扩展样本的方法。

（一）研究对象选择的基本原则

样本选择是本研究的关键要素。哪种背景最适合研究人员发现有关学徒经历对职业生涯影响的现象？本研究决定使用目的性抽样收集数据，这涉及“战略性和有目的地选择信息丰富的案例”[③]。本研究根据两个标准选择了 50 位有学徒经历的企业专家：（1）企业专家要具备一定的从业年限、技术等级、职业荣誉和行业口碑等；（2）每位专家都有参加固定时间的学徒培训，存在稳定的师徒关系。

---

① Groenewald T. A phenomenological research design illustrated [J]. International journal of qualitative methods, 2004, 3 (1): 42 – 55.

② Gentles S. J., Charles C., Ploeg J., et al. Sampling in qualitative research: Insights from an overview of the methods literature [J]. The Qualitative Report, 2015, 20 (11): 1772 – 1789.

③ Patton M. Q. Qualitative research & evaluation methods [M]. Thousand Oaks, CA: Sage. 2002.

1. 可靠性原则

可靠性原则是指采取相同方法对同一事件进行重复的资料收集时，其所得到的结果具有相一致的程度。可靠性原则表现为以下几个方面：第一，研究对象具有能够解答研究问题的第一手资料。第二，研究对象的观点没有与整体被访者观点完全偏离或出现无意识偏差。无意识偏差是指受访者在言语和行动中本不应该产生误差，但却在无意识中发生了误差，比如失言或口误等。第三，被访者在所访谈的领域内应该是有经验和见识的，有经验说明被访对象的职业生涯发展经历处于相对成熟的阶段，而且能够充分阐明自身的学徒经历对职业生涯发展影响的核心特征。此外，研究对象的选择要体现出不同的视角，以进一步强化研究信度。为了详细地描述学徒经历的复杂性，需要在同一行业收集不同企业专家的资料，以及不同行业的企业专家的学徒经历资料，以获得个人所持有的矛盾的或重叠的视角，进行更为细致的资料分析和理解。在此要说明的是，扎根研究的本质不是寻找任何差异，而是寻找与研究设计中概念和命题相关的内容。研究者在不断的编码分析和持续访谈的过程中，新的对话很难补充和更新已有的编码节点，直到研究者不断听到同样的事件为止。研究者达到格拉斯和施特劳斯认为的“理论饱和”时，访谈的工作到此为止。

2. 全面性原则

全面性原则是指研究者要能够完全地调查所有相关的可能性，检查事实并跟踪差异。全面性还意味着研究者要选择不同的被访者以收集不同的看法，包括问题研究的不同部分。在证据缺失的情况下，如果研究者在访谈中听到此前没有的内容，要准备进一步的追踪问题，也就是访谈中经常提到的“追问技术”。此外，全面性要求研究者能够找到被访者的证据验证和提供解释。研究者在选择研究对象时，要充分考虑到研究对象能否涵盖研究主题的整体特征。因此，本研究在选择具有学徒经历的企业专家时，选择了来自第二、三产业不同行业背景的技术专家。本研究的关注点是个人的职业生涯发展，而不是产业的差异，不同产业背景下的学徒经历可能具有某些差异性。如果研究仅局限在某一产业，那么将很难代表学徒经历的全面性。

3. 准确性原则

准确性原则是指研究者要能够证明被访者所提供的信息是中肯的，并且研究者没有受到被访者的错误引导。在访谈过程中，大多数的被访者都能够尽量做到真实和开放地表达自己的观点。研究者在与之多次和长期的深度访谈后，能够准确地判断出被访者存在哪些夸大其词和遗漏的部分。此外，准确性还涉及被访者的言语表达能力和对问题的理解。研究对象要能够清晰地表达出其以往的学徒经历和职业生涯发展过程中的真实感受和事件。研究对象缺乏一定的语言表达能力或在表述过程中夸大其词，将会影响研究者数据收集的完整性和准确性。因此，研究者在选取研究对象时，要具备一定的判断力和洞察力，确保被访者能够清晰并且真实地表达自己的观点。

（二）研究对象的要求

在扎根理论中，研究对象的选择对是否能够完全揭示研究主题和形成理论，具有重要意义。因此，在研究对象的选择上要能够回答，“学徒经历中的哪些内容对个人职业生涯发展产生影响”这一研究问题。基于此，本研究主要从以下几个方面进行考虑。

1. 个人是否具有学徒经历作为选择标准

学徒经历是指学徒在师傅的指导下进行的与职业和社会心理相关的指导。这种学徒指导有以下特征：(1) 一对一指导：师傅对学徒的指导通常是一对一或一对多的个别化指导；(2) 稳定的师徒关系：师傅和学徒之间的关系较为固定，师徒关系既是教学关系又是同事和朋友关系，并且师傅对学徒的指导将会持续一段时间，直到学徒掌握相应的技能；(3) 指导内容的有效性，师傅对学徒的指导大多发生在学徒刚刚进入职业环境中，学徒对工作内容和工作步骤等还不太熟悉，并且尚未建立起与职业环境相关的社会关系。师傅能够根据学徒目前的知识、技能和人际资源等情况，有针对性地开展教学。因此，本研究在进行研究对象的选择时，要考虑到受访者具有学徒学习的经历，并且在这段经历中是否存在稳定的师徒关系。

2. 个人所处的职业生涯发展阶段作为选择标准

舒伯的职业生涯发展理论认为，个人在不同的职业生涯发展阶段有其特定的发展任务。因此，他将个人职业生涯发展的整个过程划分为四个主要阶段，分别为探索期、建立期、维持期和衰退期。研究通常倾向于关注前三个阶段，因为前三个阶段发生在个人的工作生涯中，并且通常将这些阶段描述为职业生涯早期、中期和后期。个人的早期职业生涯发展阶段包括个人进入劳动力市场，建立和发展技能、能力和人际关系，并探索个人认为可能获得职业生涯成功的不同机会和工作活动。职业生涯发展中期阶段包括职业承诺，使自己成为组织成员的一部分以及运用职业技能获得成功。职业生涯发展后期包括维持个人在组织中的地位和成就。此外，随着个人职业生涯发展的进步，个人与工作相关的态度、动机、承诺和工作意愿等都会发生变化。如果被访者处于职业生涯发展后期，那么他们可以回顾自身职业生涯发展的整个历程，并且个人职业生涯发展后期处于职业稳定期，能够形成稳定的职业认同和职业选择，个体能够结合自身的发展经历形成独特的看法和体验。

本研究将职业生涯发展阶段作为研究对象选取标准之一，研究对象基本处于职业生涯发展中后期，年龄在35~55岁，从业经验至少在10年以上。这里要特别说明的是，一些行业如汽车维修、手工业制作等。学徒入行时间较早，甚至一些学徒只完成小学教育后就开始跟师学艺。美容美发这些从业者的年龄即使在35岁左右，但他们也已经具备了10年左右的工作经验。因此，研究对象的选择主要根据职业生涯发展阶段作为参照标准，而不是将生理年龄作为首要考虑标准。

3. 职业生涯成功作为选择标准

职业生涯成功是指随着时间的推移，在个体的工作经历的任何一点上取得理想的与职业相关的结果。职业生涯成功的量化指标可分为主观指标和客观指标。在选择研究对象时，主要考虑从外部可测量的客观指标，如职位等级、职业收入和职业荣誉等方面。企业专家在行业内的职业晋升的主要标准和依据是技术水平的高低，因此选择职位和职业荣誉较高的研究对象，这说明他们在工作技术上取得了一定的成果，并且能够产生对技术形成的看法和经验总结。

结合以上分析，本研究通过理论抽样技术选择具有学徒经历的企业专家，这样的选择是因为这些研究对象代表了丰富的研究资料和观点，并表达了对探索自身学徒经历的兴趣。所有参与者均为在不同行业和岗位上接受学徒经历的企业专家，这些企业专家在各自的职业生涯领域都获得了一定职业生涯的成功，并且相比其他普通员工，他们获得职业晋升的时间较短。因此，他们是研究对象的理想人群。同时，研究者意识到目标样本的可概括性含义和潜在的局限性。因此，研究者尽可能地让研究对象详细地和全方位地描述自身经历和感受，包括性别、能力、职位、行业和机构等方面，研究对象的具体情况见表2-1。

表2-1　　调查对象信息

编号	企业	地点	岗位	职位	学徒年限	报告时间
A	某航空零部件制造厂	上海	钳工	技术总监	一年	40
B	某制造厂	浙江	钳工	个人	一年	60
C	纺织厂	江苏	钣金	技术总监	一年	70
D	米其林餐厅	上海	西餐	主厨	一年	60
E	五星级酒店	上海	中餐	行政主厨	一年	60
F1	五星级酒店	上海	餐饮	经理	一年	60
F2	五星级酒店	上海	前台	经理	一年	70
G	五星级酒店	上海	人力资源	高级技师	一年	80
H1	造船厂	上海	焊接	技术总监	一年	80
H2	造船厂	上海	焊接	技术总监	一年	90

续表

编号	企业	地点	岗位	职位	学徒年限	报告时间
H3	造船厂	上海	焊接	高级技师	一年	70
H4	造船厂	上海	焊接	技术总监	一年	120
H5	造船厂	上海	焊接	技术顾问	一年	80
I1	中医院	江苏	内科	主任医师	一年	80
I2	中医院	江苏	内科	主任医师	一年	70
I3	中医院	江苏	皮肤科	主任医师	一年	60
I4	中医院	江苏	内科	主任医师	一年	60
I5	中医院	江苏	神经科	主任医师	一年	60
J1	乐器厂	上海	二胡制作	高级技师	一年	60
J2	乐器厂	上海	二胡制作	技术总监	一年	60
K1	紫砂壶制造厂	浙江	制壶	工艺大师	一年	60
K2	紫砂壶制造厂	浙江	制壶	工艺大师	一年	60
K3	紫砂壶制造厂	浙江	制壶	工艺大师	六个月	60
K4	紫砂壶制造厂	浙江	制壶	工艺大师	一年	70
K5	紫砂壶制造厂	浙江	制壶	工艺大师	一年	90
L	顾绣研究所	上海	刺绣	工艺大师	六个月	120
M	图书馆	上海	古籍修复	工艺大师	一年	80
N1	炼钢厂	上海	电工	技术总监	一年	60
N2	炼钢厂	上海	电工	技术总监	一年	70
O	炼油厂	上海	维修	高级技师	一年	60
P1	汽车售后中心	上海	维修	站长	一年	70
P2	汽车售后中心	上海	维修	技术总监	一年	60
Q1	汽车售后 4S 店	上海	维修	技术总监	一年	70
Q2	汽车售后 4S 店	上海	维修	技术总监	一年	70
Q3	汽车售后 4S 店	上海	维修	高级技师	一年	70
Q4	汽车售后 4S 店	上海	维修	高级技师	一年	70
Q5	汽车售后 4S 店	上海	维修	技术总监	一年	70
Q5	汽车售后 4S 店	上海	维修	技术总监	一年	70
R1	飞机制造有限公司	上海	钣金	经理	一年	80
R2	飞机制造有限公司	上海	钣金	技术总监	一年	80
S1	汽车发动机厂	上海	维修	技术总监	一年	90
S2	汽车发动机厂	上海	维修	技术总监	一年	90
S3	汽车发动机厂	上海	维修	技术总监	一年	90

续表

编号	企业	地点	岗位	职位	学徒年限	报告时间
T	高级轿车制造公司	上海	维修	技术总监	一年	120
U	服装厂	上海	制版	技术总监	一年	60
U2	服装厂	上海	制版	技术总监	一年	60
U3	服装厂	上海	制版	技术总监	一年	60
V	汽轮机厂	上海	钣金	技术总监	一年	70
W1	机床厂	上海	维修	技术总监	一年	60
W2	机床厂	上海	钣金	技术总监	一年	60

三、研究操作实施

根据克雷斯韦尔（2016）提出的，合适的访谈者数量在 10 位以上并确保每部分至少两个小时的深度访谈的原则①，本研究共选择了 50 位研究对象进行每人每次至少 1 ~2 小时的半结构化访谈。半结构化访谈比传统的结构化访谈允许更多的变化，并反映了研究与参与者之间共建的重要性。这些企业专家分别是其所在行业的技术“佼佼者”，拥有一定的行业口碑以及获得多项不同等级的技术奖励和荣誉，他们大多处于其职业生涯发展阶段的中后期。研究试图通过获取他们各自独特的学徒经历和职业生涯历程以分析他们的学徒经历是否会对其职业生涯发展产生一定的影响，并找出学徒经历的哪些内容会对其职业生涯成功产生影响。

（一）研究的环境与准备

资料收集尽量选择在真实的工作环境中展开，如果工作环境因为特殊的工作保密性以及工作安全等不允许收集数据资料，则可以选择其他合适的环境进行收集，如办公室或其他工作间等。数据和资料的收集应尽可能在真实工作情境中，以便于了解和观察受访者的真实工作场景和学徒学习的真实环境。在开始调查研究之前，研究者要完成以下准备工作：（1）制定访谈提纲；（2）了解被访者的背景资料和工作地点；（3）与被试者沟通确定合适的时间和地点；（4）准备录音机或摄像机；（5）记录所需的材料。与此同时，研究者在进入研究现场开始，

① Creswell J. W.，Poth C. N. *Qualitative inquiry and research design：Choosing among five approaches* [M]. London：Sage publications，2016.

研究的每一个步骤都必须突出研究的伦理问题，所有访谈、观察、文本和图片资料都在获得研究对象同意的情况下进行，并且确保研究对象个人信息的隐私性。

（二）研究的基本步骤

本研究主要采用半结构化访谈方式收集数据，考虑到数据收集的深入性和完整性，本研究将从受访者的角度进行“追述”和“开放式”询问。受访者在研究者的引导下，对本人的学徒经历及职业生涯发展过程中的感受进行叙述，并在此过程中进行解释和举例说明。扎根理论研究方法强调分析资料和调查研究同时进行，因此，研究者在开始收集资料之前，就要进行资料的转录和编码。在循环往复的资料收集和资料编码过程中，不断寻找合适的访谈对象（见图 2－1）。本研究首先在第一年对不同行业内的 25 名参与者进行了一次访谈，共进行了 40 次访谈，然后在第二年对第二轮的受访者进行了采访，其中有 40 名原始参与者。这项研究总共进行了 68 次访谈。所有访谈都反映了一种半结构化的形式，研究人员与受访者就学徒经历，企业专家的坚持不懈和持续的职业生涯发展历程进行了对话。访谈时间为 60～100 分钟。所有访谈均在参与者许可的情况下进行录音，并进行专业转录。为了进行数据分析，研究人员采用了克雷斯韦尔（2007）提出的基本主题分析方法[①]。这种分析方法涉及对文本的多次读取，然后进行以下处理：将叙述性数据分类为通用代码，检查代码是否重叠和冗余，然后将这些代码折叠为宽泛的主题。作为额外的数据源，每个研究人员都保留了一个日志，其中包含有关访谈和正在进行的研究过程的观察结果。

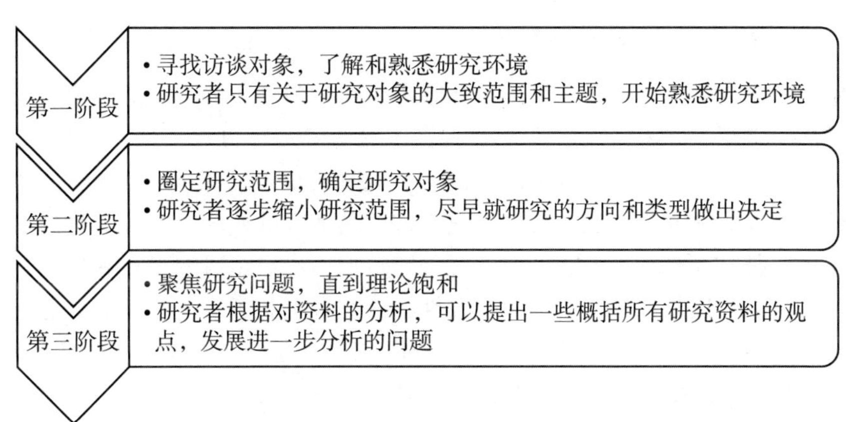

图 2－1　扎根理论研究实施的基本流程

① Creswell J. W., Hanson W. E., Clark Plano V. L., et al. Qualitative research designs: Selection and implementation [J]. *The counseling psychologist*, 2007, 35 (2): 236－264.

从流程图可以看出，扎根理论的最终研究结果是基于访谈内容或日志材料的编码结果分析出的工作流程图。通过扎根理论的资料收集、开放式编码、轴心编码和选择性编码的分析过程能够很好地展示企业专家的学徒经历是如何对其职业生涯发展产生影响和作用的。

（三）研究的质量监控

扎根理论研究的过程中可能会出现影响访谈资料收集质量的因素，例如一线从业人员由于常年从事技术类工作，对个人职业生涯发展的描述存在一定的表达局限，或者一线从业人员在谈到个人的职业生涯发展时会不自觉地大量描述个人的专业技术工作内容和专业术语，造成研究者和被访者对职业生涯发展内容表述的理解不清。针对上述问题，研究者在进行访谈资料的收集工作之前可以采取以下几个措施减少上述问题的出现。（1）研究者在开展实证研究之前通过查阅相关资料和网站信息等方式，大致了解被试者的基本信息情况，如行业发展背景、技术背景知识和人才需求信息等；（2）研究者在收集资料的过程中邀请同行业的专家进行现场观摩、指导和解释等；（3）研究者在访谈过程中使用重复性的问题作为测试访谈者对问题的回应，以确保研究者在访谈中收集的数据是可验证的，例如，被访者对行为或事件的描述是真实可靠的，还是误导和扭曲的。在此过程中，研究者要有良好的身份自觉，尽量不主动引导被试者的问题回答或干扰工作情境。在尊重研究伦理的基础上，对被试者进行伦理审查，尤其是关键信息的提供和个人信息的可信度，同时对部分不适合参与该调查的被试者和旁观者进行排除。

（四）资料转录与编码确认

研究者在收集访谈资料结束后的转录和编码过程中，要与企业专家以及其他研究者进行交流，并将访谈内容转录后发给受访者进行再次确认与审核。首先，研究者要不断检查被访者的可信度。例如，通过比较被试者所说的与研究人员自己的观察结果、官方记录、参与情况或事件的其他人的回应，通常被称为三角测量。其次，研究者要将不同意见的资料进行对比，以突出研究观点和研究立场的客观性。为了验证各个环节编码的一致性，研究者找到了一位教育原理方向的博士后和一位多年从事扎根理论研究的副教授，分别进行二次编码和讨论。最后，研究者还需要通过研究资料所反映的现象解释资料背后的问题。

四、研究资料分析

本研究通过对具有学徒经历的行业技术负责人或企业专家进行深度访谈，并对访谈内容进行编码，再对编码结果进行分析。编码是研究者开始扎根理论资料分析前的基本过程。本章将选取原始资料中的部分编码示例，并对学徒经历的主要内容进行划分，呈现并分析其如何生成理论的过程。

扎根理论中的数据分析和质性内容分析中的数据分析具有相似之处，两者都涉及系统的编码过程。它们都需要编码、查找类别和主题，但是两者的程序是不同的。一方面，数据收集和分析在扎根理论中是平行的，并且该过程既不是线性的也不是顺序的，而是螺旋式的。用于分析的数据量不是基于可用性，而是基于饱和度。另一方面，质性研究方法本身的特点决定了研究人员“比基础理论更接近他们的数据、表达文字和事件”。即扎根理论中的分析过程涉及概念标记、分类、识别核心类属、发现类属之间的关系，以及从这种关系中产生理论。本研究在收集到原始资料后，根据科尔宾和施特劳斯提出的扎根理论研究方法，对原始资料进行开放式编码。在获得编码节点之后，再对编码进行分析，完成轴心编码和选择性编码。

因此，扎根理论研究方法与其他质性研究方法的主要区别在于扎根理论研究方法中的资料收集和整理应当同时进行，且不能作为两个截然分开的阶段进行区别对待，资料的收集和分析是一个相互交叉和同步进行的过程。对资料及时进行整理与分析能够对已收集到的资料进行系统性把握，并为下一步的资料收集提供方向。

（一）开放编码

开放编码是“理论分析的最初步骤，涉及类别及其属性的初始发现”。它是解析过程中数据分解的解释过程。开放式编码包括根据相似性和差异比较事件与其他事件，为事件提供概念标签，并将这些概念分组为类别。开放编码是将资料进行分析拆解的诠释过程，开放编码通过一定标准对资料所反映的研究现象进行拆解，目的是帮助分析者获得新的思维洞见。在开放编码中，事件、行动与互动等之间进行相似性与差异性的比较，并进行概念化标注。基于这种方式，相似的概念将组成类属与子类属。例如，“跟了师傅，一般来说更容易把你带进技术的门槛，你的起步会比人家更高一点，跟师傅会学到很多东西，在做人做事上面，师傅经常会给你更好的指点”这段话在开放编码中，可标注为“做人做事”，作为一个“节点”，而这个节点又归属为“学徒接受师傅的指导”这个类属。如果将此类属进一步划分属性和维度，可知该类属具有类型的属性，即划分成几个子类型。除此之外，类属可具有持续时间的属性，那么类属的维度可以是时间跨度；同时类属也可以是执行的方式等。扎根理论编码进一步提高了扎根理论的特异性和精确性。

开放编码及其利用提问和不断比较的特点使研究者能够突破主观性和偏见。扎根理论编码的过程中，压缩数据会通过对数据本身进行判断来强制检查已确认的概念和想法。研究者可能会无意中尝试将数据置于不属于分析的类别中，但通过系统比较，这些错误最终将被定位，并将概念置于适当的分类中。表 2－2 中被访的企业专家是国内某知名造船厂的技术总监，他在回忆学徒经历的过程中，很多年前的事件细节还依旧历历在目，他认为师傅在其学徒经历中发挥了重要作用。

表 2－2　　学徒 A 访谈资料的开放式编码过程示例

访谈原始资料	概念
（A1）像当时我们在班组里边，一般讨论技术的问题会比较多，我印象较深的是，以前班组中午休息，一般都会谈今天你干了多少活，干在哪里，干的时候烧起来怎么样？质量怎么样，不像现在这种技术性的问题谈得比较少了，当时氛围更加浓郁一点。（A2）对我向熟练的工人转变还是挺有启发的。（A3）其实也奠定了我想更好发展的目标，相当于一个榜样，老师傅们都是这么干的。（A4）我记得唐老师比较深的一句话，他说，好的熟练工人都是平时用焊材焊丝堆出来的，不是说你想好就好了，你要有基础，学好一个技术肯定是要有基础的，基础哪里来？就是你平时用量堆出来，用量转变成质变，所以一个好的技术工人不是说你一两天、一年两年能出来的，我师傅带我，我成为上海工匠，这个过程要 20 年，像我带我徒弟，带了 15 年。	A1 工作氛围 A2 职业身份转变 A3 榜样示范 A4 技术积累
你会发现在你这个领域或者工种，（A5）（A6）你自己从刚开始不懂，到朦胧的，然后你觉得在这个行业我好像干得挺好，有自己能发挥的空间，你有可能会越学越好，像我们都是这样的过程，刚开始我也不懂焊接的，只觉得人家在烧电壶，亮的，挺好的，多看看，他们说还会眼睛痛，我都不懂。	A5 职业适应感 A6 职业迷茫
这么多年在培训过程中，（A7）一个是你对技术不明白的地方，就有机会跟他们交流，因为他们都是老师傅了，比较成熟，有很多不会的地方可以请教他们，（A8）他们也是很想让我们学员学好，他们也会比较主动，技术传承嘛，在集训的过程当中，（A9）也会有很多像我这种培训的选手，大家年龄都差不多，我们在相互一起交流，因为比赛培训其实是一个很好的相互交流的机会。	A7 师傅的技能指导 A8 师傅的指导态度 A9 同辈交流
我这所以能成才，（A10）我觉得一个是老师给我的引导，还有就是几个师傅对我后来的帮助，其实是比较大的。（A11）学校正好也是给你定一个目标，有一个向往。那么稍微打一下基础，学校其实学的不是很丰富的，而是在生产上面更容易锻炼人，（A12）	A10 师傅的职业引领 A11 学校教育奠定基础 A12 生产实践的锻炼

续表

访谈原始资料	概念
后来我技术提高，其实都是生产上面锻炼起来的。（A13）像我跟师傅的时候，我觉得刚开始他在刁难我，那个位置很难，‘那个你去弄一弄，这小了吧唧的，没事，你去弄’，我个子也比较小，所以在船上很多小地方，以前都是我发挥的，后来想想他也是想培养我，我们后边能在技术上“一路高歌”，跟你平时工作的环境锻炼也有关系。（A14）后来我培养我徒弟的时候，也是这么搞的！我说以前这些地方都是我发挥的，现在你去发挥，他现在也是和我说，这些地方你原来都让我去弄，也是抱怨很大的，我说我能理解，我也是这么成才的。（A15）其实也是一个锻炼的、磨炼心智的过程，有很多人根本坚持不下来。你只有刚开始，你觉得有了这样心智之后，你才能慢慢再往前跨一点，你这个兴趣爱好跟你最后能不能坚持下来，这其实是两个概念。当然刚开始对你要是有这种兴趣爱好。（A10）那么要有人引导你，然后你自己当然也是需要有发现自己有这方面的，能让你觉得你有发光的这种地方的。（A16）你才会逐渐慢慢喜欢了。	A13 安排挑战性任务 A14 沿用师傅的方式训练学徒 A15 心智磨炼 A10 师傅的职业引领 A16 培养职业兴趣
（A17）就是师傅会更全面地给你制定人生规划，（A18）师傅一般来说经验什么都比较足的，不光人生经历，包括技术经验都比较全面。（A19）你能跟到一个好师傅，这个当然是更好，应该来说我们厂里面大部分老师傅还是比较尽心尽力的，你能跟到名师，当然是更走运一点，那么像我就是一个走运的人。跟了师傅，（A20）一般来说更容易把你带进技术的门槛，你起步会比人家更高一点，跟师傅会学到很多东西。（A21）在做人做事上面，师傅经常会给你更好的指点。（A20）在厂里办什么事情会更加方便一点，因为他们跟师傅嘛，人都比较熟一点，生产上面跟着师傅，（A22）可以更快地融入生产的实践中，对你的成长会起到推波助澜的作用。	A17 师傅为学徒制定职业规划 A18 师傅经验丰富 A19 跟好师傅的重要性 A20 师傅的行业资源 A21 做人做事的影响 A20 师傅的行业资源 A22 快速适应职业
（A7）进厂跟师傅更注重实践锻炼、实际操作这一部分。师傅带你更多，比较负责的师傅可能还会盯住你，让你业余时间和理论多多接触，那么跟师傅就是实践提高。	A7 师傅的技能指导
（A10）老师的引领，让我接触电焊，慢慢让我觉得焊接是可发展的，我自己也给它（电焊）领进门，那么越烧越好，慢慢喜欢，是一个变化的过程。（A23）所以这是从青年学生变成工人的过程。我进厂之后，我也认识了好几个工人师傅，他们对我的成长也是一个提高的过程，我从技校毕业什么都不懂的，你怎么能适应生产工作？（A24）像我们夏天在甲板上面，外边 40 摄氏度，甲板上面最起码 60 度，一个鸡蛋敲上去会熟的，就这么个工作环境！你说你一开始就喜欢干这个工作，你能坚持？（A25）看到大家都是这	A10 师傅的职业引领 A23 职业身份转变 A24 工作环境的艰苦

续表

访谈原始资料	概念
么干的！你也就慢慢习惯了。 我的学徒经历，（A26）就是工作环境磨炼了我的意志，（A27）大量的工作锻炼了我的技术，也提高我的操作技能，（A28）包括师傅在技术上面的点拨，这也很关键，我有了基础，再靠自己摸索，这是一个很漫长的过程，我不是说他一定摸索不出来，（A29）那前人有的经验，你拿来用就可以了。技术上面你总结一些适合你自己的，师傅按照他的方法教的，可能按照他的方法，他烧得很好，但是你原封不动照搬的话，你搬过来不一定就是很好的	A25 同辈间的影响 A26 磨炼意志 A27 实践经验 A28 师傅的技术点拨 A29 汲取前人的经验

研究者在进行开放式编码过程中的主要任务是对转录的文字资料进行编码（coding），而这些在资料中出现的含有意义的短语或词语被称为“节点”（code），它是编码分析中最基础的单位。寻找节点的基本方法是通过上下文对研究主题的特征进行比较和分析，从每句话的背后分析可能存在的学徒经历的内容。例如，“我当学徒的时候学的是基本功，因为自己喜欢，基本功学好了以后，我业余时间就一直练习，练速度，刚开始做的作品很简单，因为基本功针法就已经可以做实用的台布、枕套、被套、床单，我也是这么执著地做的”，可以编码为“基本功训练”，同时也可能是“职业态度”“职业精神的培养”等类似的短语。

与上述制造业企业专家的学徒经历稍有不同，表2－3中的被访的企业专家是一名顾绣手工艺大师，她在回忆学徒经历时表示，个人在学徒经历中的亲身操作和师傅的手把手教学都为日后精湛的技术打下了基础。

表2－3　　学徒B访谈资料的开放式编码过程示例

访谈原始资料	概念
（B1）这样一来的话，老师傅当然有很多经验了，（B2）我们这个小组，我们刚开始的时候，师傅就是你跟他，他跟他，一个人一个师傅，就这么学点基本针法，就这么开始。（B3）我们要表达一种意境去，不是说我把这个任务完成了，把空旷线条里面的东西填满了，你把它填满了，那就是机器，就只是一个绣娘，所以这是一个过程，有的人一辈子就是绣娘，如果你一辈子就是为了完成任务而去做这件事情的，那么有的做到退休永远就是一个绣娘，他只是把任务完成了，把空壳子给填满了，他的作品就是死板的，我们做出来的就是一种灵活的东西，它有一种美的展示。（B4）我都是别人挑剩下的，有难度的我来做，我想这个难度我来尝试一下，我突破了一个一个的难关，所	B1 丰富工作经验 B2 “一对一”带徒 B3 职业专长 B4 尝试和克服工作难题

续表

访谈原始资料	概念
以没有什么任务能难住我。他们搞不明白的，我就会把它搞明白，所以现在我选稿也好，题材也好，找图案也好，我一看就知道用什么方法去制作。而且这些题材基本上那么多年过来，我都尝试过一遍，什么针法用在哪里、色彩的运用、针法的运用，我其实都已经研究过一遍了。(B5) 有两个学生在我这里学刺绣，他们也感觉有些看上去是很简单，但是自己动一下手感觉不一样，有些东西你看书就这么回事，但是你真正自己要去拿针线去动手的情况下又不对。为什么？文字表达的和手工的、手艺的区别，为什么师傅要带徒弟？手工啊，哪怕最简单的动作也好，什么也好，必须是师傅教徒弟才能学会的，这是手工机器不能代替的，所以他们学了以后就有些感悟。(B6) 我当学徒的时候学的是基本功。(B7) 因为自己喜欢，基本功学好了以后，我业余的时间就在家里一直练速度，刚开始做的作品很简单，因为基本功针法就可以做实用的台布、枕套、被套、床单。(B8) 就是我这么执著地这么做，人家没有这么心思去做这件事情。(B9) 所以我从学徒到制作一直是排列第一个，一直是跑在我们团队的前面。(B10) 每个师傅看到我都是很喜欢的，感觉到我很能干，而且做出来的东西他们感觉很好。(B11) 所以画画的老师对我们来说其实帮助是很大的，因为刺绣只不过是领进了门是一个基本针法的，手工的制作方法，至于他的提高是画画老师和设计师的一种想法，用我们的手表达出来。(B12) 其实当时也有好几个师傅带我们的。在发展过程中，其实我们有很多的设计师，画画老师对我们的帮助是很大的，因为刺绣不只是要学刺绣方法，提升要靠设计和画画的概念指导。所以我们不是一个师傅能教成功的，是方方面面地吸收营养。(B13) 我是因为有自己的领悟，才有现在的成就和效果的。(B14) 我们也让一些画画的老师跟学徒接触，让他们业余的时间学一点画画的功夫。我们也会请书法老师，跟他们一起画画、写字，就是和画画的老师多交流，多让他们用笔去了解画画的感觉。用到我们理解的情况下，是结合了我们刺绣的一种方法，就是发展传承的一种提高，手艺的提高。(B15) 学校其实是学习画画和对美术的欣赏，是对画的理解和美术的功底以及基础，然后在这种情况下，还是要师傅带徒弟这样带出来的，为什么？它是手工的，真实的情况下，不是用理论的方法是能够套上去的，必须要手工。(B16) 真正的实习就是实际操作的过程，才能领悟一种手工活，所以手工传承必须是师傅带徒弟的，像我们到学校去教学生，虽然都是叫我们老师，其实也就是师傅教徒弟，基本上我们一块面料或图案勾好了以后，还是要给他们一针一线操作，等于说是手把手地那	B5 手把手带徒，亲自示范 B6 扎实的基本功 B7 职业兴趣 B8 执着和专注 B9 表现优秀和突出 B10 良好的师徒关系 B11 职业背景和应用知识的学习 B12 获得不同师傅的手艺 B13 个人领悟 B14 技术精髓 B15 理论基础 B16 反复的操作训练

续表

访谈原始资料	概念
么教，才能知道这个针怎么捏、针怎么做、下针怎么做。（B17）因为你没有经过操作和去制作的情况下，你是找不到这种感觉的。你必须尝试做作品，你去实践，你去制作的过程中可能有很多的提高，可能悟出很多道理。你不做的情况下，这种感觉是没有的。有时我们晚上做得很晚的情况下，找到了一种感觉，感觉很好，而且做的又累又很开心。（B18）认识了好多好多人。现在一拨人虽然是大师了，有些人好多还是要讲真情的，师兄弟有什么困难啊还会相互帮助，完全和现在这种拜师学艺不一样。当时真的是没什么功利心。（B19）真正做到徒弟这个过程，他一般会为生活有一点担忧了，学生不要为生活担忧，他的动力不一样。（B20）师傅是给你做一个形，而且好多好多师傅他理论不行的话，他也只能做，他也说不出自己为什么做的好看。这可能是只可意会不可言传。那你做，我做一个给你看，这次不行，下面再做，下一次再做一个给你看。（B21）师傅会教你什么？这个就是好多技巧方面的，师傅会教你，你的手势不对，纠正好了，他马上就对了。打一个泥片，不均匀，师傅就会教你从哪里开始用力，敲几下。这就是师傅的作用	B17 技术操作的熟练度和“感觉” B18 师徒关系和行业人脉的积累 B19 职业身份和认同 B20 默会知识的观察学习 B21 技术技巧学习

在开放编码的过程中，研究者应当尽量不加任何改变地采用被访者的语言表述作为节点。因为这些被访者的语言往往对他们来讲是比较有意义的“本土概念”，它们能够更加真实和准确地表达出研究对象的学徒经历对职业生涯成功的影响因素。

最后，编码分析中的节点都具有唯一的编号，通常节点的编号规则为“资料编号 - 节点顺序”。例如，“形成技术操作的熟练度”这个节点属于 B 企业专家访谈材料中“因为你没有经过自己的操作和去制作的情况下，你是找不到这种感觉的。你必须尝试做作品，你去实践，你去制作的过程中可能有很多的提高，可能悟出很多道理”的第 17 个节点，因此该节点的编号为“B17”。在开放性编码中，研究者根据访谈者的学徒经历对职业生涯成功影响的资料分析，比较和筛选出 829 个一级编码，这些一级编码中蕴藏着学徒经历对个人职业生涯成功影响的重要因素。

（二）轴心编码

研究者在对原始资料进行开放式编码后，所有的节点将会汇集成一个编码本（见图 2 - 2）。编码本是一个将所有节点按照一定的分类标准组合起来的系统，它能够清晰反映出节点的分布和相互关系。因此编码本的作用在于能够了解现有节点的数量、类型相互之间的意义联系等，以确认现有节点整体的合理性；为进一步的编码和查找提供便利。

节点

名称	材料来源	参考点
安全事故的教育	1	1
榜样示范	8	11
边学边做	2	2
表现出色	3	4
不断变化的工作场所	1	1
不断反思	2	2
不断试误	2	2
尝试具有挑战性的工作任务	4	5
吃苦耐劳	3	8
出徒	1	1
传承师傅带新学徒	2	2
创新与工作探索	2	2
从事教学	1	1
达到工作标准与质量	1	1
达到技术操作标准	1	1
带徒的荣誉感	3	6
带徒时间长	2	2

图 2－2　编码本在 Nvivo 中的部分示例

在完成开放式编码后，可以在开放式编码的基础上进行轴心编码，即寻找类属。“类属”是比“节点”更大的意义单位，是节点的上位概念。类属分析是在开放式编码的基础上，对反复出现的节点进行寻找并且对这些节点进行概念化的解释。在类属分析的过程中，那些具有相同意义的节点被归为一类，并在更高的概念范畴上进行命名。轴心编码是探索类别之间关系的过程。在轴心编码中，研究人员将类别与其子类别联系起来、测试与数据的关系，并检验假设。厄克特（2012）认为，扎根理论的关键不仅在于研究者所收集的数据类型，而是在于研究者本人的知识基础以及研究者的研究假设如何与这些资料发生互动[①]。我们根据格拉斯（1978）的建议，对收集的资料进行整体提问：这是一个关于什么的研究?[②] 得到的回答是：这段访谈资料揭示的是学徒经历对个人职业生涯成功的影响，关注个人职业生涯历程的变化，但由于个人的学徒经历具有一定的特殊性，因此又涉及学徒经历中的人际变化、学习内容和制度环境等方面。

从表 2－4 中可以看出在轴心编码过程中出现的主要类属，这些类属反映了学徒经历对个人职业生涯成功产生影响的因素和内容。从编码分析的整体情况来

① Urquhart C. *Grounded theory for qualitative research*: *A practical guide* [M]. Sage, 2012.

② Glaser B. *Theoretical sensitivity* [M]. Mill Valley: Sociology Press, 1978: 93－115.

看，出现的主要类属包括个人职业身份、职业能力、社会关系、职业生涯成功四个主要类属及其属性和维度。(1) 职业身份是指个人具备的，除专业知识和技能以外的一系列与职业相关的心理感知觉方面的特征。如职业兴趣形成、职业目标确立、职业身份的转换以及职业认同感形成等。例如，"就是因为师傅给我设定的这个人生目标，我时刻记在心里。如果当时我没有这个压力的话，那我肯定到不了现在这样的职业成就"（B2K10）。(2) 职业能力是指与胜任职业岗位所需的一系列的知识、技能和态度的要求，包括职业知识、职业技能、职业态度以及处理相关职业问题的能力。例如，学徒经历中向不同师傅学到的职业能力对提高职业技能产生的影响，"其实当时也有好几个师傅带我们的。在发展过程中，其实我们有很多的设计师，画画老师对我们的帮助是很大的，因为刺绣不只是要学会刺绣方法，而是要靠设计和画画的概念指导。所以我们不是一个师傅能教成功的，是方方面面地去吸收营养"（B2K12）。(3) 社会关系是指个人在学徒经历中对其职业生涯发展起到帮助和促进作用的重要人际关系，主要包括师傅与学徒之间的关系，学徒与学徒之间的关系以及学徒与同事和领导之间的关系等，例如："我和师傅建立了很深厚的师徒感情。大家齐心协力、尽心协力完成我们的每一个项目。"(4) 职业生涯成功是指促进个人职业生涯产生积极效果和满意度的因素，包括客观职业生涯成功和主观职业生涯成功，如职业收入、职业晋升、职业荣誉、职业资源以及职业满意度等方面。例如："可能因为我用的技术方法跟其他人不一样，所以在我 35 岁以后，我的职业生涯发展非常顺利，收入也比较高。"

表 2-4　　轴心编码过程中出现的类属示例

类属	属性	维度
职业身份	职业兴趣	喜欢 - 厌恶
	职业目标	明确 - 迷茫
	职业道德	正确 - 错误
	职业认同	确定 - 迷茫
	职业规范	遵守 - 随意
职业能力	职业知识	掌握 - 匮乏
	方法操作	熟练 - 生疏
	技术技巧	高超 - 低劣
	技术难题	解决 - 未知
	工作规范	遵守 - 无视
	职业态度	认真 - 马虎

续表

类属	属性	维度
社会关系	师徒关系	亲密 - 疏远
	同事关系	亲密 - 疏远
	重要他人	亲密 - 疏远
职业生涯成功	职业收入	高 - 低
	职业晋升	高 - 低
	职业威望	高 - 低
	职业荣誉	强 - 弱
	职业满意度	高 - 低
	职业归属	强 - 弱

在上述轴心编码的基础上，本研究形成了初步的研究假设。(1) 在职业生涯发展初期，学徒经历会促进个人职业身份形成，帮助个人快速适应职业身份转换并促进职业生涯发展。(2) 学徒经历能够提高个人职业能力，包括职业知识、技能和态度，而这些能力的学习与学校职业教育相比，更加贴近真实工作环境，对促进个人职业技术的提高具有明显的作用和效果。(3) 学徒经历中的社会关系对个人的职业生涯发展有关键性的促进作用，社会关系的发展将会直接影响个人职业身份和职业能力的形成。(4) 学徒经历中的职业身份、职业能力以及社会关系能够促进个人的职业生涯认知水平提升，如自我效能感、职业认同和职业期望，以及职业能力的提升，从而促进学徒职业收入、职业晋升、职业能力以及工作满意度等职业生涯成功相关指标的提高和实现。

类属要达到一定的理论饱和性，即属性基本齐全。本研究在进行编码的过程中，首先对 50 位企业专家的访谈材料进行随机排序，并按照每份材料的顺序依次进行编码。结果在进行第 40 份材料编码时类属开始出现大量的重合和重叠，后续编码材料也没有贡献新的类属，只是继续佐证已有类属，这表明本研究收集的资料已经达到较高的理论饱和程度，因此可以停止访谈资料的收集。

(三) 选择编码

选择性编码是围绕中心“核心”类属以生成连接所有类属的过程，需要进一步解释描述类属的细节。格拉斯认为理论编码是一个理论化实体代码之间关系的过程。在分析结束时，产生了一套理论命题。而在查马兹的编码过程中，初始编码类似于开放编码。聚焦编码是一种旨在将初始代码缩小到频繁和重要代码的过程。理论编码是一种用于找到代码和类别之间关系的过程。通过不断抽象的过程，部分地实现了扎根理论的概括。概念越抽象，尤其是核心范畴越抽象，说明理论的适用范围越广，同时，扎根理论规定了在该特定数据中发现现象的条件。因此，理论抽样的执行步骤越系统和规范、抽样的范围越广阔，就会有更多的条件和变量被发现，生成的理论也更具有推广性和精确性。在本研究中，核心类属以社会生涯认知理论为基础找到类属之间的关系。学校职业教育培养人才无法满足经济发展需求的主要原因是人才培养缺乏适应企业生产所需的职业能力和职业身份认同，学徒经历中对个人的职业能力的培养、职业身份形成、自我效能感以及职业期望等因素一定程度上影响个人职业生涯成功，而个人学徒经历的影响又受到组织环境、师傅资格以及师徒关系等方面的作用。

第二节　学徒经历对个人职业生涯成功影响的分析框架

扎根理论研究在概念上与基于假设检验或假设推理的定量研究不同。扎根理论研究从大的范围来看归属于质性研究，这类研究通常试图发展“以所收集的数据为基础”，并因发现“该领域的实际情况”而产生的理论。正如克莱恩所观察到的，“在质性研究的情况下，研究可能不会明确阐明理论框架，因为定性研究通常首先是针对扎根理论发展的”。尽管理论在不同研究范式中的位置可能有所不同，但“理论”似乎仍然是所有形式研究的核心。

一、分析框架

艾曼达（2014）认为理论是一组相互关联的概念，它们构成现象的系统视图，以进行现象或问题的解释或预测。理论就像一个蓝图，它是结构建模的指南并且描述了结构的元素以及每个元素之间的关系，正如理论描述了组成该概念的概念以及概念之间的关系一样①。研究框架是一种分析结构。此外，他还认为研究框架为研究者提供了指导，在研究者确定研究问题和研究方法后，研究者一旦收集并分析了研究资料，该框架就可以用作镜像，以检查结果是否与该框架一致或是否存在差异；在存在差异的地方，询问是否可以使用框架来解释其研究问

① Imenda S. Is there a conceptual difference between theoretical and conceptual frameworks? [J]. *Journal of Social Sciences*, 2014, 38 (2): 185 - 195.

题。理论框架是指研究人员选择以指导其研究的理论。因此，理论框架是一种理论或一组从同一理论得出的概念的应用，以提供对事件的解释、阐明特定现象或研究问题。

学徒经历对个人职业生涯成功的影响模型构建的实质过程也是本研究中使用扎根理论三级编码的过程，将原始资料进行编码得出的核心类属与已有文献进行不断的比较和分析，最终找到核心类属之间的关系，可以得出学徒经历对个人职业生涯发展的影响（见图2-3）。

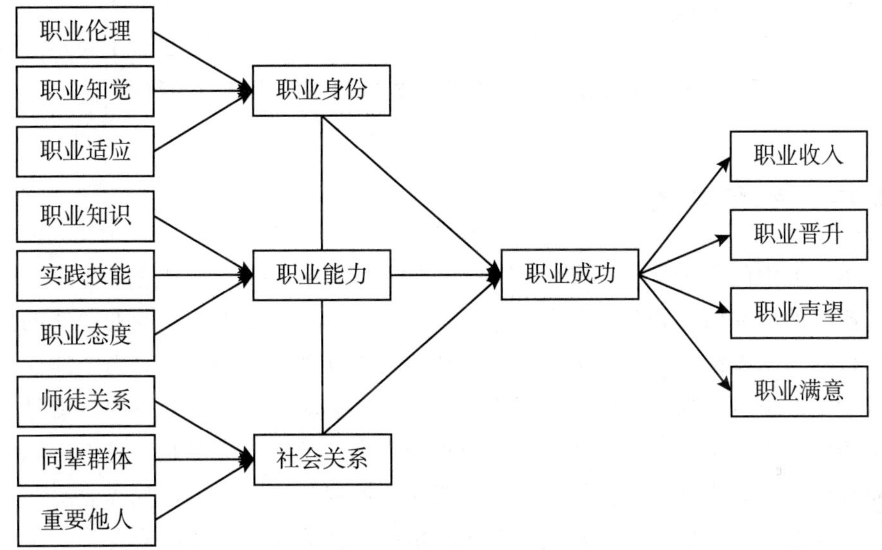

图2-3　学徒经历对个人职业生涯成功的影响

另一方面，由于本研究的关注点比较微观，因此很难参考一个理论或理论中存在的概念来有意义地针对研究问题进行回答。在这种情况下，本研究“综合”了文献中有关给定情况的现有观点，包括理论和经验结果。这种综合可以称为模型或概念框架，从本质上讲是一种解决问题的“综合”方式。然后可以使用这种模型代替理论框架。从具体的研究目标出发，整合访谈编码资料和理论视角，初步构建学徒经历对个人职业生涯成功影响的分析框架（见图2-4）。学徒经历中的职业身份、职业能力和社会关系对个人职业生涯成功的主客观方面都会产生影响。个人在学徒经历中将获得职业生涯方面、社会心理方面以及角色榜样示范方面的指导。结合企业专家学徒经历的访谈编码结果，以及职业生涯发展和职业生涯成功等理论视角，形成了研究基本分析框架和主要的价值判断。

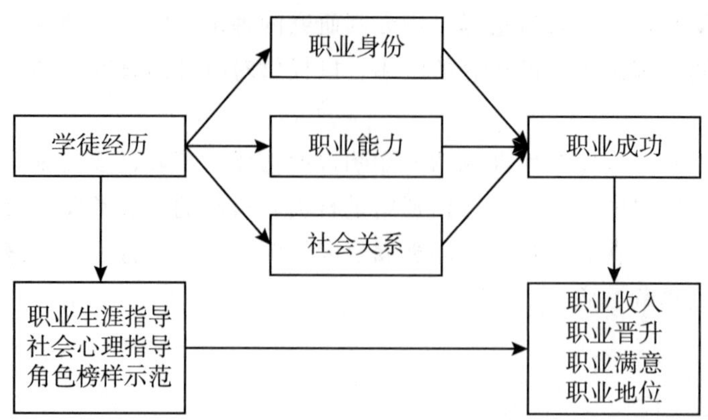

图 2-4 学徒经历对个人职业生涯成功影响的分析框架

二、研究假设

本研究中的分析框架是研究者通过访谈编码结果和各种理论综合和碰撞之后，产生的研究假设和观点。学徒经历是个人在具有丰富工作经验的师傅的指导下进行的与工作岗位内容相关的知识、技能与态度等方面的学习。当个体获得高质量学徒经历时，则产生促进其职业生涯成功的影响，而质量低下的学徒经历会产生消极的职业生涯发展。就学徒经历本身而言，学徒经历对职业身份、职业能力和社会关系形成具有积极影响。个人职业生涯成功可以分为客观职业生涯成功和主观职业生涯成功，客观职业生涯成功指标包括职业收入和职业晋升，主观职业生涯成功指标包括职业满意度、职业地位和职业威望等方面。因此，本研究在获取扎根理论编码结果分析之后，提出如下假设：

假设 1：学徒经历对职业身份形成具有积极影响。职业身份是指个人经历持续不断地结构性和态度性变化，最终形成的对自身作为职业领域中专业人士的自我概念。学徒经历中个人职业身份形成具体表现为职业责任、职业知觉和职业适应。

假设 2：学徒经历对职业能力形成具有积极影响。职业能力是人们从事某一特定职业相关的知识和技能的综合。学徒经历中的职业能力是指师傅对学徒进行的与职业相关的知识和技能的指导，有助于学徒职业能力水平的提升，学徒在职业生涯指导过程中获得的职业能力包括职业知识、实践技能和职业态度等方面。

假设 3：学徒经历对社会关系形成具有积极影响。学徒经历中的社会关系不仅仅是狭义的师徒关系，而是指在工作场所中对学徒的社会化过程起到重要影响的人物，包括学徒与师傅之间的关系、学徒与学徒之间的关系、学徒和同事领导之间的关系等。

假设 4：学徒经历中的职业身份形成对主观职业生涯成功的影响。主观职业生涯成功指标包括职业满意度、职业地位和职业威望等方面。个人较高的职业身份认同，将会提高个人的职业满意度、职业地位和职业威望等方面。

假设 5：学徒经历中的职业能力形成对客观职业生涯成功的影响。客观职业生涯成功指标包括职业收入和职业晋升。个人较高水平的职业能力，将会促进其职业收入和职业晋升等客观职业生涯成功。

假设 6：学徒经历中的社会关系形成对个人职业生涯成功的影响。个人具有积极的社会关系将会促进其职业生涯成功。

第三节 本章小结

学徒指导作为一种技能传承的实践学习方式，其根本受益者是学徒本人。为了解学徒经历的关键要素及其对个人职业生涯成功的影响，具有学徒经历的企业专家是一个十分适合的突破口。本研究通过对在各行各业已取得职业生涯成功的企业专家背后的学徒指导经历进行探究，进而抽取出学徒指导这一实践学习方式对个人职业生涯成功的影响，并推演出学徒学习成分在现代社会中复兴的价值，这也是目前我国在现代社会建构现代学徒制的前提。

本研究采用扎根理论研究方法，并使用深度访谈法和非参与式观察法进行资料收集。以 50 位具有学徒经历的企业技术专家为访谈对象，通过严谨的扎根理论研究设计过程进行原始资料的编码和分析，以丰富翔实的实证资料追述学徒经历和职业生涯发展，进而得出个人在学徒经历中的职业身份、职业能力和社会关系的形成能够对个人职业生涯成功产生影响。学徒经历中职业身份形成包括职业伦理、职业知觉和职业适应；学徒经历中职业能力形成包括职业知识、实践技能和职业态度；学徒经历中的社会关系包括师徒关系、同辈群体关系和重要他人等。其中，职业身份是个人在职业生涯发展早期快速适应职业岗位要求和职业角色转变的基本要素。职业能力是维系个人职业生涯中期在组织中获得晋升和发展的核心要素。学徒经历中的社会关系是贯穿个人职业生涯发展的支持要素和推动力量。

第三章

学徒经历对职业身份形成的影响

了解企业专家的学徒经历和职业生涯发展历程，不仅有助于知晓学徒经历是如何促进企业专家职业生涯成功的，将其纳入职业教育人才培养政策制定的参考标准，同时，从个人生涯的角度审视现代学徒制实施的价值皈依，有利于其他参与学徒制的职校生预见自身的职业生涯发展路径。已有研究对学徒制的梳理基本上停留在对不同国家学徒制实施的介绍，很少有学者从个人职业生涯的视角来关注学徒经历。除此之外，人们对企业专家的其他职业特征更是知之甚少。因此有学者认为，需要更多的研究来深入分析企业专家的职业生涯发展和学徒经历中的关键因素对其职业生涯成功产生的影响。

通过对50位具有学徒经历的企业专家访谈编码和工作日志分析，本研究整理出学徒经历中的职业身份、职业能力以及社会关系对个人职业生涯成功的影响。那么学徒职业身份形成有什么特点？学徒职业身份对个人职业生涯成功发挥怎样的作用？学徒经历中的哪些要素帮助个人获得职业身份，以及是如何帮助个人突破不同职业生涯发展困境并实现职业生涯成功的？本章基于扎根理论收集的质性资料对企业专家学徒经历中的职业身份形成及其对个人职业生涯成功的影响进行分析。

第一节　学徒经历中的企业专家背景信息

一、研究对象的人口学特征

本章的研究对象为具有学徒学习经历的企业技术骨干或技术专家，共搜集到50位不同行业企业专家的样本信息，该群体的基本人口学特征见表3－1。

表3－1　　　　本研究样本的基本特征分布

性别	男，46人（92%）；女，4人（8%）
自然年龄	35～45岁，3人（6%）；45～50岁，17人（34%）；50～55岁，13人（26%）；55岁以上，17人（34%）
从业年限	10～15年，3人（6%）；15～20年，17人（34%）；20～25年，13人（26%）；25年以上，17人（34%）
技术职称	高级技师，45人（90%）；技师，0人；高级工，0人，其他，5人（10%）
企业性质	国有大中型企业，21人（42%）；外资企业，12人（24%）；中外合资企业，13人（26%）；私营企业，4人（8%）
最高学历	大学本科，12人（24%）；大专，20人（40%）；高中，10人（20%）；初中，8人（16%）
团队人数	10位以下，15人（30%）；10～20位，16人（32%）；20～40位，15人（30%）；40位以上，4人（8%）

（一）学徒的年龄与从业年限

研究对象的年龄主要分布在35～55岁之间，处于职业生涯发展的中后期。由于一些行业对技能娴熟度要求较高，从业者在青少年期便开始了学徒求学的历程，在工作场所中不断磨炼和习得相关的技能操作。因此需要说明的是，只有在学徒经历非常顺利、掌握较好技能水平的前提下才能在35～40岁成为业内的行业专家，但很多人并非如此。一方面，并非所有从业者在职业院校毕业后能够立即进行职业选择，本研究中有部分企业专家是在学徒经历后才选择目前的职业。这是因为个体在青少年时期还处在心智不成熟的阶段、尚未踏入社会，无论是工作技能还是职业心理都处在不确定和迷茫期。另一方面，即使有部分从业者能够马上选择和确定职业，但是在学徒经历过程中需要艰辛地去付出，特别是一些专门的技能操作，学徒必须要忍受枯燥重复的技能训练并保持认真和敬业的态度。学徒刚入行时，如果不能突破职业技能训练的高原期，他可能就会选择放弃。因此，本章选取的研究对象是具备完整职业生涯发展周期的、资历丰富的企业专家，有1/3左右的中年技术骨干力量，还有一小部分是在技术创新方面具有一定造诣和成就的技术新秀。

与此同时，这些企业专家多出生于新中国成立后，他们所经历的学徒学习不是古代传统的学徒制，更多的是厂内学徒制，因此具有一定的系统性和教育性，继而减少了传统师徒关系之间的依附性和等级性，相对来讲，师徒之间除了上下级关系还保持着同事同伴关系。总体来看，他们成长的社会背景比较相近，因此具有一定的研究可比性和说明性。

（二）学徒的性别分布

本研究样本中有46名男性企业专家和4名女性企业专家，女性占样本总量的8%，分布在刺绣（1人）、古籍修复（1人）和酒店餐饮业（2人）等服务行业，这说明男性企业专家具有学徒经历的占据绝对优势，女性企业专家凤毛麟角。其实不论在普通技术工人还是企业专家群体中，女性从业人数同样少于男性。可见，随着工业革命和科学进步的发展，性别之间的差异并没有消弭，即使女性为社会做出的贡献具有巨大进步，但无论在产业链的顶层或是低端，女性企业技术的比例仍然有限。

二、社会出身和受教育经历的特征

布迪厄（1986）的社会文化资本理论认为，资本是一种积累的劳动，资本依赖于时间的积累，并且需要以具体化以及身体化的方式进行积累。个人社会资本是个人通过所占有的持续性社会关系网把持的社会资源或财富①。科尔曼在更为深入的研究中揭示，社会资本可以向人力资本转化，而人力资本可以直接转化为职业收入的生产性要素。因此，个人的家庭出身会对其职业生涯成功产生影响。如果个人能够得到家庭环境的感染并占据一定的社会资源，自然在职业生涯成功方面具备先发优势。此外，布迪厄认为文化资本是一种表现行动者有利或不利因素的资本形态。学术文化更接近中产阶级的家庭文化，那些家庭和社会出身较高

① Bourdieu P., Richardson J. G. *Handbook of Theory and Research for the Sociology of Education* [M]. Greenwood Press, 1986: 241 - 258.

的学生在学术成就方面具有优势，而较低阶层出身的学生由于资源匮乏和对学术文化形态不熟悉，自然在以学术文化主导的社会竞争中处于劣势，被迫要选择那些以体力劳动等主导的场域。这种关系是否也存在于学徒出身的企业专家？下面将结合企业专家的学徒经历以及职业生涯早期情况进行分析。

（一）学徒的社会出身信息

搜集到的50位企业专家的家庭出身信息见表3－2，根据以往的研究，本研究特别关注了学徒父辈、受教育程度以及职业选择。50名企业专家中父辈从事相关技术工作的人数最多，比例接近60%，其中父辈也具有学徒经历并且身为师傅指导学徒的人数占总人数的1/3。在20世纪五六十年代，正值我国社会建设时期，对体力劳动者的尊崇和薪资待遇的提升，人们往往选择国企等事业单位从事相关技术职位。从现有研究结果看，家庭环境通过文化再生产对学徒企业专家的职业选择和职业认知发展产生一定的影响。

表3－2　　学徒父辈的职业分布情况

职业类别	人数	比例（%）
技术人员	18	36
商铺经营	9	18
农民	15	30
其他	8	16
总和	50	100

1. 家庭背景影响学徒的职业选择

文化资本的再生产过程主要是通过早期的家庭教育和学校教育实现的。家庭是文化资本的主要和最初的再生产场所。布迪厄的研究表明，个人能够从出身的家庭环境中获得习惯、训练、能力等为其今后发展服务的内容，相应的也会获得一定的知识、技能和职业爱好。家庭对个人的影响能够对其价值观产生间接的效益。李天舒（2017）等的研究发现，子代的职业阶层将会受到父代影响，同时，父代从事的职业类型和所处的社会阶层将会直接影响下一代的职业获得。在此过程中，教育在代际职业流动中发挥重要作用，个人接受的教育程度越高，那么他将更有机会实现个人职业阶层的向上发展，这也是促进个人职业生涯发展的主要途径。但是教育本身在代际间也存在一定的传承性①。在个人职业生涯发展初期，

① 李天舒、王广慧、封军丽等：《代际职业流动及代际教育流动——对中国城乡家庭的比较研究》，载《统计与管理》2017年第5期。

家庭出身和思想观念将会对其职业理念和职业选择产生潜移默化的作用，希望通过学徒学习获得一定的技术专长，实现个人职业生涯发展。“当年我也跟我父母说，我做这个工作非常辛苦，我父亲当年在钢铁厂，他原来是一个领导，我和我父亲说，我可不可以调到你们厂里。但是他说，你这个是‘铁饭碗’，造船很不错。现在想想当时思想真的‘很传统’，所以我们那个时候也没有什么非分之想，进来就是想好好地去工作，学好技术以后成家立业，当时工资大概差不多，因为当时收入差距不像现在这么大。”（H1L3）

相对而言，出身农民家庭以及商贩家庭的个人在职业选择上可能比较局限，只能继续从事父辈的职业，因此在遇到转变家庭身份的工作机遇时，也会考虑通过学徒学习的方式获得一技之长，进而从事相关技术类工作。一位父母是农民出身的企业专家回忆道，“我在农村，父母都是农民，他们对工人其实也挺向往的，当时农民也没什么医保啊，养老都没有。所以当时有种说法叫‘上海工人’，上海工人当时待遇什么都挺好的，那么我从小接受他们的教育，我觉得做工人很好。像我报考技校的时候，志愿是我父亲帮我填的。其实我考高中是没有问题的，但是在他们潜移默化的影响下，我觉得做工人挺好的，我就顺理成章地到了技校。但是我进技校的时候，还是农民可以考技校刚刚开放，因为最早农民是不能读技校，都是城市居民读技校”（H2T4）。本研究借鉴布迪厄的阶层划分方式，这些从事体力劳动的技术人员、商品经营者和农民等属于中低社会阶层群体，即有别于专业人员、政府官员和企业高管等的中高社会阶层。出身于中低社会阶层群体表现为父辈未接受过高等教育、入学机会、家庭收入和社会地位处在中等及中等偏下。

2. 家庭文化再生产影响学徒的职业发展

从学徒的家庭背景来看，出身中低社会阶层的企业专家居多，他们受父辈影响或继承父辈技术工作的较多。例如，家庭本身具有师徒传承的文化传统，这为个人职业生涯发展提供社会和教育联合的优势，这种优势经过代际的累积在学徒职业生涯发展早期给予他们常人没有的优势，有助于个人在未来职业生涯发展中继续处于有利的地位。“我是做学徒出身，对我来说，人生经历是很丰富的，四年半里我学了两个工种，一个是陶刻，一个是制壶，所以我是有两个师傅，陶刻是我父亲。我父亲是很有名的一个人，他传承的就是任淦庭，我们宜兴紫砂七老里面有七个老艺人，他是最有名的。另外一个师傅是徐海棠，就是顾景哲的徒弟，顾老在七个老艺人里面，他排行第六，古代都是家传，你传我，我传你，传你儿子，等等。”（K3H2）个人的职业愿景和职业生涯发展并不完全由个人能力和努力程度决定，先前的社会等级和社会地位也会影响个人职业生涯的高度，特别是家庭中父辈的职业观念、文化素养以及行为习惯等都会对下一代产生影响。

综上所述，虽然家庭背景和受教育程度会影响个人的职业选择和职业发展。但是本研究中选取的企业专家大多出身于较少占有文化资本的中下级社会阶层，特别是来自技术操作的工人家庭的比例较多。这些企业专家职业生涯发展过程中受家庭背景等因素影响不大。不过，虽然那些获得家庭文化资产再生产的子弟更倾向于选择学术教育路径实现理想，但是个人成才的路径不仅有一种，而是“三百六十行，行行出状元”“技能型人才也是人才”，并且尤其是家庭出身较低的学徒，有时候更能够从逆境中突围。因此，本研究主要探寻具有学徒经历的企业专家的职业生涯发展的轨迹。不论家庭的文化背景、经济情况和家庭受教育情况如何，企业专家的最终职业生涯成功得益于学徒学习经历的磨炼，师傅对学徒的职业相关指导、社会心理指导以及师徒关系建立等要素。

（二）学徒的短期学校教育经历

学校教育经历是指个人在进入工作场所之前所接受的与教育培训相关的学习经历，包括接受正规教育的受教育程度以及非正式教育的学习培训等。从全国部分行业划分的就业人员受教育程度构成来看，从事第二、第三产业的就业人员大多数属于初中学历水平，其次是高中学历和中高等职业教育水平，很少有人获得大学专科及以上学历文凭。因此，图 3 – 1 中数据分布可以从侧面反映出：首先，第二、第三产业从业者的受教育程度不是特别高，多数只完成义务教育、接受高中和中高等职业教育；其次，从业者受教育程度偏重于基础性和应用性，基础性说明个人获得基本的教育程度是其进入该行业的最低要求，即进入行业的“敲门砖”，而应用性表现在行业对从业者技术技能水平的要求要大于对高层次学历的需求。

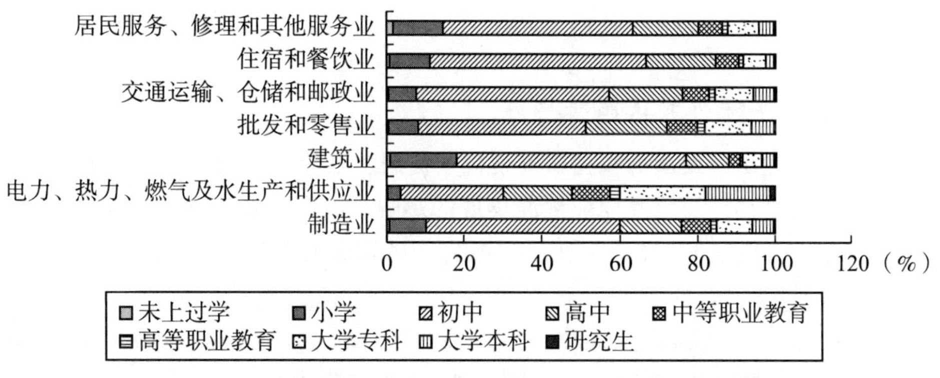

图 3 – 1　全国部分行业划分的就业人员受教育程度构成

从研究对象来看，企业专家具有较短的学校教育经历，多数停留在初中和高中文化程度，但是在后续工作的过程中，由于外部评聘标准的提高，他们选择了继续教育深造。因此，大多数人在职业生涯发展中后期，还都处于高中和大专的文化程度，即使有部分企业专家获得了本科学历，也都是在工作过后通过成人函授的方式获得的（见表 3－3）。罗森布姆（1986）认为，学校教育对职业生涯的作用主要通过文凭而起作用，特别是在缺乏信息的条件下，文凭的作用更为显著。个人接受学校教育的文凭是一种"符号"，它直接与人们的技术能力相联系。学校教育文凭在进入职业时有重要作用，而对人们在内部劳动力市场中的职业提升作用较小，例如，人们进入工作组织后，学校教育文凭的符号功能便不再那么重要了[①]。但是，由于学徒所从事的工作是以技能操作娴熟和以解决生产实际问题为指向的，换句话说，学术教育对其并不具有一定的优势，而重在提高技能操作的熟练度和提升工作相关的职业能力。阿兰·凯克赫夫（1998）通过对美国、德国和挪威的研究发现：（1）具有职业教育文凭的学生比一般学术文凭的学生具有更多的工作机会和更稳定的就业经验；（2）在各类社会中，具有学校教育和工作经验的个人具有更加稳定的就业和有序的早期职业生涯；（3）具有职业教育文凭或经历的个人比具有一般学术教育文凭的人更能表现出教育经历和职业生涯发展线之间的显著关系[②]。

表 3－3　　学徒的受教育程度

学历水平	人数（人）	占总体百分比（%）
本科	8	16
大专	12	24
高中	21	42
初中	9	18

（三）工作场所的技能培训

从个人职业生涯发展的视角研究现代学徒制实施的价值问题，本质上是要分析企业专家的学徒经历对其职业生涯发展的影响，因此企业专家的"学徒经历"是本研究的重要变量。"经历"在《辞海》中的定义有两种，第一层是指个人亲

① Rosenbaum J. E. Institutional career structures and the social construction of ability [M]. *Handbook of theory and research for the sociology of education*. Greenwood Press, 1986: 139－172.

② Kerckhoff A. C., Bell L. Hidden capital: Vocational credentials and attainment in the United States [J]. *Sociology of education*, 1998: 152－174.

身见过和做过的事情，这里是名词；第二层是指个人亲身遇到过的，强调动作行为。本研究将“经历”界定为亲身做过和实践过的事，在一定程度上可以将“经历”理解为“经验”。本研究对学徒经历的认识实际上涉及多学科研究背景。从教育学来看，学徒经历类似教育过程中的“学生”但又不是基础教育学中完全意义上的学生，较为类似高等教育学中“研究生”培养，即学徒在进行技能学习的过程中，不像基础教育中的学生那样会按照特定的教学标准进行学习，更多是在具有丰富工作经验的师傅指导下进行的与工作岗位内容相关的知识、技能与态度等的学习①。在教学过程中，师傅主要以口传身授为主要的技能传递形式。与学校职业教育相比，学徒经历更为强调将个体的实践技能学习寓于真实的工作情境中，学徒在完成工作任务的过程中学习职业相关的知识、技能和态度等。

从社会学角度来看，学徒经历中的“学徒”不仅是一种职业身份，也是社会关系中的身份类型。在传统社会中，学徒群体不仅是一种职业阶层，还是特定的社会阶层。学徒制除了能够为学徒工签发进入特定职业或行业的“资格证书”，还是一种社会阶层流动机制②。从心理学角度来看，学徒经历主要强调学徒在师傅指导下进行的技能学习方式，学徒可以界定为对某一领域的技能经验不足的新手。从管理学角度来看，人力资本理论认为个人之所以会产生不同的人力资本价值和差异，主要是因为个人学习、生活和工作的亲身体验过程不同。因此，本研究将学徒经历定义为，在真实的工作场所中，有丰富工作经验的企业师傅为使学徒达到职业生涯目标进行的与工作相关的指导，其中包括师傅对学徒的职业生涯指导和社会心理指导。职业生涯指导包括师傅对学徒进行的与职业相关的专业知识、技能以及态度等的指导，社会心理指导是指师傅为使学徒能够适应工作岗位和职业生涯发展对其进行的心理层面的指导。

学徒在职业生涯发展早期接受较短的学校教育后，将会进入工作场所成为一名学徒，并在工作场所中接受职业技能培训。学徒刚进入工作场所时，通常会在一名经验丰富的师傅带领下进行相关技能的模仿操作和学习③。一位有学徒经历的电焊企业专家回忆说“我在初中毕业后进了技校，然后就进厂做员工，进厂以后跟了秦师傅，我师傅在厂里面比较有名气了，在电焊这个方面很有造诣，领导在这个方面也比较重视，特意给秦师傅开了一个新的小组，这个小组都是由我们

① 杨红荃、苏维：《基于现代学徒制的当代“工匠精神”培育研究》，载《职教论坛》2016 年第 16 期。

② 彭南生：《行会制度的近代命运》，人民出版社 2003 年版，第 217 页。

③ 吴旻瑜：《安身立命：中国近世以来营造匠人的学习生活研究》，华东师范大学博士学位论文，2017 年。

电焊班的十几个同学组成的。我们技校生进厂后就跟在其他班组里面、打打下手，老师傅在烧的时候你帮他拖拖机头之类的，等他烧好之后我们帮他磨磨皮带，师傅先带我们去培训工厂培训，因为当时在技校学习的是以手工焊为主的，到了厂里以后我们接触的是二氧化碳，二氧化碳在技校里面学的还是比较少的，那么他就是到培训工厂帮我们‘突击’了一段二氧化碳，针对实船上烧的位置之类的”（H4Q4）。贝克尔提出，企业中的人力资本通常分为通用型人力资本和专门型人力资本两大类。专门型的人力资本是一种针对某个特定企业的人力资本，如果离开了该企业，在别处就无法发挥价值的人力资本。因此专门型人力资本由于发生在特定的工作场合，针对特定的工作任务以及其知识和技能的意会形式，需要通过学徒制方式，在真实的工作场所中进行技能学习和积累[①]。但是如果企业员工获得了胜任该企业的专门型人力资本，那么他在企业内的职业晋升和职业收入等水平就会有大幅提高，甚至能够与物质资本一起形成企业内部劳动市场的双边垄断。

三、企业专家的职业生涯发展特征

具有学徒经历的企业专家与没有学徒学习经历的员工相比，企业专家受教育经历大多时间比较短，而是较早进入工作场所。企业专家在职业生涯发展早期就在某些技术技能操作方面表现出一定的天赋和早慧的特点，并且企业专家在学徒时期的表现对其后来的职业生涯发展历程产生很大的预测性[②]。本研究基于此类研究成果，提出假设：具有学徒经历的企业专家在职业生涯早期具有较高技术水平的特征。下面拟通过文献资料和访谈资料等对企业专家职业生涯发展的特点和早期教育经历情况进行分析。

（一）企业专家的职业生涯发展特征

学徒制包括学习模式和教育模式两个维度，体现为个人层面与制度层面。个人层面强调学徒个人的学习经历产物和组织，例如，基于学徒的个人认识论，即个人认为有价值的和可以做的、从特定经历中学习的方式和内容[③]。因此，学徒制作为一种学习方式是个人事件；另一维度是制度性事实，包括职业、教育规定以及工作场所规范和实践，这些规范和实践构成了通过教育计划和工作场所中的

① 徐小英：《校企合作教育对技能型人才创造力的影响研究》，武汉大学博士学位论文，2011 年。

② 胡谊：《专长心理学：解开人才及其成长的密码》，华东师范大学出版社 2006 年版。

③ Billett S. *Emerging perspectives on workplace learning* [M]. Brill Sense, 2008: 1 – 15.

活动和互动提供的经验①。教育规定源于历史、由政府塑造并在特定机构中体现，因此是制度性事件，作为教育模式的学徒制就是这样的制度性事件。本研究中对企业专家的学徒经历的研究强调个人职业生涯的维度。

从社会学角度来看，职业生涯发展是指个人在某段时间内作为社会行动者的职业位置从教育学角度来看，个人职业生涯发展是一系列以教育为开端的职业经历，任何时间节点上的职业构成都具有一定的累积性。它们既嵌入已有的社会结构之中，也体现了时间的变化，并反映出不同时间节点上人们的职业期望、自我评价以及胜任职业的相关策略。因此，要分析企业专家的学徒经历对职业生涯成功的影响，就要明确企业专家的职业生涯发展，对企业专家通过职业所占有的一系列社会地位等进行连续性考察②。

本研究中对职业生涯发展的研究主要停留在个人层面，即个人从进入劳动力市场开始到退出劳动力市场的过程中，由职业发展计划、职业策略、职业准入、职业变动和职业位置等构成③。从职业生涯理论来看，舒伯将个人的职业生涯发展划分为五个阶段。此后，托马斯批判了传统职业生涯研究中对蓝领工人职业生涯的忽视，并提出蓝领工人在其长期的工作经验中积累了一定的工作技巧，他们同样关注工作经验的意义。他认为，蓝领工人的工作经验要放到特定的职业背景中进行考察，蓝领技术人员的职业生涯发展的特点表现为不同技能层次和不同类型企业背景下的个人所获得的职业生涯机会的差异（见表 3－4）。

表 3－4　技术层次及劳动力市场下的个人职业生涯发展机会

技术层次	存在内部劳动力市场的企业	无内部劳动力市场的企业
无技术	个人向上移动的机会很少，但在低技术水平的工作间的移动机会为中等程度	个人向上一层技术或核心企业移动的可能性很小
半技术	个人向上移动的机会小，但是在半技术层次工作移动的机会为中等程度	个人从半技术到技术层次工作的机会是低—中等程度的
技术	个人具有向低阶层的管理工作移动的可能，或横向同类工作岗位之间的转换	个人具有低—中等程度机会向低阶层管理工作移动，或只能转换到其他工厂相似层次的工作

① 王永红：《现代学徒制下“工匠”精神与技能培养》，载《中国高校科技》2017 年第 3 期。

② Watson, Tony J. *Sociology*, *Work and Industry*, *Third Edition* [M]. Routledge, 1995.

③ 佟新：《职业生涯研究》，载《社会学研究》2001 年第 1 期。

阿什顿（1973）在对职业生涯类型进行划分时提出工人阶级的职业生涯（working-class careers），这类人群多是接受技术训练的熟练工人，在职业生涯发展的阶梯上有可能晋升一至二级①。布朗（1982）曾提出四种理想型的职业策略，一是具有自我雇佣资源的企业家型；二是职业型，主要通过发展职业技能、职业资历和职业经验等实现职业晋升②。本研究基于相关研究成果，认为具有学徒经历的企业专家职业生涯发展是以掌握相关职业能力水平为核心竞争力的。

（二）学徒经历中的非家庭出身因素对个人职业生涯成功的影响

本研究认为职业生涯成功可以划分为两大维度，即主观层面和客观层面。主观层面的职业生涯成功是个人对其职业生涯发展的特有评估，如“工作满意度”“职业满意度”“职业承诺”等；客观层面的职业生涯成功是指可测量的外部成就指标，如“职业收入”“职业晋升”“职业地位”等。主观与客观层面的职业生涯成功指标之间是相互依存的，例如，客观的职业生涯成功指标可能会影响职业满意度等主观因素。

虽然学徒的社会家庭背景因素并不占有一定的优势，同时他们在职业起步阶段也会面临很多的不利因素，但是他们却能够打破“社会出身论”成功跻身于企业专家群体中，在此过程中的发生机制值得职业教育研究者进行思考。

1. 师傅是学徒企业专家职业道路的引领人

师傅作为学徒进入工作世界的启蒙者，在个人的职业生涯发展中起到至关重要的作用。有学者将学徒在工作组织中很难获得顺利的职业生涯发展的原因归结为个人社会关系建立的失败，如师徒关系、同事关系和重要他人关系等。以师徒关系为例，师傅在学徒从新入职实习生到独立工作者的转变中扮演着重要角色，最终致使他们的职业发展路径和晋升道路面临不同的境遇③。如果学徒能够师从行业知名的师傅，并且能够深得师傅的欣赏和栽培，那么学徒可以通过师傅获得更多行业的人脉资源和技术诀窍知识，在一定程度上弥补社会出身和受教育程度不高的缺憾。

2. 技能学习为今后的职业发展奠定基础

学徒指导是学徒经历中的重要组成部分，也对学徒职业生涯发展的不同阶

① Ashton D. N. From School to Work: Some Problems of Adjustment Experienced by Young Male Workers. In P. Brannen (ed.) [C]. *London*, *Entering the World of Work*: *Some Sociological Perspectives*, 1975: 58-61.

② Brown R. Work histories, career strategies and the class structure [J]. *Social class and the division of labour*, 1982: 119-136.

③ 熊苹：《走进现代学徒制》，华东师范大学硕士学位论文，2004年。

段产生重要影响。学徒指导是学徒在师傅引领下，学习与工作相关的职业知识技能，并接受师傅对学徒职业社会心理等方面的影响。在职业生涯发展早期，学徒初入工作场所，尚未形成职业认同和职业目标。师傅对学徒职业相关的指导，能够促进学徒快速适应工作场所，获得职业晋升、积累职业资源和人际关系，同时提高在组织中的可见度，提高职业收入，这些都是促进学徒职业生涯成功的客观表现。很多企业专家在回忆学徒经历时，“那时（做学徒）的创作虽然没有什么个性，但是打下的夯实的基础可能是现在学校教育培养的学生学不到的”（P2J9）。齐默尔曼等（2005）的研究表明，学徒在工作场所学习能够帮助其实现自我调节学习，即意志、动机和自我反思。动机过程有助于学习者制定决策并促进决策。内在动机是指利用个人意志锻炼个人能力的先天倾向，而外在动机是来自外在奖励或环境控制。意志包括持久性、学习意愿、努力以及内在监督和评估过程。自我反思过程使个人能够评估他们的经历和思维过程。控制感增强了人们对压力的承受能力和对任务的承诺，并帮助学习者在特定情况下确定最佳学习策略。早期研究表明，学徒通过自学和领悟的方式获得技能，即学徒自我调节能力在技术技能提高过程中具有重要作用①。

3. 职业身份认同加速了职业生涯发展进程

学徒制不仅是一种使学徒为工作做好准备的制度，而且能够促进学徒的职业身份认同和职业地位的发展。温格认为，学徒作为职业身份形成过程的重要阶段，对于一些人来说，学徒经历为参与者提供了发展更积极学习者身份的机会，并且成为许多人生经历中的转折点。学徒制不仅是一种重新唤起职业兴趣的手段，而且还有助于重新建立职业信心，产生新的职业价值观和职业机会。学徒在工作过程中，从学校学习者转变为企业工作者，他们开始承担职业身份赋予其的工作责任。例如，一位企业专家表示，学徒和学生的根本区别在于，学徒开始进入工作世界并承担工作责任和家庭生活的责任。“真到做学徒，他一般会为生活，有一点担忧了，但是学生，他们不需要为生活担忧，学徒和学生的动力出发点不一样，这就是本质区别。所以做学徒总想多学一些技艺，有了手艺可以养家糊口，但是在学校教育中，很多学生不爱学习，他们觉得无聊，老师多教一点，学生就开始不耐烦”（K1H9）。

① Zimmerman B. J. Development and adaptation of expertise: The role of self-regulatory processes and beliefs [C]. *The Cambridge handbook of expertise and expert performance*, 2006, 186: 705 - 722.

第二节 学徒经历中个人职业身份的形成

本节将分析学徒经历中职业身份的形成及其对个人职业生涯成功的影响。职业身份（career identity）是指个人对其所从事职业的目标、社会价值，以及个人对他人的有关职业方面的看法、认识或认可。学徒经历中的职业身份是指个人经历持续不断地结构性和态度性变化，最终形成的对自身作为职业领域中专业人士的自我概念。这种自我概念被定义为职业身份，它为个人承担职业角色、进行职业选择以及职业满意度提供了指导框架。学徒经历中的职业身份表现为职业伦理、职业知觉和职业适应力。职业伦理是指个人因为职业需要和职业逻辑而应当遵守的行为准则，它包括人们应该做的工作和应该承担的义务。职业知觉包括个人勤奋、兴趣和职业目标等，他是企业专家所具备的与专业技术工作紧密联系的职业品质。个人职业知觉的获得能够促进学徒获得职业能力，建立师徒关系，进而促进个人在某些领域做出职业成就。职业适应力是指个人准备应对和参与职业角色的可预测任务，以及由工作和任务条件变化引起的调整。

"身份"（identity）主要包含三层含义：一是认同，是指一些人具备的某类群体的共同特点；二是指个性，即个人所具有的区别于他人的特点；三是个人所扮演的角色。职业身份是指个人对职业具有清晰稳定的目标、兴趣和才能。霍兰德（1985）认为职业身份是个人取得职业生涯成功的重要目标①。职业生涯理论中的职业身份概念不同于社会认同理论中的概念，职业生涯研究中的身份概念等同于自我意识或自我概念等，它通常分为个人认同和社会认同，个人认同是指与个人职业个性特征相关的性格和能力，社会认同是与群体类别相关的，如种族、性别和企业等。

霍兰德认为职业身份指的是"一个人的职业目标和自我认知的清晰度"。温格提出职业身份是一种"我们所知道的和所不知道的，我们选择了解的和我们了解的方式"，个人职业身份的确定决定了个人在知识和技能共享过程中与谁进行互动，也决定了个人参与边界交往中的意愿强弱和能力大小。他认为，职业身份在参与某项活动中产生。福盖特（2004）等认为"职业身份类似于角色身份和组织身份等，因为它们都指向人们如何在特定的工作环境中定义自己。然而，职

① Holland J. L. *Vocational preference inventory* [M]. Consulting Psychologists Press, 1985.

业身份本质上是纵向的，因为它涉及了解个人的过去和现在，并指导个人的未来"①。萨维克斯（2011）将职业身份定义为"自我概念和职业概念的内部结构"，职业身份认同影响个人的职业偏好以及所从事的职业任务。本研究认为职业身份是个人经历持续不断地结构性和态度性变化，最终形成的对自身作为职业领域中专业人士的自我概念②。这种自我概念被定义为职业身份，它为个人承担职业角色、进行职业选择、职业决策以及职业生涯发展提供了指导框架。个人一旦获得职业身份认同，就要不断进行职业领域的知识和技能的学习，并且为胜任工作持续进行职业身份的探索。

对于学徒而言，学徒工身份是个人进入工作世界的首要身份。个人在学徒经历过程中获得的职业态度、职业习惯和职业素养将会影响其今后职业生涯是否成功。例如，在职业生涯发展早期，学徒处于学习专业基础知识和自我可能性的职业探索期，而在职业生涯发展后期，个人的职业身份认同发展更为成熟。学徒经历不仅能够促进个人职业技能的发展，同时也能够帮助个体实现从学生到员工的职业身份转换，开始承担成年人的责任。"学徒会从学生慢慢转化成职业人，他就不会这山望着那山高，或者跳槽之类的，学徒就会安心踏实地在这里工作，不会浪费时间，对他的职业生涯也会有一定的帮助"，因此，学徒制不是简单的技能准备训练，而是能够支持职业身份和职业地位的生涯发展。霍德金森（2008）等认为，现有的学习理论未能完全反映出职业学习的复杂性，因此他提出"学习即成为"（learning as becoming）的概念③，这也是对温格（1998）理念的发展，即重视将学习作为身份认同形成过程④。对于某些人而言，学徒制为参与者提供了建立更加积极的学习者身份的机会，这可能是他们生活中的重要转折点。学徒制不仅可以激发人们对学习的兴趣，还可以重新建立信心并释放新的观点和机会。例如，受访者在回忆早期职业生涯发展时反复提到这种"身份"和"认同"带来的职业体验。例如一位企业专家回忆，"当我出徒后，我认为我就是这个企业的职工了，我融入职业的氛围中去了，在我开始工作的时候，我也感觉比较轻松的，因为我原来干什么活儿的，现在还继续干什么活，我没什么压力啊，对不对啊，所以我感觉就是很轻松，我认为我能胜任这份工作。但是如果只是从学校

① Fugate M., Kinicki A. J, Ashforth B. E. Employability: A psycho-social construct, its dimensions, and applications [J]. *Journal of Vocational behavior*, 2004, 65 (1): 14-38.

② Savickas M. L., Porfeli E. J. Revision of the career maturity inventory: The adaptability form [J]. *Journal of Career Assessment*, 2011, 19 (4): 355-374.

③ Hodkinson P., Biesta G., James D. Understanding learning culturally: Overcoming the dualism between social and individual views of learning [J]. *Vocations and learning*, 2008, 1 (1): 27-47.

④ Wenger E. Communities of practice: Learning as a social system [J]. *Systems thinker*, 1998, 9 (5): 2-3.

毕业，没做过学徒工的话，学生进到企业里还要通过半年时间或是一年时间适应工作和任务，他会有一个转变的过程”（Q5K9）。针对特定的技术技能人员来说，职业身份是个人对于其所从事的某种专业性工作相关的信念、态度、自我概念以及该职业所获得的社会地位。

一、职业伦理的内涵与形成

职业伦理（work ethic）是指个人因为职业需要和职业逻辑而应当遵守的行为准则。从社会学的角度来看，职业伦理是在道德和规范的意义上评估个人职业，它是从业者应该恪守的规范，以免损害他人或社会，例如环境保护、安全生产和智慧财产权等。从心理学角度来看，职业道德主要是一种态度系统，其次是一种信念系统，态度和信念是类似的概念，认知和情感因素通常作为态度本身的评估。个人在进行职业选择时，他会考虑职业是否帮助其实现自我价值，是否能对社会产生积极的贡献，以及是否有可能获得职业生涯成功等。个人的职业伦理通常就是所在企业文化的一种内化，是员工在职业生涯发展中自觉形成的一种职业习惯。对于很多企业而言，员工的职业伦理水平是企业发展的根本，具体表现为生产产品的质量、工作安全意识和工作效率等方面。

职业伦理包含两个方面：一是将职业伦理视为个人对自身工作的自豪和满足感；二是个人在职业中认为自己所应当履行的岗位职责以及个人对社会产生的贡献。美国劳动力技能委员会研究表明，员工的职业道德和积极的工作态度对于职业生涯成功和就业能力的实现比知识或技能更重要，由于个人素质或不恰当的职业态度是失业的主要原因。职业道德是指导员工态度和行为的价值观或信仰体系，具有职业道德的员工将职业视为有价值和理想的活动。在学徒经历中，师傅不断将个人的文化规范和职业道德传递给学徒，以此提高学徒在工作中的职业态度。尼尔森（2008）认为，随着学徒技能水平的逐渐提高，学徒被分配和承担工作任务的难易程度和独立性加强，因此，学徒的职业责任感也在完成任务的过程中不断提高[①]。

在学徒经历过程中，师傅不仅传授给学徒特定行业相关的知识和技能，并且不断加强学徒个人的职业道德观念，帮助学徒确立职业身份，适应职业生涯发

① Nielsen K. Scaffold instruction at the workplace from a situated perspective [J]. *Studies in Continuing Education*, 2008, 30 (3): 247 - 261.

展。例如，师傅的日常工作表现也会对学徒产生潜移默化的影响[①]。师傅对学徒的职业习惯、职业规范以及道德伦理等方面进行指导，从而帮助学徒确立职业身份认同，促进职业生涯发展。从访谈资料中可以将师傅对学徒职业道德的指导归纳为以下方面：（1）认真严谨。从业人员对待工作要有认真负责的工作态度。学徒在师傅的指导过程中，主要通过观察和模仿学习师傅的技能，因此师傅认真严谨的工作态度也会感染学徒[②]，并贯穿在学徒的工作中。例如机床师傅认真地、不厌其烦地进行设备检查，确保其负责的设备出现最少的故障；刺绣师傅认真对待每一针，只有在确保每一针都准确无误的前提下，整体的刺绣作品才会具有更高的质量。（2）做人做事。师傅对学徒为人处世的指导，包括性格方面的和人际沟通的技巧，学徒也表示除了职业知识和技能以外，职业的工作伦理和道德也是非常重要的[③]，“我印象最深的就是师傅带我的时候，在师傅身上学到的东西对我的影响很深刻，其实技术学起来还是蛮快的，但是技术学好后如果没有好好地利用，也是白学的，我认为跟着一个好师傅是非常重要的，像我现在带徒弟要把正能量的理念带给他，这样他才能静下心来做这个事情”（J1G8）。例如，酒店管理行业的学徒在与师傅与客户洽谈的过程中，师傅会教给学徒与客户商谈的步骤、如何与客户进行博弈。（3）总结反思。师傅督促学徒在平时的工作中要不断进行总结反思，归纳每次出现的技术操作问题，为下一次工作做好准备。例如，船舶焊接师傅教导学徒在每次电焊后，要总结和归纳不同材质的焊接手法，并与自身的操作相结合；手工艺师傅在创作工艺品的过程中，要不断反思和总结自己形成技能熟练度的感觉。（4）吃苦耐劳。师傅和学徒在遇到困难时同甘共苦，积极投身到工作中，在不断的磨炼中形成技能的熟练度[④]。例如，拓碑师傅与学徒进行户外高强度拓碑实践，在烈日下，学徒进行石碑的雕刻和修复。（5）团队协作。面对涉及多种复杂技术和庞大工作量的活动，学徒与工作团队之间要学会相互配合与合作。例如，船舶制造过程中，工作涉及焊接、电工、火工等多项复杂的岗位同时在船舶上作业，学徒要学会团队之间相互配合，共同完成任务。

---

① 张莉：《“现代学徒制”人才培养模式与“工匠精神”培育的耦合性研究》，载《江苏高教》2019年第2期。

② 刘晓、徐珍珍：《基于现代学徒制的非遗传统手工技艺传承：内在机理与功能价值》，载《中国职业技术教育》2017年第11期。

③ 王洪斌、鲁婉玉：《“现代学徒制”——我国高职人才培养的新出路》，载《现代教育管理》2010年第11期。

④ 肖凤翔、王金羽：《“样式雷”世家工匠精神培养的现代教育意蕴》，载《河北师范大学学报》（教育科学版）2017年第9期。

二、职业知觉的内涵与形成

职业知觉是指个体对自己应该做出什么样职业行为的认识和理解，是群体或他人对自己所扮演的职业身份期望行为的感知和解释。学徒经历中的职业知觉是指学徒胜任工作岗位所特有的职业感知，表现为与工作相关的品格和素质，它是个人心理、知识、态度、价值观、道德等因素在职业生涯发展上的综合表现。本研究中学徒职业知觉具体表现为个人的职业认知、职业洞察力和职业性格。

（一）职业认知

职业认知是个体对自身在工作组织和职业岗位中所处地位及其承担责任的认识。例如，管理人员要组织和协调好企业的生产经营活动。本研究认为，具有学徒经历的企业专家比较突出的特质是持续不断的职业兴趣、学习动机以及自我效能感，企业专家的勤奋和坚持也是其取得职业生涯成功的主要原因。与一般从业者不同，企业专家要具有较为扎实的专业基础知识、掌握技术操作的方法、分析和解决问题的能力和社会适应力等职业品质外，还会具有一些不同的特质。例如，菲舍尔和斯图伯（1998）认为理论和实践学习能够使学徒更快地参与到新的生产组织形式中，使他们更容易进入替代性工作环境[①]。从这个角度来看，学徒能够从工作场所中获得一定的工作经验，他们能够在参与不同实践活动的过程中，更好地适应不断变化的工作环境。一位大国工匠在回忆他刚进入真实工作时提到，“开始时我也不懂焊接，只觉得别人在烧，电壶亮的挺好的，多看看，他们说还眼睛痛。老师都是技工学校的，这对你成为工人的成长过程是很关键的。师傅会帮助你树立职业目标，规划你的职业发展路径。”

研究样本中，超过2/3的企业专家从事机械加工、汽车维修、手工服务和餐饮服务等职业领域（见表3－5）。其中，机械加工领域人数最多，人数比例超过1/4，可见机械加工工作任务的性质以及工作生产组织方式的特点，比较适合通过师徒之间一对一的指导与操作，获得相应的技术技能。具体而言，在不同年龄段的企业专家中，从事手工艺制作、餐饮服务以及美容美发等职业领域的企业专家年龄较小，年长企业专家更多分布在中医药、机械加工等行业。

---

① FranzStuber，MartinFischer，FranzStuber，et al. *Work-Process Knowledge and the School-to-Work Transition*［M］. Springer Berlin Heidelberg，1998：100－130.

表3－5　学徒企业专家的职业领域分布

职业领域	人数（人）	比例（%）
机械加工	15	30
汽车维修	8	16
手工服务	10	20
餐饮服务	5	10
医药护理	8	16
其他	4	8

（二）职业洞察力

职业洞察力是指个人对自身能力的客观知觉以及把这些知觉同职业目标联系起来的程度，表现为个人现实的职业期待、对自身工作优势和劣势的了解以及确立职业目标和职业生涯发展规划的程度。职业洞察力主要表现为：（1）个人对自己的职业兴趣、优势和不足的自知能力，包括对职业组织结构的变化、工作经营环境的变化、新技术的采用对工作岗位和职业影响的感知能力。（2）个人通过这些认识与职业目标相联系。具有较强职业洞察力的员工能及时收集企业的各种信息、做好职业应对的准备并参与相关的开发活动。他们会经常更新技能以防止技能老化并对企业具有很强的责任心。

企业专家的技术成果和技术水平之所以备受同行的关注，一方面与他们技术水平的高低有关，另一方面也与他们能够创造性地推动行业领域内的技术进步的发展，率先把握领域内的专利技术和技能诀窍密切相关。一位企业专家在谈到自己的职业生涯成功时，提到“我在制作完二胡进行调音的时候就只听这两个音，再都不用调音器的，我就能把这个音精准”（J2H11），还有企业师傅直言自己的职业生涯发展的秘诀就是“跟我师傅学的时候，我就暗暗下定决心，我的技术一定要超过我师傅”，别人在业余时间休息的时候，张师傅还会继续钻研不同电焊材料的特性和燃烧效果。“虽然我现在不经常操作焊接，但是我平时也在一直研究和学习不同材料的焊接特性和特点，之前碰到外单位的一个同事，他问我，这个焊材你认识吗？我一看，这个焊材我们早就不用了，原来最早期做工艺的，他从他师傅的师傅那里抄来的，我们现在都不用这个了”（H5K15）。

（三）职业性格

职业性格是指人们在特定的职业过程中形成的与职业或组织相关的、趋于稳定的个人心理特征。例如，一些人在处理工作问题时的敬业精神和工作原则、个人处理工作任务时认真严谨的态度，这些特征的总和就是他的职业性格。从对企业专家职业生涯发展过程中的学徒经历分析，研究者很快会被他们的勤奋、坚守的品质所吸引。虽然这部分群体的智商或天赋并没有相对较为专业和科学的资料得以确认，但是他们对工作的投入多、坚持久，每周工作七天，每天工作十几个小时并且十余年“日复一日，年复一年”，这对于想要做出一定职业成就的学徒而言司空见惯，不足为奇。例如李嘉诚起初在中南钟表公司做学徒，扫地、煲茶、倒水、跑堂等杂事样样都要做，在打杂的期间，跟在师傅的身后学习钟表手艺。这些手艺的获取和学习都要以不断的勤奋工作为基础。访谈过程中一位电焊企业专家表示，“我以前每天烧两包焊丝、几包焊条，我们都是这么练出来的！每天八小时电壶一直是亮的。像我最初进厂几个月，我的眼睛很痛的，后来时间长了就习惯了、眼睛也就不痛了。学徒期间的训练是很苦的。只不过到后来，你突破了之后，别人认为你很稳健，这稳健是从哪来的？这都是你背后的付出”（H3T20）。就勤奋和坚韧的品质而言，身为女性的古籍修复大师张品芳每天也会跟随师傅和其他师兄在烈日炎炎的夏季外出，完成石碑拓字雕刻等工作，不存在任何性别差异。她认为“我现在能有这样的成绩和积累是有关系的，那时候工作量相当大。每天不休息、不喝茶，每天要算好一天要刻多少字、多少时间要完成，日复一日，这是很大的工作强度”（H3K9）。

那么为何企业专家如此钟情反复艰苦、单一乏味的技术操作工作，并不惜为其殚精竭虑，这是出于外部职业竞争的压力吗？从对访谈资料的分析发现，对于技术工作的不懈坚持和付出，除了外部的职业晋升要求和竞争压力以外，主要还是企业专家的一种主动选择，或者说是出于对成为某一领域的技术专家的工作规律的认同，同时也是对技术工作的兴趣和热爱，甚至是一种痴迷的状态。

很多企业专家表示学徒经历是成为某一领域技术专家职业成长的必经之路，因此自然而然地把勤奋和坚持看作实现职业生涯成就的重要条件。在他们看来，勤奋和天赋是从事技术工作的两翼、缺一不可。关于这两者与技术掌握的关系，古籍修复专家张品芳是这样表述的，“一直以来我要做很多工种的工作，样样都做、很杂的。因为（师傅）赵老师什么都会，所以我们也要什么都学，我们是在不同的项目中掌握不同的技能。技能掌握是一个缓慢的过程。但是某一天你忽然发现，啊！原来我现在也很熟练，我也能完全地掌握，做的（产品）感觉质量还很不错。但是这个阶段过了，你也会对自己有更高的要求”（N1W10）。一位从事船舶电焊的企业专家表示，“随着电焊学习的不断深入，在师傅的带领下，我逐渐发现我对电焊有自己的一些体会，每次小考中考，或者测试做什么产品的时候，我都能比较拔尖，在这方面我还是有天赋的”（H3Q9）。

此外，许多外人眼中的“苦”、坚持不懈、加班加点的工作，在企业专家的职业知觉中是艰苦中伴随着享受。仍以访谈资料中的企业专家为例，企业专家认为早期的学徒经历培养了他对工作的兴趣和职业好奇心，“我先做学徒掌握了一定的兴趣和经验，渴求对相关理论知识进行探索，做机械加工学徒培养了我的兴趣”（R1N10），如果学徒产生职业兴趣，他们不但认为工作不枯燥，而且还会觉得工作很有趣味，并且产生职业目标，“如果你感兴趣，不管是什么，可能有些工科的操作起来稍微复杂，但是如果你喜欢这种技能性的东西，我觉得都不是问题”，“因为我喜欢，所以就没有什么理由，无论任何行业只有你做喜欢的东西，你才能废寝忘食。我个人觉得在行业里面能发展到最后，能到达职业生涯的顶峰都是因为喜欢不是为了谋生，谋生是为了现实谋生，做自己不喜欢的东西，他不会用心，而只有喜欢他才会用心”（V9T9）。可见，对技术操作工作和职业领域的“兴趣和坚守”“用心和热爱”，甚至是“废寝忘食”的状态成为企业专家们勤奋努力和实现职业生涯成功的重要动力。有学者对成人的学习动机进行分类，认为最普遍性的动机包括求知兴趣、职业进展、生活改变、社会服务、外部期望以及社交关系等。通过分析企业专家的职业知觉特征可以看出，企业专家的动机更倾向于对职业或工作本身的兴趣，他们期望达到技术标准和荣誉获得同行的认可和赞同。

三、职业适应的内涵与形成

职业适应（career adaptability），又称为职业适应力，是指个人准备应对工作任务和参与职业角色转变过程中进行自我调整的准备状态或社会心理资源，体现了个人在职业生涯发展过程中面对职业挑战所具备的核心能力。“适应”一词的词源是恰当的，意为通过改变使一致，它表明了个人对环境做出反应的灵活性。在职业生涯发展理论中，职业适应是一种类似于职业成熟度的结构，旨在解决个人应对工作场所挑战的灵活性和成熟度。萨维科斯（1994）提出职业适应是个人用来适应其工作的一系列态度、能力和行为等[①]。研究表明，职业适应较高的员工能够获取更好的工作机会，实现学校到工作的成功转换和高质量就业的保证。职业适应使个人能够拓宽、完善并最终在职业角色中实现自我价值，从而创造他们的工作生活并建立自己的职业生涯。

古德温等（2016）认为学徒刚进入工作场所中要面对诸多方面的职业适应，例如，与老员工和上级领导之间的关系适应、面对工作问题和困难的适应、从学

① Savickas M L. Measuring career development: Current status and future directions [J]. *The Career Development Quarterly*, 1994, 43 (1): 54-62.

徒到正式员工的身份适应，以及工作与家庭生活之间平衡的适应①。学徒在达到成人工作准则和工作行为标准的过程中不是一帆风顺的，在此过程中学徒将会经历各种工作难题以及职业心理的变化②，“好的、熟练的工人都是平时用焊材焊丝堆出来的，不是说你想好就能好的，你要有基础，学好一个技术肯定是要有基础的，基础哪里来？就是你平时用量堆出来，从量转变成质变”。因此在从学校过渡到工作的学徒学习经历过程中，学徒不仅要学习与工作相关的新技术，更重要的是学习更加宽泛的人际沟通技巧以及成人工作世界的“规则”。

萨维科斯从建构主义的视角提出职业生涯建构理论（career construction theory），他将职业生涯建构视为个人在社会角色中实施自我概念的一系列尝试，包括从学校到工作的转换、从不同职业和工作岗位之间的转换。在个体的职业生涯建构过程中，职业适应在个人形成问题解决策略和处理工作中的各个行为中扮演着重要的角色。此外，萨维科斯认为职业生涯建构模型，主要由四个主要元素构成，包括：（1）对未来职业生涯的关注；（2）对个人职业生涯的控制；（3）探索职业可能性的好奇心；（4）为实现个人职业期望的自信心。总体上，这四种适应能力可以调整职业变化、人与环境的整合，以及在整个职业生涯中的成功转型③。因此，学徒指导对促进个体产生职业适应、积极应对个人职业生涯发展具有重要作用。师傅对学徒提供的职业咨询、职业建议以及鼓励能够促进学徒职业适应的产生。

（一）个人职业生涯控制的形成

职业控制是指人们通过在职业过程中进行正确的决策和规划从而掌控个体的职业生涯发展。个人对职业生涯信念的控制有助于在职业选择方面变得更具决定性。因此，职业控制体现在职业决策上，这反过来促使人们对可能的自我和替代性的职业未来产生好奇心。例如，“我是一步步摸索的，从迷茫中慢慢成长。我的职业规划发展是到这个企业以后才慢慢形成的，我明确了要从事这个职业、从事这个行业。我用了差不多一年时间把不好的习惯去掉，然后形成价值观，这需要时间，然后我成为一个比较靠谱和认真的企业培训老师，第三年学习如何系统地教学”（Q3H8）。对于新手学徒来说，刚起步时很困难。除了有许多技能操作

① Goodwin J., O'Connor H. From young workers to older workers: eliasian perspectives on the transitions to work and adulthood [J]. *Belvedere Meridionale*, 2016, 28 (1): 5-26.

② 马欣悦、石伟平：《高职现代学徒制学习者心理契约结构的实证研究》，载《职教论坛》2019年第4期。

③ Savickas M. L., Porfeli E. J. Career Adapt-Abilities Scale: Construction, reliability, and measurement equivalence across 13 countries [J]. *Journal of vocational behavior*, 2012, 80 (3): 661-673.

方面的问题之外，学徒经常对未来职业生涯感到迷茫，并且没有人能够体会。例如，“我刚开始工作时，为了学习工作相关的知识内容，我每天基本上都是睡一两个小时，把他们（同事）几个月编写的程序，在短短的半个月里面全部消化掉，这个比你自己编写还困难”（Q4H20）。

维克斯塔夫（2003）认为具有学徒经历的员工和没参加学徒培训的员工相比，他们的区别在于对未来职业身份和目标的确定程度，学徒出徒时间不同，但是学徒经历都是目标指向的①。学徒通过不断的实践演练和观察模仿学习不同工作岗位所需的程序和方法，从而获得与师傅之间的互动，这些知识的获得以学习者积极参与工作和学习作为前提，尽管学徒指导是以师傅和学徒之间的互动得以推进，但是在此过程中，学徒要有明确的职业目标和学习目标，如学徒要知晓在工作过程中需要哪些知识、如何获得这些知识和通过何种方式积极参与工作任务。②③

（二）个人职业生涯探索的形成

职业探索是个人思考自我与不同环境、职业角色和未来情景之间的契合度。学徒的职业探索表现在探索自己的知识、技能和能力，澄清个人的价值观，掌握不同的信息寻求策略，讨论替代选择的外在与内在奖励以及解释职业信息。因此，职业探索可以帮助人们形成职业选择的真实镜像。职业探索有助于随后的职业选择，使自己与职业情况相匹配。学徒从青少年期到步入工作世界的成年期，在此过程中的关键因素是学徒心理状态的变化，即从接受的、从属的和依赖的学生角色转变为独立的、担负责任、给予和输出的成人或工人角色。学徒对新的职业环境、职业角色以及岗位任务充满好奇，并且逐渐开始向职业成熟发展，他们开始计划和建立长期的职业发展目标。同时，学徒开始在职业生活中建立人际关系并开始新的社会角色。例如，“我给自己的定位就是一个技术工人，我也希望自己一辈子从事这个职业，这是对自己的规划”（W1H9）。鲍特（1991）提出职业生涯高原发展期，并指出在此期间从业者在工作组织中获得垂直晋升的可能性很小④。艾略特（1994）在分析职业生涯发展中期危机时指出，为了使个人顺利渡过职业生涯发展中期的危机阶段，从业者要清楚认识到个人的需求以及不同职

① Vickerstaff S. A. Apprenticeship in theGolden Age': Were Youth Transitions Really Smooth and Unproblematic Back Then? [J]. *Work, employment and society*, 2003, 17 (2): 269 -287.

② Marchand T. H. J. Muscles, morals and mind: craft apprenticeship and the formation of person [J]. *British Journal of Education Studies*, 2008, 56 (3): 245 -271.

③ Singleton J. Japanese folkcraft pottery apprenticeship: Cultural patterns of an educational institution [J]. *Apprenticeship: From theory to method and back again*, 1989, 310.

④ Potts L. E. The career plateau-the differential diagnosis: Part III [J]. *Journal of post anesthesia nursing*, 1991, 6 (1): 56 -62.

业生涯发展阶段的潜在因素，并形成从业者对职业生涯的自我管理能力[①]。

第三节 职业身份对个人职业生涯成功的影响

在学徒职业生涯发展早期，即个体刚进入工作场所时，尚未形成职业价值观，在职业认知和心理方面处于探索和准备阶段。个体面临职业身份的社会化转变、适应工作岗位要求，并尝试建立职业身份认同感。从前面的分析可以看出，学徒在工作场所中的学习能够建立个人职业兴趣、形成职业目标并产生相应的职业预期。学徒经历中职业身份的形成与师傅的榜样示范、言语劝说以及替代学习作用存在直接影响。学徒在职业生涯发展早期面临的主要任务是职业身份的形成，这取决于学徒如何处理职业任务，如职业兴趣、职业探索以及职业决策等，这种转变涉及个人的职业选择以及学徒顺利进入工作场所制订职业目标和计划。

一、职业身份对个人职业生涯成功影响的分析框架

从扎根理论编码的结果来看，职业身份与个人职业生涯成功之间存在一定的关联，但是由于不同的企业专家职业身份形成背景和特征各不相同，同时质性研究的过程并不在于假设验证，而是起到一种解释作用，这就要求我们在尊重事实和现象的基础上，结合已有理论进行解释和分析，并形成能够解释本研究实践的分析框架。

图 3－2 为本研究中职业身份对个人职业生涯成功影响的分析框架。根据该分析框架以及上述分析，学徒经历对职业身份形成的影响可以表现为三种，即职业伦理、职业知觉和职业适应。职业身份通过职业满意度、职业收入、职业晋升次数等主客观指标对职业生涯成功进行评估。职业身份中的职业伦理与个人职业满意度有关。首先，职业伦理能够促进个人职业满意度的提高。斯丁格等（2011）认为个人职业身份形成帮助个人更好地应对职业挑战，如个人职业压力和职业困境等[②]。学徒较高的职业身份认同能够增强职业满意度和减轻职业心理压力。其次，积极的职业知觉可以带来个人职业生涯发展成功和更高的职业满意

---

① Elliott M. A. Managing a mid-career crisis [J]. *Nursing management*, 1994, 25 (9): 76.

② Stringer K., Kerpelman J., Skorikov V. Career preparation: A longitudinal, process-oriented examination [J]. *Journal of Vocational Behavior*, 2011, 79 (1): 158－169.

度。此外，在职业生涯发展初期，职业适应也是影响个人职业目标形成和职业任务完成的重要因素。

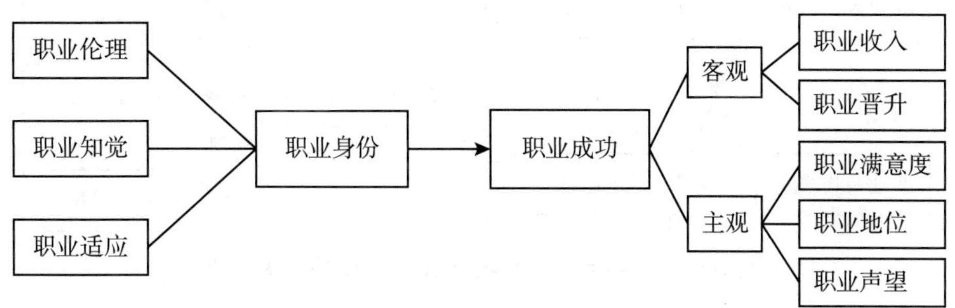

图 3－2　职业身份对个人职业生涯成功影响的分析框架

萨维克斯在职业建构理论中提出个人在对职业行为和工作经验施加意义的基础上逐渐建立个人职业身份、明确职业目标和职业期待，最终促进个人职业生涯发展和职业生涯成功。个体在综合自己过往职业经验、职业知觉和职业期望的基础上做出职业生涯发展规划。职业生涯发展是在个体围绕职业身份的主观建构过程展开的。个人在学徒经历中对职业的积极探索和规划是明确个人职业生涯发展以及形成职业身份的重要手段。

学徒对师傅的职业认可过程是复杂的。首先，学徒可能会在某些方面模仿师傅的风格并接受师傅的职业价值观，而后学徒才开始形成个人清晰的职业身份认同。图 3－3 为学徒经历中职业身份形成的过程框架。根据该分析框架以及上述分析，职业身份表征形式可以体现为个人职业兴趣和职业目标的形成。个人职业身份认同的形成标志着个人职业兴趣和职业目标趋向稳定。霍兰德认为，只有个人的职业兴趣与其工作岗位一致时，个体才会产生工作满意、职业生涯成功和职业稳定。学徒经历中职业身份对个人职业生涯成功的影响体现为职业伦理、职业知觉和职业适应。职业伦理是指个人因为职业需要和职业逻辑而应当遵守的行为准则。职业知觉是指个体对所从事职业认识及处理应对的能力，包括职业机会感知与职业关系嵌入感知。职业适应是指个人准备应对和参与职业角色的可预测任务，以及由工作和任务条件变化引起的不可预测的调整。斯通普夫（1981）认为学徒的职业生涯发展进程将会经历适应工作群体，胜任工作任务以及最终适应职业角色等一系列过程[①]。

① Stumpf S. A., Rabinowitz S. Career stage as a moderator of performance relationships with facets of job satisfaction and role perceptions [J]. *Journal of Vocational Behavior*, 1981, 18 (2): 202－218.

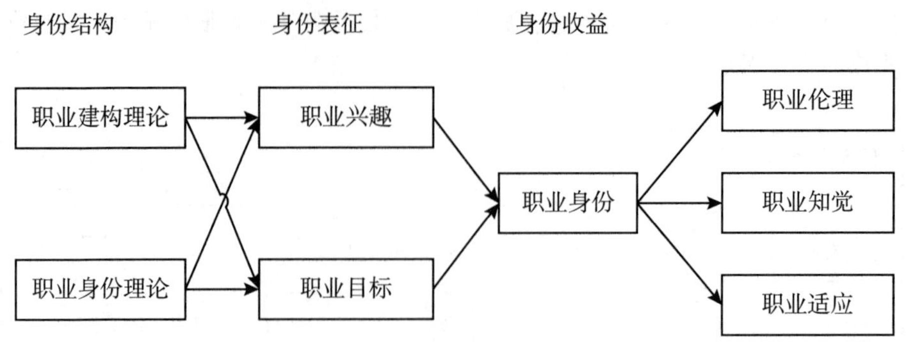

图 3 - 3　学徒经历中职业身份形成的过程框架

二、职业身份对个人职业生涯成功影响的结果分析

（一）职业伦理对个人职业满意度的影响

职业伦理是个人对于其从事的职业受内在经验和外在规范影响，并对个人心理起到暗示性或动力性影响的一种心理过程。个人职业内在相对稳定的心理倾向，通过个人职业情感、认知和行为等方式，对其职业结果和职业生涯发展产生一定的影响作用。职业伦理等情感要素有助于提高自我效能感，个人能够从职业中体验到完满感，提高个人职业满意度。因此，个人的职业伦理是影响主观职业生涯成功的重要因素。学徒经历中的技能学习与在学校职业教育学习的区别在于，工人作为企业中的正式员工，要注意工作时间的紧迫性、工作资源的确定性和资源的可获得性等方面，他们将会更加意识到身份结构对其行为和相互作用的界限。例如，“从事我们这个行业，安全意识是很重要的。新手学徒为什么叫无知无畏？他到现场以后，他没有从事过这类工作，他根本不知道什么是危险因素。只有你在工作现场担负起生产责任以后，你才会去认真做这个事情。所以熟悉现场是很需要的”（S1K20）。

劳德尔和格拉瑟（2008）的研究认为，在高等教育中，成功的学徒经历能够延长个人进行密集学术研究的时间，即为个人在获得博士学位后继续博士后研究工作创造兴趣。① 例如，一位制作二胡的大师认为他们的职业兴趣来源于工作和对工作的探索精神，“这个兴趣首先来源于工作，你要有一份工作，其次来源于你的好奇心，因为我当时没有进单位之前，我其实对中国乐器根本就不了解，我

① Laudel G. , Gläser J. From apprentice to colleague: The metamorphosis of early career researchers [J]. *Higher Education*, 2008, 55 (3): 387 - 406.

只知道有二胡这个名字，还有琵琶和古筝”（J1K20）。这些事件是否能够提升新的职业兴趣发展路径，这取决于：（1）认为自己能胜任新的活动；（2）认为活动将导致有价值的结果。例如，一位机械加工领域的专家表示，“做学徒培养了我的兴趣，我在获得了一定的职业兴趣和经验的基础上，渴求对相关理论知识进行探索，所以我后面选择到电大进行深造也好，还是后来继续做培训老师，都选择的是机械加工”（U1K10）。个人职业目标在职业生涯理论中扮演核心角色。职业目标是指个人从事某项活动或产生特定结果的意图①。职业目标的制定可协助人们组织、引导及持续自己的努力。例如，对自己的职业能力和职业追求结果有强烈的正面信念，可能会提高个人目标，如努力追求职业培训或将其当成职业目标。

（二）职业知觉对个人职业晋升的影响

职业知觉是指达到适合个人职业资格水平的可持续就业的感知。它反映了内部因素，例如对一个人的技能和能力的自信和外部因素，例如对劳动力市场的积极看法。学徒经历中的职业知觉具体表现为个人的个性特质、自我效能感、职业习惯和态度等方面。自我效能感是指个人对在新的、模糊的、不可预见的或压力情况下取得成功的信念，也指个人有能力获得职业生涯成功或执行特定职业行为产生的信念。班杜拉强调自我效能感在个人职业发展中发挥了重要作用，自我效能感决定了个人的自我激励、情绪状态的水平以及面对工作障碍时的努力和坚持的程度。自我效能感会对学徒的思维过程、动机水平和情绪状态产生影响，并由此影响他们的行为。除此之外，自我效能感也是职业生涯成功评估的因素。在学徒指导中，师傅为学徒提供任务或挑战，不断提高学徒的能力。一个具有高自我效能感的学徒将更相信他能够应对挑战或完成师傅或上级布置的任务，并取得职业生涯成功，从而产生额外的工作成果。自我效能感较高的学徒更相信自己应对逆境的能力。

在职业生涯发展早期，首先，学徒的成就表现能够提高学徒的自我效能感，随着学徒对工作岗位上的某项工作任务的成就表现的增加，学徒的自我效能感也会逐渐提高。其次，当学徒观察到角色榜样，例如师傅或组织内其他成员参与某项特定工作任务的成功经验越多，特别是当自身不具备这种活动的直接经验时，学徒完成相关工作任务的自我效能感越高。再次，当学徒的职业榜样，如师傅、前辈或上级领导等对其完成某项任务给予口头赞誉、鼓励学徒尝试或参与某项任

---

① Scandura T. A. , Ragins B. R. The effects of sex and gender role orientation on mentorship in male-dominated occupations [J]. *Journal of Vocational Behavior*, 1993, 43 (3): 251 - 265.

务时，更能够促进学徒产生该领域的自我效能，尤其适用于学徒此前从未做过的、对学徒来说具有挑战性的工作任务。最后，学徒亲身参与工作任务而产生的生理情绪或心理状态将会影响学徒的自我效能感，例如，在职业生涯发展早期，师傅会安排学徒进行基础技能训练。学徒在此过程中产生的疲惫、烦躁以及焦虑等消极情绪将会降低其完成该任务的自我效能，但是学徒一旦突破自我获得了阶段性的技能水平，这种兴奋、愉快和满足的积极情绪体验又会增加自我效能感。

（三）职业适应对个人职业生涯成功的影响

职业适应是指个人准备应对工作任务和参与职业角色转变过程中进行自我调整的准备状态或社会心理资源，体现了个人在职业生涯发展过程中面对职业挑战所具备的核心能力。个人要达到每个职业生涯发展阶段的稳定适应状态，获得主观上的职业生涯适应意愿、社会心理资源和职业行为选择，最终促进其个人职业生涯的成功。

职业期望是指个人希望从事某项职业的态度倾向。职业期望直接影响个人的职业选择，进而影响个人的职业生涯发展。职业期望的主要特征包括：（1）职业期望是从业者个人方面的行为；（2）职业期望是个人的主动追求，是个人将职业兴趣、职业价值观和职业能力等与社会发展需要和职业生涯发展机会不断协调并力求实现的个人目标；（3）职业期望的核心是职业规划，是个人将现有活动与期望的未来联系起来的能力。学徒在职业迷茫阶段缺乏清晰的职业目标和规划。例如，“我刚一进厂门的时候其实和现在的小孩的观念是一样的，没有后顾之忧，上上班，然后拿点奖金更好”，“因为新学徒还处于学生阶段，刚步入社会，他对社会还不太了解，生产制造是怎么一回事都不知道，这一行到底是做什么事情完全不了解”（I1K20）。学徒指导有助于培养学徒获得职业的适应能力，从基础的技能操作到独立完成项目的过程中，师傅为学徒提供一种职业安全感，帮助他们在职业困难时期提供技术风险保护，同时，学徒可以与师傅建立信任感并分享职业困惑，因为学徒在职业困难时期很容易产生放弃职业或更换职业的想法，师傅可以对学徒的职业决策产生影响。汉密尔顿（1989）提出，师傅通过向学徒指导、展示、解释工作任务操作的方法和原因，将学徒引入工作场所的文化，并肯定学徒作为员工和个人的价值①。

总体来看，学徒经历的过程不仅是职业生涯认知发展过程，而且是一种社会化的过程，包括从学校到工作社会的转移和职业身份转换。学徒经历对个人的影

---

① Hamilton S. F. Learning at work [J]. *Youth apprenticeship in America: Guidelines for building an effective system*, 1992: 17-24.

响不仅包括岗位技能的提升，学徒经历也是个人从青少年向成人期过渡的仪式。伴随着职业认同的形成，学徒开始参与工作生活并承担成人的责任。因此，学徒制不仅为年轻人的工作做好准备，也为其提供一种特定的身份。费尔斯特德和格林（2013）认为，对学徒而言，身份是“通过参与实践共同体而发生和作用的过程”[①]。比利特（2004）建议任何关于工作场所学习的研究或任何为在职培训做好准备的企业，都应该考虑个人职业身份与社会实践之间的关系[②]，因此，个人的学徒经历是其职业身份形成过程的核心。莱夫和温格认为，根据合法性边缘参与理论，参与实践社区的学徒在工作场所建立自信和工艺技能时，他将成为组织的“内部人”。比利特也认为，参与学徒工作促进个人职业身份的转变，通过工作、个人经历等事件为他们提供职业生涯发展的基础，并体现他们在技术和职业道德等问题上所持的标准和价值观。因此，学徒不仅学习技能，还通过工作场所产生专业认识、知识结构和实践的主体间理解。个人从学徒身份向独立的从业者转变的过程中，学徒提高了分析职业实践优势和局限性的能力。

三、学徒经历对个人职业身份形成的影响因素

（一）师傅的榜样示范作用对职业身份形成的影响

榜样示范是指师傅的职业态度、价值以及行为等为学徒提供了榜样。学徒从师傅的身上找到他今后可以成为的形象。学徒期待获得更高的职业晋升和职业责任，因此学徒通过与师傅进行身份确认，使自己更靠近这些角色。在某种程度上，学徒处在现实的自己和理想中的自己之间，并将师傅视为榜样和目标。社会认知理论认为，榜样示范可以同时产生激励和学习的效果。激励指的是师傅能够激发学徒学习的自我效能感，学习效果是指学徒能够从职业生涯成功的师傅那里获得更多与工作相关的技能。在学徒指导过程中，师傅为促进学徒的职业发展，将提供直接的职业引导，包括技能操作示范、错误纠正以及权威影响等。师傅的榜样示范作用表现为：一方面，师傅既拥有丰富的信息资源和技术支持，同时也能够帮助学徒学习企业惯例和内部政策，学徒对师傅职业知识、技能和职业态度等方面进行观察模仿学习；另一方面，师傅在行业内部的能力和权威地位能够通

① Felstead A.，Gallie D.，Green F.，et al. Skills at work in Britain：First findings from the skills and employment survey 2012[EB/OL].(2012－05－13)[2019－12－10]. http：//www.cardiff.ac.uk/socsi/ses2012/.

② Billett S. Learning through work：workplace affordances and individual engagement [J]. *Journal of workplace learning*，2001，13（5）：209－214（6）.

过为学徒介绍重要的行业资源、提高学徒在组织中暴露水平以及提高学徒技术的可行性等方面影响学徒的职业生涯发展，学徒在社会和政策经验中能够有机会学习与工作和职业相关的隐性知识。

洛克伍德和昆达（1997）认为从职业预备阶段转变为正式职业的过程在很大程度上依赖于学徒从学校到工作前进过程中的角色模型[①]。对学徒而言，这个角色模型就是师傅的影响。在工作场所中，师傅作为指导者，为学徒设定技能标准、监督学徒的操作速度和产品完成质量。一位受访者表示，“师傅领你入门，给你扶一把，让你快速入门。”另一位受访者补充道，“我的师傅让我对自己的想法充满信心，这有助于我相信自己，坚定我处理工作问题的方式……每个师傅都很喜欢我，感觉我很能干，而且我做出来的东西，他们感觉很好”（I2K10）。学徒不断模仿角色和榜样时，他们会逐渐习得榜样角色的职业态度和职业行为，形成自己的职业价值观和职业兴趣，并在从事类似的活动时发挥这些职业能力。例如，“我会觉得在这个行业干得挺好，有自己能发挥的空间，我有可能会越学越好。像我们都是这样子的过程，师傅会给我信心，这可以帮助我走得更远”，学徒产生的职业自信心将会激发学徒的职业动力，从而增强学徒在面对困难时的信念和毅力，一位学徒非常明确地说，“在某些时候，你遇到困难停止前进，师傅会鼓励你，当你处于困难阶段，师傅会告诉你，随着时间的推移，事情会向前发展，他是一个真正的激励者”（S2J10）。简而言之，学徒处于困境时，师傅的帮助和鼓励能够提高学徒的职业适应性。

1. 师傅的榜样示范促进个人价值认同的形成

在职业生涯发展早期，学徒尚未形成成熟和完善的职业身份，表现为学徒较为关注工作任务本身的达成度，而较少关注工作任务以外的问题，如工作组织内部文化和组织晋升等。在职业生涯发展中期，学徒能够独立完成工作任务，开始关注其在工作组织中的角色和发展等，这时师傅的榜样作用对学徒的价值认同形成具有重要的影响。角色认同理论认为，个人在他们的态度、行为、目标或其地位的实现方面会被与之相似的人所吸引，并且他们会通过观察来增强这种相似性和模仿性。例如，师傅对待工作的职业态度和价值将会直接影响学徒未来的职业价值观和职业规划。此外，师傅对学徒的接受和肯定也会加强学徒的自我意识[②]。在学徒经历中，这种自我意识源于师傅和学徒之间所传达的积极关怀。反过来，学徒对师傅和工作存在价值认同的前提是一种基本的信任，说明师徒关系进入新

---

① Lockwood P., Kunda Z. Superstars and me: Predicting the impact of role models on the self [J]. *Journal of personality and social psychology*, 1997, 73 (1): 91.

② Kram K. E. *Mentoring at work: Developmental relationships in organizational life* [M]. University Press of America, 1988.

的发展阶段。学徒个人的职业价值认同对未来职业生涯发展具有重要的影响。如果个人具有积极的职业认同，那么他们会产生明确的职业目标和职业兴趣，根据职业目标的制定，个人才会在工作中不断提高职业知识和技能水平，以更好地胜任工作任务，实现职业成功的愿景。

2. 师傅榜样作用促进自我认识的形成

学徒经历能够促进学徒自我认识的发展。师傅向学徒提供反馈作为学徒的“客观”镜像，这个过程增加了学徒的自我认识。迈耶（1998）的一项关于初级管理顾问和投资银行家的职业身份研究表明，个人主要通过三种适应性行为来构建职业身份，包括观察成功的榜样、通过角色模仿找到真实自我并通过内部标准和其他人的反馈评估结果。这表明师傅对学徒的指导在学徒职业身份形成中发挥了重要作用[①]。师傅提供的直接和间接指导是学徒刚进入工作场所中特别重要的资源。在学徒职业生涯发展早期，学徒尚未形成职业概念和职业目标，师傅的一言一行对学徒的职业态度、职业责任以及职业提高等方面都会产生深刻的烙印。例如，即使学徒成为行业专家，他还会回忆起刚做学徒时，跟随师傅学习的情景，“我跟了几位好师傅，使我的技术突飞猛进，”“师傅作为外部因素，他能够领你入门，给你扶一把，让你快速入门，”“我那时候什么都不会，我就跟在师傅屁股后面，在病房我就跟着他学，给他开方子，做胸穿和腹穿等时从旁协助他”（I5K9）。

（二）替代性学习对职业身份认同形成的影响

替代性学习是指通过对学习对象的行为、动作以及它们所引起的结果观察，获取信息，而后经过学习主体的大脑进行加工、辨析、内化，再将习得的行为在自己的动作、行为、观念中反映出来的一种学习方法。例如，师傅可以充当新手学徒的一面镜子，学徒通过观察师傅的工作看到自己缺乏的人格特质，反思自身存在的优点和缺点，从而促进个人发展。例如，师傅的做事态度和职业精神等方面都会对学徒的自我效能感产生影响，“我工作起来很执着的，因为做学徒的时候师傅对我的影响太深刻了”（I2K17）。师傅根据学徒的技能水平和操作熟练度允许学徒进行独立工作，并给予学徒及时的工作结果反馈，旨在提高学徒的自我效能感。学徒通过与有经验的企业师傅进行技能切磋和观察学习，参与生产任务并成为专业共同体中的成员。从这个角度来看，师傅对学徒的指导是学徒顺利从职业边缘人转移到职业中心的重要方式。这对职业教育研

---

① Meijers F. The development of a career identity [J]. *International Journal for the Advancement of Counselling*, 1998, 20 (3): 191 - 207.

究具有重要的方法论意义，它可以成为学校职业教育解决人才培养模式的方法，解决学徒从学校到工作的过渡，在工作场所学习以及以问题沉浸的方式进入工作中。

（三）社会说服对职业身份认同形成的影响

社会说服或口头说服是指个人所信任的人对其在领域内的成功表现进行肯定或鼓励其尝试参与实践活动的一种方式。例如，师傅也会对学徒施加各种形式的组织权威，师傅经常会对学徒的援助和请求做出负面回应。如一位餐饮学徒表示，在自己刚做学徒，对一切还都不是很熟悉的情况下，师傅和年长的师兄经常对自己要求很严厉，“有时候，我第二天早上一来，师傅可能就会甩给我一个锅勺，说我昨晚什么东西没做好；还有时候，我在旁边洗锅洗的满头大汗，师傅突然一脚就给你踹出来，我要的锅为什么还不给我，但是这就是学徒啊”（H2K10），这些行为可以被视为日常的工作现实，这是不同工作场所文化和职业生活的侧面反映。这也可视为师傅对学徒工作表现不佳的合理回应。但这些实践也揭示了师傅和工作组织对学徒的多重矛盾的期望。在这种情况下，学徒通常被视为工人而不是合法的学习者①。

（四）真实工作环境对职业身份认同形成的影响

学徒在与师傅和其他同事的不断互动过程中，逐渐成为具有明确职业目标的团体成员。富勒和安温（2009）认为，学徒通过一系列复杂阶段的学习能够促进职业能力和职业身份的发展，进而促进职业生涯发展②。例如，学徒在工作场所中受到师傅和同事等周围的人的认可，参与多个工作岗位的实践操作和技能培训以及获得一系列职业资格。然而，学徒的学习并非完全来自经验丰富的师傅和同事。工作场所真实的工作情境以及企业文化也潜移默化地影响学徒职业认同。随着学徒工作的展开，他们开始接触更多的工作任务和问题情境。护士的工作会议就是很好的例证，在护士的每周例会中，他们要讨论患者病情、治疗情况、反应和预后等内容，因此护士要非常清楚每个工作任务背后的知识与技能，这些工作任务情境可以发展从业者知识的深度、工作步骤、操作策略以及与工作相关的价值观。更重要的是工作场景中的例子是真实的工作活动，而不需要学校教育中虚

---

① Laurent Filliettaz. Dropping out of apprenticeship programs：Evidence from the Swiss vocational education system and methodological perspectives for research ［J］. *International Journal of Training Research*，2010，8：141 – 153.

② Fuller A.，Unwin L. Change and continuity in apprenticeship：The resilience of a model of learning ［J］. *Journal of Education and Work*，2009，22（5）：405 – 416.

拟的和有意的构建。

冯德拉克，勒纳和舒伦贝格（2019）在建构职业生涯发展模式时强调，职业生涯发展随着时间和地点会不断变化。他们认为，个人职业生涯发展是一个与组织、背景与情境相互之间进行不断影响和互动的过程[①]。个人职业生涯在环境中具有可塑性，同时个人也是自身职业生涯发展的生产者。学徒在工作环境中被赋予多样化学习机会，例如，“师傅教我在不同的环境要有不同的应对，师傅说，你在学校的话，你就自己随便完成任务，但是在船上他（别的工人）在这里装灯，人家要是碰到你了，你怎么办？那你就要想办法借让人家，要想办法‘借位子’，这个我以前在学校都是不知道的，老师没有讲得这么详细。比如说在船舱上装灯的时候，正好碰到有空调管子碰到我这个线路。我就要想办法借一借位子啊。还有，师傅从电路安装开始教我，他教我如何进行安装、如何布线。我看到后心想‘啊！原来这和学校是不一样的’，因为每条船布线的方式都是不一样的，以前没有这个图，那么我想和现在的这个是不一样的，然后接线方式和学校也是不一样的，虽然安装的原理是一样的”（H2K10）。这说明工作环境中的物理要素和社会要素为学徒提供了如何以及何时采取行动的线索，形成学徒间接学习的目标。真实工作情境可以对应不同的学习类型，如有些工作情境可以促进知识概念之间的联系、发展程序性知识，以及推动知识与工作实践之间的联结。

学徒职业身份的转变是基于学徒在工作场所中建立的师徒关系、工艺技能掌握以及职业术语习得所形成的。学徒通过与他人的社会互动和技能操作的反馈实现职业认同和职业主体性。莱夫和温格认为，在学徒制中，学徒有机会为其工作赋予意义并在特定的职业领域工作。因为作为一名学徒，他可以熟悉“真正的”职业实践或特定职业的关键问题，然后与师傅或同伴讨论这些问题，并成为专业人士。学徒能够发现工作世界是如何在社会中构建的，这不仅帮助学徒探索生活与工作组织运作方式的关系，而且帮助学徒解释工作世界的变化。学徒只有融入工作场所才能够掌握与工作岗位相关的信息和技能。简而言之，学徒在工作中的学习可以转化为职业能力和职业身份的结合。

第四节　本章小结

本章通过对具有学徒经历的企业专家访谈资料的分析，探讨了影响学徒企业

---

① Vondracek F. W., Lerner R. M., Schulenberg J. E. *Career development: A life-span developmental approach* [M]. Routledge, 2019.

专家成长的个人背景因素，包括人口学特征、社会出身与早期受教育经历、企业专家的职业生涯发展特征等。从扎根理论编码发现，职业身份认同是个人在学徒经历中获得的基础要素。职业身份认同是指个人经历持续不断的结构性和态度性变化，最终形成的对自身作为职业领域中专业人士的自我概念。

对于学徒而言，学徒工身份是个人进入工作世界的首要身份。个人在学徒时期所习得的职业态度、职业习惯和职业素养将会影响其今后的职业生涯发展。学徒经历中的职业身份认同对职业生涯成功具有重要作用，特别是在个人职业生涯发展早期，职业身份认同的形成能够帮助个人形成自我效能感、确立职业目标和建立职业预期，进而促进职业结果的产生。

总之，本章编码分析出学徒经历中职业身份的形成，并通过多个案例进行深度分析，提出职业身份对个人职业生涯成功的影响。学徒经历中的职业身份形成的分析为后续探索学徒经历中职业能力和社会关系打下基础。下一章继续分析学徒经历中职业能力的形成及其对个人职业生涯成功的影响。

第四章

学徒经历对职业能力形成的影响

学徒经历不仅能够促进个人职业身份认同的形成，更重要的是提高和加强个人的职业能力。职业能力包括职业知识、实践技能、职业态度和职业伦理等。学徒制能够帮助个人较好地获得与工作任务相关的知识与技能，并快速胜任工作任务，例如，工作过程中的亲身体验能够帮助学徒快速获得与工作相关的情境知识和诀窍知识，这是学校职业教育人才培养过程中难以企及的核心成分。现代学徒制人才培养模式的核心特点是对个体职业能力的培养。从技术技能型人才的职业生涯发展来看，职业能力水平是决定其能否获得职业生涯成功的重要因素。那么技能人才的职业能力要求有哪些特点？学徒经历中个人职业能力是如何形成的？职业能力是如何帮助个体实现职业生涯成功的？本章将深入探究学徒经历中职业能力形成及其对个人职业生涯成功的影响。

第一节　产业结构变革下的人才需求变化

近年来，随着全球经济的不断发展，我国产业发展面临的内外环境发生了很大的变化。特别是，全球制造业领域掀起了新一轮革命，制造业成为国家之间竞争的主战场。发达国家继经济危机后，为了复兴本国经济相继推出“再工业化”战略，而像印度、越南等国家则利用自身的低成本优势加快工业化发展。在此环境下，我国要想推动经济发展，形成新的竞争优势，做大做强制造业，就必须要培养能够胜任产业变革，具备一定职业能力的高水平技术技能人才。

一、产业变革对人才培养提出的挑战

（一）产业结构变革与工作岗位需求变化

从近几年的国内生产总值及其构成来看，第一产业和第二产业的份额及所占比例逐年下降，第三产业份额及所占比例逐渐增长。表 4－1 显示，在 2020 年，我国第一和第二产业比例严重下滑①。第三产业的快速崛起意味第三产业的比重和新兴产业门类的不断增加②。

表 4－1　2016～2020 年国内生产总值及其构成

年份	国内生产总值（%）	第一产业（%）	第二产业（%）	第三产业（%）
2016	100.0	8.1	39.6	52.4
2017	100.0	7.5	39.9	52.7
2018	100.0	7.0	39.7	53.3
2019	100.0	7.1	39.0	53.9
2020	100.0	5.7	37.8	56.5

资料来源：《中国劳动经济统计年鉴》，经整理。

随着新技术和经济发展带来的变革，接踵而来的是新职业领域的出现③，例如机电一体化技术领域在制造和汽车变成高收入需求的领域④。图 4－1 显示我国 2017 年按行业划分的就业人数，从总体上来看第三产业就业人员远远大于第一产业和第二产业，而从时间上来看，建筑业、零售、住宿和膳食业、仓储、金融以及公共行政等服务业近年来就业人数增加。这说明这些就业岗位需要大量的人才，企业和学校应重视对这部分人才的培养，以满足经济发展需求。

---

① 张桂春、曹迪：《关注“教育性失业”问题的新视角》，载《辽宁教育研究》2011 年第 11 期。

② 国家统计局，http：//www. stats. gov. cn/tjsj/ndsj/2020/indexch. htm.

③ 《欧洲失业率普遍降低法国仍居高不下》，http：//world. huanqiu. com/hot/2015－07/7131070. html.

④ Olinsky Ben，Sarah Ayres. *Training for Success：A Policy to Expand Apprenticeship in the United States* [M]. Washington，D. C.：Center for American Progress，2013.

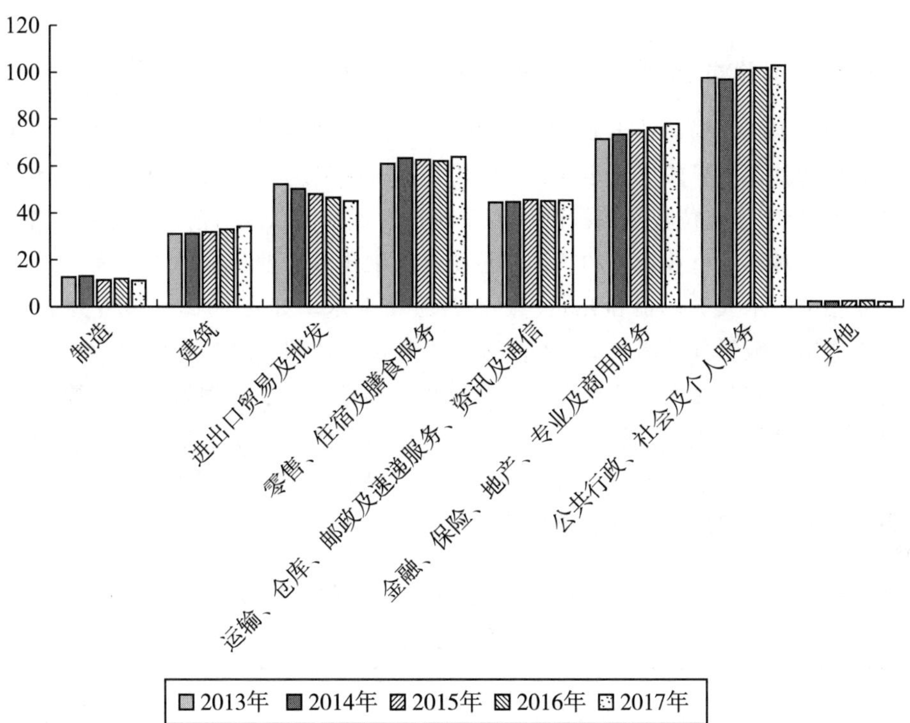

图 4－1　2013～2017 年按行业划分的就业人数

注：数字是根据对应年份 1～12 月进行的“综合住户统计调查”结果，以及年中人口估计数字编制。

资料来源：《中国劳动经济统计年鉴》，经整理。

学徒制不只适用于传统的建筑行业和制造行业。一些专职医疗岗位，如临床医生、技术员的辅助岗位也可通过现代学徒制进行人才培养①。美国劳工部研究表明，对于学徒来说，通过学徒制进行职业培训的价值，在学徒制开始的 1～2 年通常可达 5 万美元，而对于社区学院培养的类似从业者来说，它所获得的增加值只有 8 000 美元或更少②。任何岗位或职业，对工作程序进行分析和细化，都可以开展学徒制培训。经济学统计表明，在实施学徒制后的几年里，学徒的平均收入将是同期社区学院取得大学学位毕业生收入的 6 倍。因此，个体通过学徒制走上工作岗位，同时获得大学学位，从经济学角度来看收益十分明显。

---

① 《全国城市调查失业率 4.99%》，观察网，http：//www.guancha.cn/society/2016_02_16_351143.shtml。

② U. S. Department of Labor，Employment，and Training Administration，Office of Apprenticeship. Pre－Apprenticeship Brochure. www.doleta.gov/OA/preapprentice.cfm.

（二）工作岗位对从业者的就业要求变化

美国劳工统计局对若干职业进行预测，以此向即将面临就业的工作者表明，哪些岗位的就业前景较好。表 4－2 给出了美国劳工统计局的部分数据，其中包括对 2022 年工作岗位数量的预测、工作增长的百分比以及当前岗位的平均工资。美国劳工局对不同行业领域的工作岗位统计反映出该行业当前的人才需求，进而应采取相关技术人员扩招和补充，以满足经济需求。如在 2012～2020 年，建筑领域工作岗位数量预计增长 2.6%，这意味着在此期间，总共将增加 160 万个工作岗位。学徒制是对大多数现有职业进行培训的良好途径。例如，美国德特威勒公司的学徒已经从机电工程技术大学副学士学位升到工程学士学位，完成技术员向工程师的转换。事实上，具有学徒经历的工程师会成为行业更有价值的雇员，因为他们能够更好地理解其所承担的工作①。

表 4－2　2012～2022 年美国中等层次技能岗位增长预测

行业	职业	就业人数（2012 年，每千人）	预测人数（2022 年，每千人）	增长百分比预测（%）	平均工资（2012 年，美元）
健康保健	牙科保健员	192.8	256.9	33.3	70 210
	牙科和眼科实验室技术员				
	医疗器械技师	82.9	88.5	7.0	33 070
	诊断医学超声检查师	58.8	85.9	46.0	65 810
	物理技师	71.4	100.7	41.0	52 160
	助理作业治疗师	8.4	11.4	36.2	26 850
建筑	木工	901.2	1 119.4	24.4	39 940
	砌砖工	71.0	96.2	35.5	46 440
	绝缘材料工	28.9	42.4	46.7	39 170
制造	布线技师	249.4	267.7	7.0	58 120
	机械师	476.2	510.0	7.0	40 910
	电工	583.5	697.2	20.0	49 810
	机电技术员	17.3	18.0	4.0	51 820

① 《学徒制缘何在美国企业兴起：动机及成本收益分析》，搜狐网，http：//mt.sohu.com/it/d20170301/127563327_468720.shtml。

续表

行业	职业	就业人数（2012 年，每千人）	预测人数（2022 年，每千人）	增长百分比预测（%）	平均工资（2012 年，美元）
公共服务	消防员	307.0	327.3	7.0	45 250
	警察	780.0	821.4	5.0	56 980

资料来源：美国劳工统计局（2014）。

表 4－3 的数据显示，在 2018～2028 年的 11 年中，这七个职业预计将增加 500 000 个工作。在这些职业中，重型卡车和拖挂式卡车驾驶员在 2018 年就业最多。工人通过参加专业的卡车驾驶课程来获得商业驾驶执照的资格，并在被雇用后完成短期在职培训，从而进入这一职业。一些卡车司机通过学徒训练满足了这些要求。同样地，管道安装工的数量预计在 2018～2028 年增长最快。这些工人在新建建筑物中安装管道和相关系统，以及在现有房屋和企业中升级或维修系统，而学徒制是从业者进入该职业的常见途径。

表 4－3　　　　2018 年美国部分职业中的学徒参与数据

职业	2018～2028 年就业增长率（%）	2018 年就业人数	2018 年的平均工资（美元）
木工	8	1 006 500	46 590
建筑工人	11	1 405 000	35 800
电线安装与维修工	8	119 400	70 910
电工	10	715 400	55 190
重型卡车司机	5	1 958 800	43 680
管道安装工	14	500 300	53 910
钣金工人	8	143 000	48 460

资料来源：Elka，Torpey（updated by Ryan Farrell）. Apprenticeships：Outlook and wages in selected occupations. *Career Outlook*，U. S. Bureau of Labor Statistics，November 2019.

学徒通常在有经验的师傅指导下进行培训，赚取的收入大约是合格工人的一半。随着技能水平的不断提高，学徒的工资增加①。美国劳工局的数据显示，许

① 欧阳忠明、韩晶晶：《成本—收益视角下企业参与现代学徒制研究》，载《现代教育管理》2016 年第 6 期。

多需要进行学徒培训的职业，相对来说工资较高。电力线安装人员和维修人员的职业中位薪水最高，为每年 70 910 美元。为了获得合格的职业资格，这些工人通常需要技术指导和长期在职培训，他们可能会通过学徒制或其他雇主培训计划获得培训。

二、工作岗位中的学徒技能标准制定

（一）产业变革对技术技能人才的需求

一些劳动经济学家表明，在 2012～2022 年“中等技能”类工作将会占美国劳动力需求的 45%～48%，事实上，目前已经如此。“中等技能”类工作是指那些就业准入门槛高于高中学历但又低于四年制大学学历的工作[①]。例如，消防员、医疗急救室工作人员、汽车机械师、轻轨工人、建筑工人、木工和电气技师，还有基础卫生保障人员，如护士、心脏护理技术员与放射技师等。这些基础性工作由于工作对象的复杂性和灵活性，很难完全被数字技术所取代，因此对掌握这类中等技能的人才需求较高。

1. 学徒制培训在工作中的比重增加

不同资本主义国家在工业化生产进程中都采用了机器化生产，但是在具体的技能形成和传递方式上却存在着一定的差异，主要表现为以英美为首的完全以机器代替人工的标准化生产线和以德国和日本等国家为代表的内部培训方式。德国和北欧等国家的内部培训方式更为重视对从业者的技能培训，强调工人的手工技术与机器的流线生产相结合，以提高产品的质量和创新技术[②]。与传统行业相比，一些岗位和领域进行学徒制培训更有价值。目前美国劳工部认定了超过 1 500 个工种可以进行学徒制培训，如公共服务人员、公共健康人员、工程人员、科学程序员以及传统手工艺者。图 4－2 是欧洲 17 个国家学徒工在企业中所占的百分比。在奥地利和德国企业中，每 20 名员工中就有一位学徒，而欧洲其他国家的学徒工比例要比奥地利和德国低得多[③]。从图 4－2 中数据可知，17 个国家中有 10 个国家企业的学徒工比例达不到 11%。

---

① 《德国“工业 4.0”及其影响》，http://cass.cssn.cn/xueshuchengguo/jingjixuebu/201402/t20140224_971515.html。

② 李俊：《德国职业培训市场的分析——兼谈对我国现代学徒制建设的启示》，载《德国研究》2015 年第 4 期。

③ 潘海生、田云云：《奥地利现代学徒制的模块化模式及其运行机制研究》，载《外国教育研究》2018 年第 10 期。

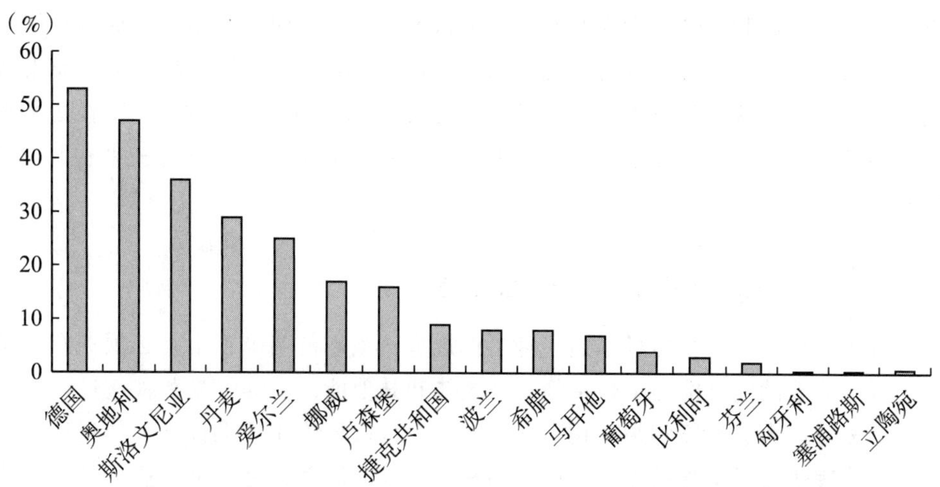

图 4-2　欧洲各国企业中学徒工占企业员工百分比

资料来源：欧洲职业培训发展中心根据欧盟统计局（Eurostat）2008 年劳工成本调查数据计算得出。

在学徒培训过程中，学徒大部分时间在工作场所接受培训，所以工作场所为培训者提供了全方位的学习机会，以拓展技能、积累知识和提高能力，从而使其成为合格的、全面发展的职业人。范围过于细化或者具体的企业事务性工作的培训将会限制学徒进行工作岗位转换和发展的机会①。学徒需要被安置于一系列的工作情境和工作任务中，工作本位学习模式为个人提供的教学情境能够发展学徒的广泛知识、技能和能力（包括关键能力）。学徒在完成工作任务的过程中，能够学到不同的技术和工艺流程②。例如在信息技术或创意产业等职业领域，可以不按传统的学徒制方式在工作场所进行培训，而是通过"师带徒"的方式进行技能的精细化培训。因此，现代学徒制中工作本位学习和学校本位学习的创新人才培养模式能够克服不足，如对学徒采用问题导向的、项目导向的和创新性任务的方式进行培训。

2. 团队合作成为工作中的核心技能

青年人需要有机会学习如何在团队中有效地工作、在工作场所与他人共事。面对工作生产模式的改组，团队合作将成为最大的核心技能。研究者在与企业交流中发现，这个问题已经成为企业人力资源部门一致反馈的信息，即学生较少花费充足的时间，为完成工作目标与团队成员共同工作。随着互联网的不断发展，

① 肖化移、刘元：《层次化英国现代学徒制及其启示》，载《职教论坛》2018 年第 2 期。

② 欧阳忠明、韩晶晶：《雇主参与现代学徒制的利益与权力诉求——基于英国学徒制项目调查报告的分析》，载《教育发展研究》2014 年第 11 期。

个人的线上学习和计算机学习时代加剧了这种不足，而在工作中的学徒训练能够促进个人团队合作意识的增强[①]。因为在真实职业岗位中，学徒与其他从业人员的相互协作可以获得基于工作的经历。正如奈恩（2010）所提到的，工作场所为青年人提供了一个“积极学习”的环境，使他们拥有更多的实践方式来获取知识和技术[②]。

（二）不同国家学徒制技能标准的制定

在工作场所中，技能标准是一种工作规范，该规范明确了个人必须拥有足够胜任某一职业的复合能力，包括知识、技能和其他能力。如果规范被应用，那么其中的复合能力必须能够被量化。在学徒制中将这种工作标准称为工作流程，这些工作流程描述了学徒的工作或职业的表现需求，简而言之，是行业成员履行的流程和技术规则。许多发达国家都有学徒制体系和产业协会为各行各业明确、定义和完善职业技能标准。

1. 北美国家学徒制技能标准的制定

美国“目标 2000 工程”（Goals 2000 Project）根据《美国教育法》建立全国技能标准委员会，并创建了全国志愿技能标准体系。技能标准是学徒制课程设计的基础。学徒在完成学校课程和项目后参加认证考试，这样可以形成传递目前企业需求内容的学徒制计划规范。对于学徒来说，把学校课程作为学徒制相关课程，行业认证标准也可以作为与工作相关的课程规范[③]。企业和学校要清晰界定学徒参与现代学徒制的成果和目标。所有岗位培训期，甚至是较短的培训期，都应该有学徒和雇主双方明确的教学目的、确定学习成果和具体的学习目标[④]。这就需要准确理解其评价方法以及知道如何对岗位培训进行评价。2008 年美国在《联邦法典》中有关学徒制和《菲茨杰拉德法案》的内容已经通过国会进行更新，其中提出三种方法促使学徒完成学徒制学习：（1）基于能力的方法。要求学徒展示指定科目的竞争力，并要求他们接受在岗培训以及相关学习指导。（2）传统学徒制。即传统、基于时间的方法。要求学徒完成一定数量的在岗培训内容和相关学时。（3）综合方法。要求学徒完成指定科目里最低数量要求的在岗培训内

---

① 朱德全、吴虑：《动因与理念：现代化语境下职业教育学习空间的变革》，载《社会科学战线》2020 年第 3 期。

② Nyhan B. *Creating the Social Foundation for Apprenticeship in Ireland* [M]. Rediscovering Apprenticeship. Springer, Dordrecht, 2010: 45 – 58.

③ 胡秀锦：《“现代学徒制”人才培养模式研究》，载《河北师范大学学报》（教育科学版）2009 年第 3 期。

④ 关晶：《政策目标与政策工具的匹配：英国学徒制改革进程透视》，载《教育发展研究》2019 年第 9 期。

容和相关学时，并展示指定科目的竞争力。根据《菲茨杰拉德法案》，学徒完成学习可以取得企业颁发的相关行业职业资格证书，就像学院或者大学授予的大学学位证书一样被认可。

美国国家新兴技术劳动中心开发了“金字塔”技能标准，准确地展示了职业技能发展的逻辑关系。埃文斯描述了企业专家技能金字塔的三层结构：第一层，一系列的基础技能和就业技能，即所在领域的所有劳动者都应该具有的基础知识、能力和职业本能（例如解决问题的能力和团队合作的能力）；第二层，一系列的专业技能，包括产业群对所有从业者的普遍知识和能力；第三层，特定职业工作分类的具体专业技能（如表4－4所示）。技能标准为学徒制培训计划的制订、培训结果的测评开发，以及对员工最终能力评价提供了系统的方法。它还有助于发展员工的能力，使其与行业认证一致。技能标准帮助从业者完成层级式的技能认证，并将这些技能运用到新的工作中。

表4－4　　能力金字塔三层技能结构

层级	描述
第三层 特定行业的专业技能 个体企业或组织独有的知识和能力	例如： 1. 了解并遵循 （1）企业实践和阻止协议； （2）行业法律需求； （3）企业和产品标准。 2. 了解并高效地使用行业术语
第二层 专业技能、知识和能力 所有行业里某一职业集群的通用工作技能	例如： 1. 熟练地使用软件和硬件工具 2. 可以熟练地上网 3. 理解硬件结构或系统架构 4. 解决软硬件问题
第一层 一系列的基础技能（SCANS） 工作场所所有劳动者需要具备的知识 能力和个人素养	基础技能： 1. 基本技能（阅读、书写、运算） 2. 思维能力 3. 个人素养 （1）职场能力； （2）时间和资源管理； （3）人际交往技巧； （4）信息应用和管理； （5）理解和管理工作系统； （6）技术应用

加拿大“红章计划跨省标准”（Interprovincial Standards Red Seal Program）中的学徒制标准非常重视对各行业职业能力标准的制定。加拿大利用产业部门委员会体系为学徒设置劳动标准，保证满足加拿大企业对训练有素的、有能力的劳动者需求。除此之外，还负责制定了54个产业标准。加拿大“红章计划”通过对每一个具有代表性的行业和职业进行分析，建立一系列的代表国家行业惯例的标准。职业能力标准中的技能模块包括任务、子任务、关键能力，以及所需的知识、安全、工具和设备，提供行业必要信息所需的具体要素。

2. 欧洲国家学徒制技能标准的制定

在现代社会，学徒制实施要加强学徒培养过程的规范性和标准性。例如，社会各方是否能积极参与学徒选拔和制定考评标准。在英格兰、威尔士和苏格兰，行业部门技能委员会和机构体系支持学徒制和劳动者技能标准的制定。17个部门技能委员会和5个部门技能机构是独立的雇主领导组织，负责开发高质量的技能标准，并界定职业标准和职业能力作为学徒制的框架。通过实施与完善标准，提供培训企业名单，把隶属于技能委员会的16个不同行业的国家技能学院与企业和学徒培训联系起来。委员会和机构必须在学徒证书签发之前确保每一项资质认证数据的正确性和职业工种提供的材料真实有效。技能标准制定和认证过程由联盟组织——产业技能和标准联盟（the Federation for Industry Sector Skills and Standards）进行协调完成。

现代学徒制中学徒考评标准的建立，一方面能够保障人才培养质量，另一方面可以将学徒的学习过程有效转化为外部评价结果。例如英国现代学徒制将学徒的考评标准与国家职业资格证书之间进行对接（见表4-5）。这样做可以帮助学徒获得未来行业的职业资格认可[①]，同时也有利于搭建个人继续接受高等教育的职业生涯发展路径。

表4-5　　英格兰、威尔士和北爱尔兰的资格证书的举例

资格证书水平（QCF）	学术相关	职业相关	工作本位学习
八级	博士	八级荣誉，证书和文凭	国家职业资格八级水平
七级	硕士学位， 研究生证书/文凭	七级荣誉，证书和文凭	
六级	学士学位， 研究生证书/文凭	六级荣誉，证书和文凭	学位学徒制 国家职业资格六级水平

① 关晶：《英国学位学徒制：职业主义的高等教育新坐标》，载《高等教育研究》2019年第11期。

续表

资格证书水平（QCF）	学术相关	职业相关	工作本位学习
五级	高等教育文凭	五级荣誉，证书和文凭 高级国家文凭（HND） 基础学位	高等学徒制 国家职业资格五级水平
四级	高等教育证书	四级荣誉，证书和文凭 高级国家证书（HNC） 基础学位	高等学徒制 国家职业资格四级水平
三级	A 和 AS 水平， 获得高等教育文凭 国际化学士学位	三级荣誉，证书和文凭 BTEC 国家证书 剑桥技术证书	高级学徒制 国家职业资格三级水平 技术水平资格证书
二级	升学文凭， GCSE 等级 A－C （等级 9－4）	二级荣誉，证书和文凭 剑桥国家和技术证书	中等学徒制 国家职业资格二级水平
一级	GCSE 等级 D－G （等级 3－1）	一级荣誉，证书和文凭 剑桥国家和技术证书	初级学徒制 国家职业资格一级水平

资料来源：Department for Business Innovation & Skills. Prior Qualification of Adult Apprentices 2012－2013［EB/OL］.（2014－12－05）［2019－12－10］，https：//assets. publishing. service. gov. uk/government/uploads/system/uploads/attachment_data/file/381910/bis－14－1221－prior-qualifications-of-adult-apprentices－2012－2013. pdf. 2014.

第二节　学徒经历中个人职业能力的形成

职业能力是从职业实践中总结出来的生产实践、劳动技能、操作技艺以及与某一特定职业相关的知识和技能。学徒经历中师傅对学徒进行职业相关的知识和技能等的指导，促进学徒职业能力的提升。个人在学徒经历中获得的职业能力包括职业认知、职业实践知识、职业决策、诀窍知识、组织与认知策略以及技能操作等。职业知识和技能之间是相互整合的关系，而不是孤立的，职业知识是指导技能操作和实践的基础。学徒在运用职业知识解决实践问题的整个过程中，还会受到师傅职业态度的影响①。

① 肖凤翔、付小倩：《职业能力标准演进的技术实践逻辑》，载《西南大学学报》（社会科学版）2018 年第 11 期。

能力是指个人完成某一活动所必需的主观条件，它是个人综合素质在现实行动中表现出来的胜任某种活动的实际水平和本领。马克思认为，人的能力就是“能够适应不同劳动需求，并在不断交替变换的职能中，使自己的先天和后天的各种能力得到自由发展”[①]。加德纳（1992）在多元智力理论中提出，个人用来解决问题或创造有效产品所需的能力主要由七种能力类型构成，分别是言语语言能力、逻辑数理能力、音乐能力、视觉空间能力、身体运动能力、人际交往能力和自知自省能力。在工作场所中，语言能力是指阅读和制作专业文档以及与同事和客户进行积极和适应性沟通的能力。逻辑数学能力是一种技术意识，它是对硬件和软件的理解以及对人或产品相关问题的客观和逻辑评估。音乐能力与听觉提示有关，例如人、机器或环境的音调、音量和顺序。空间能力不仅涉及工作任务、产品、服务开发中的视觉元素，还涉及与工作场所生产力或营销相关的其他具体应用。身体运动能力涉及执行各种工作任务所需的运动技能，例如有效使用工具或其他设备的能力。人际关系能力在与同事和客户的日常互动中至关重要，例如，在团队中领导和工作并提供建设性的反馈。自知自省能力是指一个人在不断变化的工作情境中对自己的感受、目标、道德和能力的意识[②]。

莱夫和温格认为转移的概念可以被参与的概念所取代，所有形式的认知都源于个体参与社会实践。他们认为，知识位于实践领域，实践领域由参与人类共同体的成员构成，而不是存在于书本中的内容。学徒在师傅的指导下可以获得工作过程中的“实践智慧”，这种“实践智慧”与“学术智慧”相反，更利于职业生涯成功。同时，这种实践知识是“隐性的”，学校职业教育很少教给学生这种隐性知识，并且这种隐性知识是以非正式的形式进行传递。相比于学校教育，学徒指导更加关注工作组织中的政策发展，而不是知识的认知过程，例如师傅向学徒进行工作中的隐性政策和规定的指导和介绍，提供职业支持、辅导以及榜样示范等。

一、职业知识的内涵与形成

职业知识是指职业中与工作任务相关的背景知识和具体方法知识，以及师傅传递给学徒的个人经验知识和生产诀窍知识。杜威认为，知识是以职业活动任务为中心展开的，职业是一个轴心，它将大量复杂多样的细节贯穿起来。技术知识是工人在从事工作过程中所使用的技能、经验等与方法论相关的知识[③]。文森蒂

① 《资本论》，人民出版社 2018 年版，第 120 ~ 130 页。

② Gardner H. *Multiple Intelligences* ［M］. Minnesota Center for Arts Education，1992.

③ 杜威：《哲学的改造》，商务印书馆 1958 年版，第 84 页。

(1990) 在对航空工程历史案例研究的分析中，确定了六类技术知识，即基本设计概念、标准和规范、理论工具、定量数据、实际考虑因素和设计工具[①]。从技术哲学视角来看，罗珀尔 (1997) 在《工程师知晓什么以及他们是如何知晓的》一书中提出工程的五类技术知识，分别为技术法则、功能规则、结构规则、技术诀窍和社会技术理解[②]。例如，在制造业等行业中，学徒在工作过程中所使用的技术知识包括数学知识、阅读技术图纸、使用尖端技术、分析多个线索（声音、视觉、触觉），定义和解决问题等方面。此外，巴亚济特 (1993) 将设计师的知识分为两大类：程序性知识和陈述性知识，并将知识划分为两种表现形式：规范型知识和设计型知识[③]。本研究根据技术哲学家对技术知识的分类，并结合学徒在师傅指导下学习的内容和进程，将学徒所学习的技术知识分为技术实践知识、技术规范知识、技术诀窍知识和技术理论知识。

（一）技术实践知识的学习

学徒获得工作相关的陈述性知识后，开始向师傅学习与技能操作相关的程序性知识，即如何处理工作过程和工作步骤相关的内容。师傅不仅会从整体的工作技能方面对学徒进行指导，而且还会指导学徒如何完成具体的工作任务[④]。当学徒完成技能信息获取后，学徒开始接触复杂的工作技能[⑤]。学徒从陈述性知识向程序性知识学习过渡，学徒在增加和获取程序知识的同时，开发有意义的知识组织结构。学徒回忆说，师傅经常和他共同操作与工作任务相关的具体技能，例如，“刚开始的时候，我连方向都没有，怎么做我都不知道，我都是一点点学的。有师傅带我操作、带我学做琴筒。当时我是学做琴筒、琴杆、装配、鞔皮一整套的东西，这些都是师傅教我。我会做琴桶了，就做琴杆，琴杆会做了，然后再做装配”(J2H9)。

实用主义学派认为，“理论是我们可以依靠的工具，而不是解答谜团的答案。我们不能躺在这些理论上，而是要向前推进，有时借助于它们重新改造自然”[⑥]。

---

① Vincenti W. G. *What Engineers Know and How They Know It*: *Analytical Studies from Aeronautical History* [M]. The Johns Hopkins University Press, Baltimore, MD, 1990.

② Ropohl G. *Knowledge types in technology* [M]. Dordrecht: Springer, 1997: 65 - 72.

③ Bayazit N. *Designing*: *design knowledge*: *design research*: *related sciences* [M]. Dordrecht: Springer, 1993: 121 - 136.

④ 王振洪、成军：《现代学徒制：高技能人才培养新范式》，载《中国高教研究》2012 年第 8 期。

⑤ 濮海慧、徐国庆：《我国产业形态与现代学徒制的互动关系研究——基于企业专家陈述的实证分析》，载《华东师范大学学报（教育科学版）》2018 年第 1 期。

⑥ 威廉·詹姆士著，李步楼译：《实用主义：某些旧思想方法的新名称》，商务印书馆 2016 年版，第 30 ~ 55 页。

这说明学徒实践知识的获得，不同于职业学校学生在课堂上的知识学习与实训室中的实践操作，而是在日常工作活动中与师傅和同事互动产生的。例如，医生可以通过参考他们遇到疑难病症的第一位患者的情况，回忆患者当时所处的特定医疗状况的复杂因素，向学徒介绍这些概念之间的命题、概念和因果关联，例如学徒有过这样的叙述，“没有跟师傅学习之前，我对虫类药不太了解，我只能说间接体会。但是，因为师傅特别善于用虫草药，所以我在用药的时候，我肯定要用到虫类药。我有的时候就很自然地运用进去（给病人配药）”。（I3G9）在解决临床医学中的一些复杂问题时，师傅经常利用“启发式”和“点拨式”教学方法，促进学徒获得程序性知识。师傅的点拨能够帮助学徒在新旧学习之间建立联系、获得新知识学习，并将各种经验加以概括和贯通。这种经验正如实用主义所强调的，它是一种能够帮助我们顺利地从一部分经验过渡到另一部分经验并把各种事情相互联系起来、能够可靠地起作用的有效工具。师傅指导的表现形式可以分为榜样示范、技术指导、逐步撤回脚手架的过程，并且这种直接的互动除了发生在师徒之间，还可以扩展到学徒和有经验的同事之间。

同时，职业实践知识的获得需要时间和个人经验的积累。例如，在企业生产中，通常会将经验较少的工人分配到简单重复的生产操作岗位。大多数受访者认为，工人从学徒到独立的工作者，从简单操作技能到独立完成复杂的工作任务通常需要3～5年时间。一位企业专家表示，“学徒通常要花费3～5年时间来建立良好的技术技能基础。在此之后，学徒可以独立完成稍微复杂的技术任务，他们在5～8年的工作实践中获得精湛的技艺”。学徒在工作过程中，随时会出现各种各样的工作难题。例如，学徒在生产期间遇到的有些问题来源于外部环境的限制或其他岗位工作人员的疏漏，还有的难题可能来自工具本身或者来自机器、编程、计划读数、购买者等多样的变化。

（二）技术规范知识的学习

技术规范知识是指与职业相关的静态知识、知识获取、知识组织以及如何将知识应用于工作实践中的内容。技术规范知识包括两类：一是学徒从师傅那里获得的言语信息和陈述性知识，即个人有意识的提取线索而能直接陈述的知识，它是用来描述工作任务规范和要求的知识，即回答“是什么”的问题。例如企业相关的历史文化和政策规定。认知发展理论认为，这类陈述性知识的获得必须先于高阶技能发展。因此，这类知识的学习经常发生在学徒职业生涯发展早期。二是与工作任务相关的组织需求、岗位职责、工作组织和工作文化等信息，包括工作任务分配和掌握、工作职责以及工作任务优先执行原则等。例如，被访者曾提到，“第一个师傅对我的影响是让我知道什么是守规矩，他对行业的规矩执行特别严格。师傅经常跟我说，这个是可以的，那个是不可以的，而且师傅对技术方面的要求也很高”。岗位职责包括工作岗位的权限、工作职责和职业行为，它是指学徒在理解工作绩效的基础上，能够在不同的工作任务中采取有效解决的策略。工作组织包括工作群体之间的相互合作、组织的规范结构、群体标准与价值、组织权威和如何适应群体组织。工作文化包括个人对企业文化和政治、企业权威的价值观，包括一些特定的行业术语和组织中的文化轶事。

技术诀窍知识，又称为“技术秘密”，是指生产中有实用价值、创新性、先进性、未经公开的技术知识。诀窍知识是学徒职业能力中的关键部分，学徒获得的诀窍知识能够使他们具有其他员工所没有的竞争优势。同时，由于技术诀窍知识不可言传的特点，它区别于学校职业教育中以讲授为主的理论知识。诀窍知识通常由实践操作中的技术感知来获得。波兰尼（2009）认为人类知识的很大一部分是默会的，通过实践经验获得的操作技能和专业知识尤其如此①。由于这类知识具有行动导向和个人特质的特点，因此很难形成文字或言语交流。隐性知识不同于显性知识，显性知识可以独立于知识主体，从而跨时间和空间进行传递和转移。例如，学徒可以根据工作手册中的说明和图纸进行技能操作②。隐性知识具有难以言说的、结构复杂的、基于主观判断的特点，因此它们很难被掌握。波兰尼认为，知识存在于一个频谱上，在某个极端，知识完全是隐性的，即在人们的头脑和身体中保持潜在昏迷状态；在另一个极端，知识几乎完全是明确的、可编纂的、结构化的，除了发起这类知识的个人之外，其他人也能够获得。隐性知识的某些方面不可能完全被阐述，无论是嵌入认知还是身体能力。

隐性知识基于“直觉”产生洞察力、直觉和决策。例如，运行大型起重机的协调和运动技能在很大程度上是默会的、商务谈判技巧或新计算机程序界面设计中体现的艺术设计也是如此。这种认识中的共同要素是工作者无法完全清楚地表达的。身体技能所体现的默契存在于身体的肌肉、神经和反射中，并通过反复的练习实现技术熟练。认知技能中体现的默会知识同样是通过经验学习并存在于无意识或半意识中。例如，学徒在汽车维修过程中选择相应的工具和零部件进行汽车维修或对特殊情况和应急情况产生的本能反应。在所有这些情况下，有意识指导没有参与身体和精神的反应，即没有波兰尼所称的“焦点”意识。因此，在学徒学习中，很多新手学徒都是依靠反复的技能练习和亲身体验，形成“肌肉记忆”和技能感知。学徒在不断的练习中无限靠近专家的判断能力。

个人的专业知识和技术水平是其胜任工作和职业生涯成功的客观判断指标，

---

① Polanyi M. *The Tacit Dimension* [M]. Chicago: University of Chicago Press, 2009.

② 波兰尼：《个人知识：迈向后批判哲学》，贵州人民出版社 2000 年版，第 70 ~ 85 页。

在这些能力中最关键的部分是隐性知识。隐性知识随着时间的推移在人们的头脑、手和人际关系中建立起来。但是，隐性知识很难编入正式的学校职业教育课程计划和课程教学中。日本学者野中郁次郎从隐性知识对企业经营影响的研究得出，隐性知识是难以言说的，是与个人体验以及个人的信念、观点和价值观等密切相关的。经验、直觉和诀窍等都是隐性知识的表现形式。在隐性知识的获取方面，他提出了隐性知识和显性知识之间转化的 SECI 模型。隐性知识通过表出化（externalization）和社会化（socialization）两个方面实现，显性知识通过组合过程共享并通过内化成为隐性；隐性知识通过社会化的共享过程和外部化变得明确[①]。隐性知识的转移需要在学徒和师傅之间建立共同的理解和信任。斯堪杜拉（1999）研究认为，师傅对学徒指导内容包括最新的、未公开的技术技能和简短的专业术语，以及师傅个人对不同工作方式的感悟和经验[②]。例如，师傅会尽可能将这种内在的、隐性的知识通过言语、结构化的教学内容和展示操作的方式传授给学徒。学徒在访谈中也提到，“我的第二个师傅影响我很多，同样一个车子放在他面前，他维修的速度很快而且判断问题和情况相当准确。只要他出手就会让你有很赏心悦目的感觉。他很有思路，虽然他嘴巴不说，但是我在看他判断车子故障什么的让我很受教”（S2K10）。

首先，隐性知识的学习取决于个人的悟性，即学徒能否在反复的技能练习和操作中领悟师傅的经验和诀窍。例如，“你去制作的过程中可能有很多的技能提高，可以悟出很多道理。你不去操作的话，这种感觉是没有的。有的时候我们一直干到很晚，然后能够找到了一种感觉，这种感觉很好”（W2U10）。伦纳德和森斯伯（1998）将工作相关的知识定义为“相关的、可操作且基于经验的信息”[③]，达文波特和普鲁萨克（1998）将专家知识称为“框架经验、价值观、背景信息和专家见解的组合”[④]。行业专家会运用特定的知识方式，通过唤醒自身的经验识别新问题和情况，他们可以选择性地检索相关信息，并从给定模式中进行推断和问题处理。专家头脑中形成的已知模式很难准确地用语言表达。例如，一位学徒在访谈时作如下表述：“师傅就做了两针，一针朝里、一针朝外，就是它的线条。如果勾的是一个弧形，在一个弧形的中间，一针做在线条的里面，一

---

① Nonaka L., and Takeuchi, H. *The Knowledge Creating Company: How Japanese Companies Create the Dynamics of Innovation* [M]. New York: Oxford University Press, 1995.

② Scandura T. A. Mentoring and career mobility: an empirical investigation [J]. *Journal of Organizational Behavior*, 1992 (13): 169 - 174.

③ Leonard D., and Sensiper S. The role of tacit knowledge in group innovation [J]. *California Management Review*, 1998 (40): 112 - 132.

④ Davenport T. H., and Prusak L. *Working Knowledge: How Organizations Manage What They Know* [M]. Boston: Harvard Business School Press, 1998.

针做在线条的外面，它就形成了一个S形。就这么两针就把轮廓给弄出来了，但其实这里有一种设计思维。”（L1Q10）手工技艺是以直接经验形式表达的“个体性”默会知识，这类知识缺少一定的“公共性”，主要依赖于个体的职业知觉、职业洞察力和经验本身[①]。

其次，个人隐性知识的掌握是在反复操作“物质和实体”的过程中，从难以言说的“悟性”转化为实际获得的“动作技能”。这类物质和实体就是我们所感知的作为颜色、形态、材质等的感觉，这些感觉是物质这个词的兑现价值。由于真正的存在，物质给我们造成的差别就是我们因此获得的这些感觉，仅凭抽象推理和知识讲授是难以获得的。例如，电焊工人只有焊接了上万吨的焊丝，并结合他每次成功和失败的教训，他才能够在接触新型焊接材料时突然感悟，才能够判断使用何种方式可以高效地完成焊接任务。他的这些知识和经验并不是从书本上和课堂上学习的。

野中认为前期经验积累和亲身参与环境是决定隐性知识能否产生的关键因素。在知识创造的过程中，野中提出了创造和转移知识隐性维度的两个过程。第一个过程是内部化，它是将显性知识体现在隐性知识中的过程。内部化过程与“边做边学”密切相关。第二个过程是社会化，又称为“共享过程经验”，如共享心智模型和技术技能。学徒通过非正式程序进行内部化和社会化。例如，学徒在工厂中与师傅和同事聊天时，不断观察师傅的行为以及他人的替代性经验，从而实现上述两个过程的知识转换。因此，即使学徒在无意教导或学习的情况下，也可以进行知识转移。因为组织中经验丰富的师傅可以帮助学徒解释工作事件、了解技术和业务流程、明确组织的价值观和规范。师傅能够起到加速或阻碍学徒知识维度内部化和社会化的过程。

（三）技术理论知识的学习

技术理论知识是上述各类知识的系统化，即为个人进行技能操作和完成工作任务提供了解释性的框架。学徒技术理论知识的获得具有经验性和情境性的特点。黑格尔（1874）将经验定位为认识的中介和出发点，它被融合在经验和认识的过程以及反思的范畴中。他认为，经验是意识到其自身的辩证的运动，由此产生新的对象，既包括意识到的知识也包括其对象。从个人获得经验知识的过程来看，黑格尔认为经验的产生是无意识的、不可控制的，要从已有的经验中产生需

① 刘晓、徐珍珍：《基于现代学徒制的非遗传统手工技艺传承：内在机理与功能价值》，载《中国职业技术教育》2017年第11期。

要有意识的反思过程[①]。在反思过程中，个人的经验上升到认识，即完成了经验知识的获得。“当学徒所掌握的技术达到一定的阶段，学徒就会觉得理论很重要了，如平时的考试也要考理论的内容。学徒在工作中遇到一些技术问题，如果想要去分析和破解，也要去找理论依据的。如果没有理论依据的话，那你说出来的东西就是感性经验、无法成系统的”，因此，技术理论知识可以定义为基于经验的、可行动的和相关的信息。技术理论知识与有意义的行为相联系，它是基于经验产生的。

学徒在真实的工作情境中能够更好地获得技术理论知识和技能实践之间的联系。个人在工作过程中进行的技能操作与反思之间的联结能够形成职业能力的固化，而不是偶然性和情境性的。例如，学徒每次进行不同材质的焊条作业后，师傅会告诉学徒根据燃烧的结果进行不断的反思。学徒在接受访谈中也多次提出，“我每次焊接后都要进行反思和总结。如果操作后不思考，那么我下次可能还会犯同样的错误，因此要及时地消化和理解”（Q2J10）。这种反思主要体现在两个维度：一是结构性反思，即个人对工作环境和工作条件的不断提问和构建；二是自我反思，即反思自身的能力并建构个人能力的发展。

二、实践技能的内涵与形成

（一）实践技能的内涵

学徒实践技能是指与职业相关的动作技能和操作技能。《教育大词典》中将技能定义为“主体在已有知识经验的基础上，经过训练形成的执行某种任务的活动方式”。实践技能强调学习过程的结果，它既可以是完成整个作品的技能汇总，也可以是完成某工作任务的具体操作。例如，完成一件雕刻作品、完成汽车故障诊断以及零件加工等。一直以来，理论与实践之间关系的问题都是教育研究的话题。瑞安（2012）从理论与实践的角度出发，认为学徒制是一种将技术知识和实践技能学习相整合的人才培养方式[②]。同时，他指出其他两类教育教学形式的弊端，一是职业学校教育教学缺乏基于工作场所的技能学习，二是企业在职培训过于强调技能训练，而忽视了课堂教学中的专业知识传授。维克斯塔夫（2007）认为技能获取是学徒学习的主要目标，学徒要想成为合格的工人，他们必须要掌握

① Hegel G. W. F. *The logic of Hegel* [M]. Oxford: Clarendon Press, 1874.

② Ryan P. Apprenticeship: between theory and practice, school and workplace [J]. *Economics of Education Working Paper Series*, 2012: 402 - 432.

各种通用和特定技能的技术专长[1]。学徒经过工作实践的不断磨炼之后，将会更加快速地掌握工作相关的技术技能，“学徒在两三个部门轮岗以后，他就知道这个工作是怎么做的、这个产品是怎么做的，他最终会对自己有一个价值定位，对工作也有一个价值定位，这是慢慢形成的过程，起初学徒只是对这个行业有粗浅的认识和将来做什么的初步认识。等他到了岗位轮岗的时候，他对岗位会有一个大致的认识”。

（二）实践技能的形成

1. 动作技能的操作与熟练

在学徒学习中，师傅经常会给学徒分配一系列工作任务。尽管学徒之间的工作任务复杂程度和差异不同，但大致都与工作要求和工作环境相关。例如，从事计算机电子行业的学徒要承担的工作职责，包括检查、测试电路板和计算机部件的缺陷以及计算机设备的安装和维修。有时，学徒需要打电话给其他企业以获取零件并检查零件的价格和可用性，学徒还要维修设备和处理文书工作。师傅会分配给学徒适合其指定职位的任务。此外，师傅还为学徒提供更多的岗位任务机会。坎宁安（1993）研究表明，在询问企业管理者曾经哪个阶段的学习经历与目前职业最为相关时，他们经常会提及在岗培训时的学习经验和实践活动。而很少会谈到在本科或研究生学习期间做不完的作业或正规大学教育中的学术课程项目[2]。

师傅根据教育心理学中的策略指导学徒进行技能学习（见图 4 – 3）。首先，师傅会鼓励学徒独立尝试、探索任务。师傅为学徒提供如何成功完成任务的线索或提示，在学徒面前进行完整的技能示范和讲解，类似于维果茨基提出的认知脚手架理论。例如，学徒更换卡车水泵这项工作任务。学徒将会遇到卡车上两个看起来很相似的部分，并且不确定首先连接哪个部分。这时，学徒会向他的师傅寻求帮助。随后，师傅不会直接告诉学徒操作的答案和结果，而是引导学徒区分不同部件。师傅将拆除脚手架，并通过对话、图表和类比的方式提升学徒的理解力。师傅提示学徒由于两个部件的螺孔位置不同，可以用来确定哪个部件优先使用。师傅向学徒提出有关两个部件差异的问题，学徒在解释和回答的过程中逐渐掌握实践技能。在此过程中，师傅充当“指导者”和“促进者”的角色，师傅允许学徒独立学习和探索，并在学徒需要时提供线索和启发式策略。此外，学

① Vickerstaff S. “I was just the boy around the place”: What made apprenticeships successful? [J]. *Journal of Vocational Education and Training*, 2007, 59 (3): 331 – 347.

② Cunningham J. B. Facilitating a Mentorship Programme [J]. *Leadership & Organization Development Journal*, 1993.

徒表示“师傅会教给你在学校里教师没有展示或告诉你的事情”。例如，在汽车4S店，学徒分析汽车电池不能充电的原因。师傅给出建议和提示后，他还会继续解释如何检查每根电线对电池充电的影响。这样，学徒能够很快确定短片是双向无线电连接。再比如，在计算机维修过程中，学徒不确定电路板上两根导线的连接位置。师傅建议追踪电线的路径以确定它们的连接位置，在师傅的提示下，学徒能够正确将电线连接到电路板。

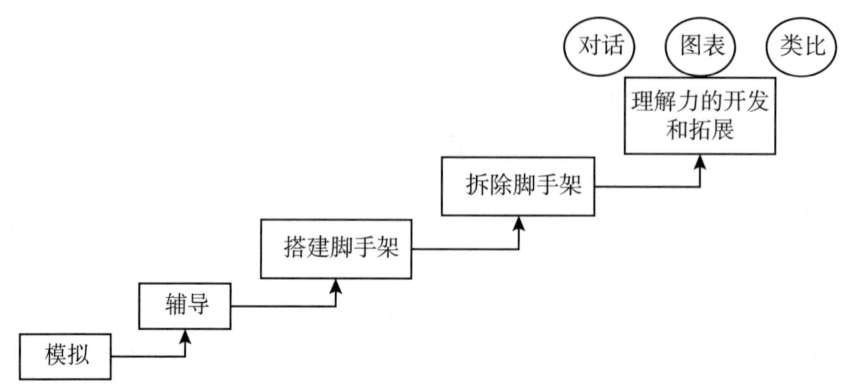

图 4－3　学徒技能学习的指导过程

2. 心智表征的构建与形成

心智表征是一种与我们大脑正在思考的某个物体、观点、信息或者其他任何事物相对应的心理结构。例如，当我们提到汽车维修，很多人马上便会在脑海中“看到”技术工人进行车辆维修的画面，这个画面和形象就是汽车维修在他们脑海中的心智表征。心智表征是学徒用于描述任务的功能和形式、解释和观察任务整合以及预测未来任务要求的机制[①]。学徒动作技能的反复练习能够创建更加有效的心理表征，例如，竞技跳水选手日复一日不停地训练，这种训练目的是形成一幅清晰的心理画面，描绘跳法看起来是怎样的并形成这种跳法在体位和动量上给人的感觉。还有的专家说，“如果你练习熟练了，那么心和脑就连在一起了，以后就会操作自如”。心智表征的应用范围是某种特定的行业和领域，而不是培养普通的技能，如训练记忆力和特定动作技能。酒店管理领域的企业专家认为，个人如果想在岗位上实现较高水平的管理能力，首先要对基础性的岗位技能非常娴熟，“如果你之前没有在整个酒店的岗位上做一遍学徒，不了解整个酒店的运营，你就是没法做到管理层，管理别人的，比如‘员工偷懒’，因为我曾经在所

① Doyle J. K., Ford D. N. Mental Models Concepts for System Dynamics Research [J]. *System Dynamics Review: the Journal of the System Dynamics Society*, 1998, 14 (1): 3－29.

有岗位上做过一遍，我知道他说的这个时间段根本没有客人，他说他忙，对吧？但是我做过我知道。所以要想在这个行业做得好，那肯定还是要到所有部门，尤其是前线部门、管理的直接对口部门，你还是要到岗位上都轮一圈”（F2K10），这也从侧面表明，心智表征为对象和事件的解释提供了背景，他们不仅组织现有信息还影响新知识的获取①。

对专家师傅和新手学徒差异的研究表明，虽然新手学徒能够在定义问题和解决方案策略时创建不同的心智模型，但专家可以形成更为复杂的知识结构，包含不同问题的节点和解决方案。专家心智模型有助于在确定问题后快速访问解决的方案策略，这些策略与问题节点紧密相关。相比之下，新手解决方案时间较慢且流动性较差，因为新手先要探索知识识别问题，而后再进行知识搜索才能解决问题。随着学徒职业知识的积累过程逐渐深入，学徒解决实践问题的速度也不断加快，并且能够独立处理突发事件和难题。安德森的理论提出技能发展是一个持续的过程，个体在不断编织新知识和程序的过程中，将会出现更为完美的任务策略。通过持续的实践，复杂的行为被内化、内化程度越高，问题解决时的认知资源就越多。

从学徒实践技能形成过程来看，安德森认为技能发展理论通常有三个可定义的阶段：初始技能获取、技能编译和技能自动化。初始技能获取是从言语知识到程序性知识的转变。程序性知识可以复制训练有素的行为。例如学徒回忆说，“我刚做学徒做琴筒的时候，我就认认真真做，我一直在反复做。师傅都叫我停下来休息休息。我不停地做，做的当中我都不休息，就一直反复在练速度”（J2K10）。技能编译中的“编译”是计算机语言，程序员编写的高级语言转换成计算机识别的低级语言并使计算机执行的过程就是编译。在学徒技能学习过程中是指学徒接受师傅发出的技能知识和信息后，通过自己的认知和操作实现技能转化和习得的过程。学徒在不断的试误操作和技能练习的过程中实现技能编译。在此阶段，学徒技能操作更快、更熟练，错误率更少。学徒将单个非连续的工作步骤集成到完整连续的行为中。随着学徒技能自动化的形成，学徒技能操作的速率和范围都在不断扩大。学徒开始根据不同的情境，选择适当的解决方法处理问题，并根据情况弥补现有技能水平的不足②。同时，学徒要在经验中摸索各种菜肴所需的正确调味量，根据不同师傅“正确调味”的看法对其进行调节，学徒还要通过仔细的观察来学习工作过程中未说明的“技术秘诀”，例如“我师傅在炒

---

① Messick S. The Psychology of Educational Measurement [J]. *ETS Research Report Series*, 1984 (1): 1-55.

② 王建梁、赵鹤：《英国现代学徒制的发展历程、成效与挑战》，载《比较教育研究》2016 年第 8 期。

菜的时候，我就在旁边打杂，帮他递锅碗瓢盆、帮他递给他要的东西，把他做完的东西往盘子倒。学徒作为和师傅打配合的人，你就帮师傅擦餐具呀、摆盘呀!”（D1K10）学徒技能水平的最终阶段是能够做出“大师级产品”，他能够自己判断工作问题，并与其他人的工作质量进行比较。

三、职业态度的内涵与形成

职业态度是指学徒与工作相关的主观情感态度和职业道德，即职业价值观、工作规范和道德伦理等。例如，学徒对工作规范的遵守、敬业精神以及工作安全规范等方面。职业态度是指从业人员对所从事职业的信念和动机的变化。积极的职业态度包括个人愿意接受挑战、热情和精力、努力工作、坚持不懈、诚信和保持专业素质等方面，例如，沟通和人际关系技巧对酒店业员工至关重要[①]。这些技能包括维护关系、协商、有效沟通、使用专业术语以及积极参与开发和维护客户的社交网络能力。此外，职业态度还包括创新能力、灵活应对环境变化的适应性、获取和解决问题能力[②]、职业规划和自我发展能力。学徒职业规范和价值观同样重要，因为个人的职业态度将决定他们如何以及是否愿意创造、获取、吸收和传播不同类型的职业知识和技能。本研究认为，学徒指导过程中所涵盖的职业态度内容主要分为个人层面的职业伦理道德和组织层面的工作规范。

（一）个人层面的职业价值形成

职业价值是指个人对职业相关方面所持有的价值偏好，是个人对职业行为和职业结果等进行价值判断时所依据的稳定心理系统。本研究中的职业价值是指学徒在工作过程中，受到师傅对他的工作习惯、职业信念、工作态度以及职业精神的影响[③]，这种影响不是具体的工作技能和工作知识的传授，而是一种无形的态度与精神，蔓延在整个工作过程中。例如，师傅会告诉学徒在完成工作任务后如何摆放工具、如何清洁台面。“我在做学徒的时候学到了做事情的态度，就是你做事情的态度问题，如果你态度不认真你到哪个行业都不行，包括我现在对我自

① De Vos A., Soens N. Protean Attitude and Career Success: The Mediating Role of Self-management [J]. *Journal of Vocational Behavior*, 2008, 73 (3): 449 – 456.

② 朱永坤:《工匠精神：提出动因、构成要素及培育策略——以技术院校为例》，载《四川师范大学学报》（社会科学版）2019 年第 2 期。

③ 李梦卿、杨秋月:《技能型人才培养与“工匠精神”培育的关联耦合研究》，载《职教论坛》2016 年第 16 期。

己的学徒也会这样说”。

（二）组织层面的职业规范遵守

职业规范是指工作组织内部形成的书面的或组织内部不成文的规范要求，这些工作要求涉及工作质量、工作安全和工作文化等。学徒指导过程中，师傅主要向学徒传达有关组织价值观的知识，即“规范性信息”，规范意味着对行为的指导。在职业生涯发展早期，学徒作为新员工能够从师傅那里获得相关的组织信息，例如，组织中的政治文化、人员信息、组织目标和价值观。如果学徒没有师傅的指导，将很难了解企业非正式的政治文化。同样地，在职业生涯发展中后期，学徒的很多决策会受到师傅的职业价值观影响①。学徒接受师傅的企业咨询和建议将影响学徒的职业晋升和发展，学徒能在职业生涯发展早期接受几位有经验师傅的指点将是最理想的状态。

师傅对学徒职业规范的指导包括：（1）行业规矩。学徒在刚进入工作领域时如同一张白纸。第一位师傅对学徒的工作规范的影响，对其今后在职业生涯发展的行为规范养成具有深刻作用，例如，“第一个师傅让我知道什么是守规矩啊，就是严把关。因为我的师傅是对行业的规矩执行特别严格的人，他会跟我说这个（操作标准）是可以的，这个是不可以的。那么你‘踏红线’了，他就帮你指出，规矩有很多种，如做人的规矩、行业的规矩、职场的规矩和技术上面的规矩等”（F2K10）。（2）工作习惯。师傅对学徒潜移默化的影响中，学徒逐渐树立良好的工作习惯和职业素养。一位电焊专家清晰地回忆出，在做学徒时师傅对其工作习惯养成的影响，“我的师傅平时做事严谨，他干活儿的时候衣服干干净净、一点油污也没有，工具摆放整齐，他规矩的作风给我深刻印象和潜移默化的影响，我的工具箱也是整整齐齐的。看师傅技术高不高就看他的工具箱，工具摆放得整整齐齐，他干活儿的思维也是清晰的，他干活儿的时候穿白衬衫、闪亮的尖头皮鞋，并且不会把工作台弄得乱七八糟、碎屑到处乱飞，他会利用自己的工作能力和思路保证自己的工作服干干净净”（H2W10）。（3）人际交往能力。研究者在与工人的观察和讨论中经常强调良好社交技能的重要性。一位学徒用这种方式描述：“即使你的工作是在计算机工作台上工作，你仍然需要与其他员工互动。你必须学习能够和员工、客户相处的社交技能……在这种情况下，在一个更专业的环境中，你必须学会如何和客户相处以及在客户计算机出现问题的时候，让他们平静下来……因为你总和师傅在一起，你就可以更好地学习和客户面谈，我也

---

① 谢霄男、李净：《现代学徒制下“工匠精神”的培育——以工科高校为例》，载《中国高校科技》2018 年第 4 期。

跟着师傅到客户那边去沟通啊，你怎么做事情、接到新活儿你怎么去协商啊或者去博弈啊，我就在旁边一直观察。那个时候学到很多东西，师傅是关键点，能学到很多为人处世、人际沟通等的社会能力和专业能力。”（P1K1）师傅为学徒提供各种各样的经验是至关重要的，这些经验能够反映现实工作世界的运作方式，而不是基于学校知识的学习。(4) 行业工作标准。师傅指导学徒明确工作规定的制度和要求，使学徒具备行业规范意识。例如，古籍修复专业人员在进行篆刻的过程中，师傅会告诉学徒不同印章的字体和设计理念，以及你要达到什么样的要求和标准才能更好地完成。(5) 安全事故，即师傅对学徒进行安全教育与注意事项的讲解。例如，在制造业等的生产实践中，师傅会向学徒列举一些生产情况中的危险因素以及曾经出现的大型工作事故案例，警示学徒引以为戒。

第三节　职业能力对个人职业生涯成功的影响

在对企业专家学徒经历中获得的职业能力进行解构和分析之后，接下来我们要探索学徒经历中职业能力对个人职业生涯成功的影响。本研究将企业专家的职业能力解构为职业知识、实践技能和职业态度，并将个人职业生涯成功的判定划分为客观指标和主观指标，客观职业生涯成功指标主要体现为职业收入、职业晋升和职业声望等方面，主观职业生涯成功指标主要是个人的职业满意度。此外，企业专家的职业生涯成功尤其表现为行业共同体所赋予企业专家的技术认同水平，表现为个人在其行业中的职业荣誉和职业声望，例如企业专家通过荣誉性奖励和行业资源积累等方式获得的行业认可。

一、职业能力对个人职业生涯成功影响的分析框架

从扎根理论编码的结果来看，职业能力与个人职业生涯成功之间存在一定的关联。但是，一方面，不同企业专家在学徒经历中的职业能力形成方式和水平各不相同；另一方面，质性研究的过程并不在于假设验证，而更多的是一种解释作用。这就要求我们在尊重事实和现象的基础上，结合已有理论进行解释和分析，并形成能够解释本研究实践的分析框架。

在扎根理论选择性编码的基础上，总结出职业能力对个人职业生涯成功影响

的分析框架（见图4－4）。根据编码结果之间的关系，学徒经历中的职业能力形成具体表现为，职业知识获得、实践技能获得和职业态度获得。同时，个体职业能力通过职业收入、职业晋升次数以及职业满意度等客观与主观指标对个人职业生涯成功进行评估。个人职业能力收益中的职业知识和实践技能水平均会影响其职业生涯成功的客观层面。首先，更多地获取信息和资源能够提高个人工作绩效。已有研究表明，企业专家的专业技术能力在很大程度上被视为个人具有的独特技术水平的集合。因此，从业者的职业知识和实践技能水平是其在工作组织中获得职位晋升和职业收入提高的主要参照指标。其次，职业态度和职业伦理是职业身份形成的基础，个人获得积极的职业态度和职业价值观有助于职业身份的确立，进而提高个人的职业满意度和职业声誉。

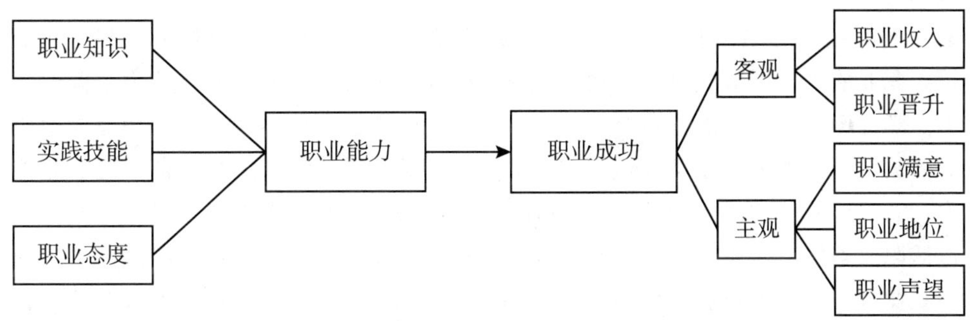

图4－4　职业能力对个人职业生涯成功影响的分析框架

企业专家的职业能力远不止对工具和材料的巧妙运用，或者说企业专家的关键职业能力不完全是手工操作的娴熟度和灵活程度，还有隐藏其头脑中的某种经验知识的认知和判断，包括职业知识、实践技能和职业态度等。企业专家在学徒经历中获得的职业能力与在学校职业教育课程中的学习相比，更加重视实践，学习方式更多是情景教学以及更多体现知识与技能应用的重要性①。例如，技术人员能够克服某些因生产工具、材料以及工作情境变化而产生的技术难题，从以往经验中总结的有关使用工作和材料的实践知识、职业情感和职业伦理等。

职业能力是指个人具备的与职业相关的知识、技能以及态度等方面的内容。个人职业能力的水平将会直接影响其职业生涯成功。在学徒经历中，学徒主要通过观察和模仿的方式，直观和有意识地向师傅学习职业诀窍知识、实践操作技能和职业态度等。墨菲（2005）认为职业诀窍知识属于隐性知识的一部分，这类隐

① 刘晓、路荣平：《文化互动视域下高职校企合作的内容与方式》，载《中国高等教育》2012年第9期。

性知识是通过个人不断的经验累积总结形成的。随着学徒职业生涯成长和发展，隐性知识的获得会随着时间而发展变化。“一旦你的努力和悟性得到了师傅的青睐和欣赏，师傅认可了你，那么他们就会非常认真地、毫无保留地、全心全意地指导你”（I2K10）。起初，隐性知识的占有权在师傅手中，学徒必须达到师傅认可的接受程度，即成为师傅认为的合格学徒、了解如何与师傅之间进行协作和沟通，师傅才会将个人的诀窍知识传授给学徒，由此，学徒才能够推动自己的职业生涯发展[①]。人力资本理论认为，个体与特定职业活动有关的能力提高，这对职业生涯发展具有重大影响。人的知识量越多、能力越强，他的职业生涯成功也会呈几何倍数增长。此外，社会学习生涯理论认为，当人们认为自己能够胜任相关的岗位任务，且预期行为能产生有价值的结果时，就会对一项活动产生持久的兴趣。

图 4 - 5 为学徒经历中职业能力形成的过程框架。根据该分析框架和上述分析，职业能力表征形式可以体现为职业能力数量种类的不同和职业能力范围的大小。学徒经历中职业能力对个人职业生涯成功的影响可以体现为三类职业能力收益的获得，分别为关于“为什么”，关于“是什么”和关于“是谁”的职业能力。首先，有关“为什么”的职业能力。米尔维斯（1994）认为这种职业能力包括职业动机、职业对个人的意义和职业认同。他认为个人的职业信念、价值观和职业身份是源于企业文化的、持久的和内隐的[②]。例如，相对于美国企业，日本的企业更加强调企业员工职业身份与个人社会身份之间的联系，因为日本员工认为，只有员工具有较高的职业认同感，才能够为企业与职业奉献和投入更多。其次，关于“是什么”的职业能力是指与职业和工作相关的知识和技能，以及人们投身于职业中的所有其他能力，如职业素养、职业态度以及问题解决等一系列能力。最后，关于“是谁”的职业能力是指一种人际关系能力，即员工与领导、同事之间、师徒之间等的社会关系。社会网络关系作为个人的社会资源，一是能够帮助个体获得一定的企业专门知识和职业资源；二是它能够提高从业者在行业内的知名度和技术可见度，即职业声誉；三是社会网络能够提高竞争优势，见表 4 - 6。

---

① Murphree P. H. A Grounded Theory Study：How Workers Link with Each Other and How They Form Networks to Solve Problems [D]. George Washington University，2005.

② Mirvis P. H.，Hall D. T. Psychological Success and the Boundaryless Career [J]. *Journal of Organizational Behavior*，1994，15（4）：365 - 380.

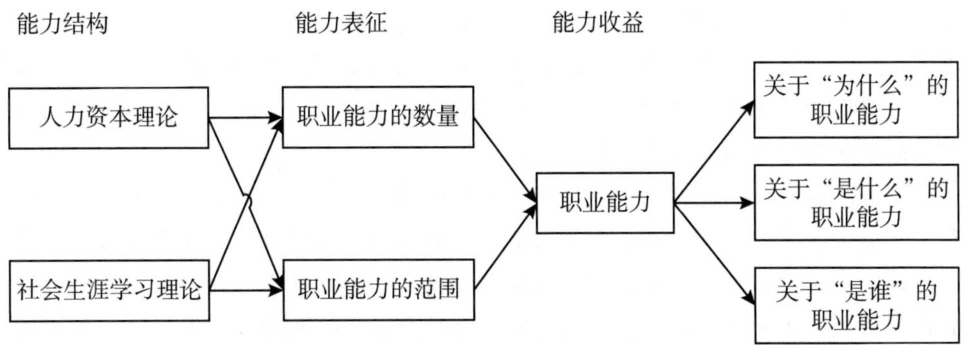

图 4-5　学徒经历中职业能力形成的过程框架

表 4-6　学徒经历中的职业能力分类与实现方法

职业能力	职业能力分类	实现方法
有关“为什么”的职业能力	职业身份	社会化
	职业价值	团队协作
	职业兴趣	组织生涯发展
有关“是什么”的职业能力	职业知识	学徒指导
	职业技能	学徒指导
	职业态度	学徒指导
有关“是谁”的职业能力	人际关系	社会关系

二、职业能力对个人职业生涯成功影响的结果分析

通过对企业专家的职业生涯发展分析得出，这些来自不同行业的企业专家，除了受到不同行业技术要求的部分差异影响以外。总体来看，企业专家的初次职业晋升通常发生在进入行业成为学徒后的 5～8 年之间，即学徒能够掌握一定的职业能力和实现独立操作之后。这说明，学徒是否能够掌握相关行业的职业能力是其职业晋升的关键。

（一）职业知识与实践技能对职业晋升的影响

对技术人员的职业生涯发展来讲，从班组长到车间主任再到技术总监代表着技术职业晋升的最高层次，个人晋升到技术总监意味着他已成长为一名受到行业共同体认可的、技术较为娴熟的高技能人才，即到达个人职业生涯发展的成熟阶段。一般来说，普通员工从进入工作开始到成为技术总监至少需要 20～30 年的时间。在本研究中，60% ~70% 的企业专家在出徒后的十年内即晋升为班组长和车间主任。而且他们晋升为技术总监的平均职业年龄在 40 ~50 岁之间，也就是说，这批企业专家平均在取得独立工作职位之后的 3 ~5 年内再次获得晋升，这样的速度远超过工作组织中的其他普通员工。

企业专家与普通员工之所以在职业生涯成功方面表现不同，其重要原因是两者职业能力水平的差异。企业专家从学徒到成熟员工的过程中，他们通过反复的技能训练能够对各种技术难题的预见性创建精密的心智表征。在访谈过程中，研究者了解到，无论从事何种职业的企业专家都会反复强调他们在解决一项技术难题之前对整体工作任务的思考和分析。比如，汽车维修专家在进行车辆维修之前，会根据汽车状况对车辆可能出现的故障情况进行预判。这样的表征使他能够更快更准确地完成工作任务。学徒经过年复一年的技能训练和练习，创建了高度专业化的心智表征和技术熟练度，这帮助学徒快速识别工作现场中的技术规律和难题。学徒从低阶的技能操作向更高阶的判断能力转化的过程中获得了职业能力，实现了职业生涯成功的突破。

（二）职业知识与实践技能对职业收入的影响

在技术类职业中，职业晋升和职业声望主要通过企业专家获得的技术水平和荣誉头衔的数量来衡量。对于一个精通手工艺的技术大师来说，如果他能够正确地兼顾生产产品的美观和实用，利用手头上的工具和材料灵活自如地完成某项任务，那么他在工作过程中表现出来的这项职业能力可以称为“一技之长”，这能够帮助个人维持职业收入和职业声誉。例如一位企业专家占师傅回忆自己刚开始职业生涯的窘境时说，“在厂里的学习都是学徒制，有的老师傅很保守，想要学到核心的技法很困难，那时师傅也要按部就班地工作，完成每天的工作任务指标。但是在计划经济时期，唯一能够影响我们的就是‘计时加奖’政策，这种政策是指自己在完成工作指标之外可以加班，多做出来的部分会有奖金，那么我就利用帮师傅加班，帮他拿奖金的时机学到一部分的知识，这样慢慢进入师傅的创作阵地，学会必要的技法”。学徒在学到初步的知识后，职业发展的道路就会顺利一些，“那时师傅也有一个优点，就是他们虽然开始的时候防着你，但是一旦你的努力和悟性得到了师傅的青睐和欣赏，师傅认可了你，那么他们就会非常认真地、毫无保留地、全心全意地指导你”（I2K10）。后来占师傅由于技术比较过硬，被调入景德镇艺术瓷器厂，并在厂中负责技术较为复杂和难度较高的重要瓷器烧制的重工组。在此期间，他还不断地充实陶艺理论知识，参加成人自考进入陶瓷职工大学进行理论学习，经过理论学习和工厂实践操作之间的反复循环和积累。差不多六年之后，占师傅“出师”了，从学徒转变为独立的工作者。

（三）职业知识与职业态度对职业声望的影响

在技术职业中，职业声望主要通过技术人员获得的职业晋升岗位和职业荣誉头衔的数量来度量，个人的知识和技能水平能够决定职业岗位等级。由于学徒学习具有人力资本专门性的特点，这使得企业和工人之间形成了双边垄断和相互依赖的关系。“我后来能够在工作中独立解决一些技术难题，工厂的老师傅看我的眼光就会发生变化，以前他们看我们这些学徒就是，‘你们就是学徒工’。但是等我做了一些连老师傅都解决不了的技术难题后，我感觉一下子就和老工人平起平坐了，在这之后的职业生涯发展就相对好一些”。工人职业晋升的主要依据是获得专业知识和技能的数量。这类人力资本包括只适用于本企业的技术技能、工作伙伴之间协作诀窍、与企业一致的文化与价值观以及本企业与行业内部的社会网络关系等[①]。因此，这些企业专用知识和技能的获得者能够得到职业生涯成功的回报，换句话说，这就是个人在企业内获得职业晋升的主要依据。在企业中，对于从事技术行业的工人而言，他们的默会知识和技能是其从原有知识技能和企业环境出发，提出生产技术和管理创新建议的灵感，也是个人职业核心竞争力中最难被学习和模仿的部分。

从表 4 -7 中可以看出，技术工人职业晋升的主要依据是职业知识和实践操作的熟练程度。学徒制作为工作组织内部的技能形成方式和手段，主要通过工人师傅的传、帮、带等方式实现技能传承[②]。因此，学徒如果能够掌握生产技能优势（“绝活”），这既是他们与企业讨价还价的筹码，也是其职业晋升、职业地位获得和确立的保证。当学徒掌握一定的职业技术要领并完成突破性的阶段任务后，他们可能会出现职业晋升和职业收入提高的机会，这时学徒开始获得自我效能感，逐渐形成职业身份认同。学徒在职业晋升过程中逐渐走向金字塔尖，他们在组织中的职业晋升范围开始缩小。在职业生涯发展早期，个人职业晋升机会主要取决于工作相关技能和知识提升，随着个人职业知识和职业技能趋向稳定和成熟后，学徒开始与师傅、同事之间展开竞争，并开始关注工作组织内的政治文化等内部信息。在职业生涯发展中期，个人从平时的技能练习和师傅的个人经验中获得职业技术的诀窍方法，并开始内化到个人已有的知识体系中，逐渐形成具有独创性的问题解决方法。

---

① 祝士明、郭妍妍：《现代学徒制背景下的人才培养优势与途径》，载《中国高校科技》2016 年第 10 期。

② 张启富：《高职院校试行现代学徒制：困境与实践策略》，载《教育发展研究》2015 年第 3 期。

表4－7　企业专家的技术技能等级与资格要求

技能等级	资格要求
高级技工	具有技师职务或一技之长的技术能手
技师	具有高级技师职务或一技之长的技术能手或市级技术能手或能够指导技师、高级技工，并协助其将一技之长整理成论文或专著的工程师或高级工程师
高级技师	具有高级技师职务的省部级“大奖”获得者，能够指导技师、高级技师实践，并协助其将一技之长整理成论文或专著的工程师或高级工程师

三、学徒经历对个人职业能力形成的影响因素

学徒经历对个人职业能力形成的三个主要影响因素是师傅的指导意愿、指导资质水平和指导方式。师傅通过个人的资质和经验水平对学徒提供职业生涯方面的指导、社会心理支持和角色榜样示范，进而提高个人的职业生涯成功。

（一）师傅指导意愿对个人职业能力形成的影响

在学徒经历中，师徒关系主要分为正式和非正式的学徒指导形式，根据指导关系是组织硬性指排的还是双方意愿划分的。工作硬性指排的指导关系一般属于指导双方工作内容的一部分，通常可以称为正式师徒关系（formal mentoring）；除此之外，如果指导双方因为兴趣、个性特征和互动频率等自愿结成的师徒关系称为非正式师徒关系（informal mentoring）。相对来说，这种通过师徒双方互选或由于某些机缘结成的师徒关系，即师傅为学徒提供的相应帮助是在不接受任何报酬和组织命令的前提下进行的，他们之间情感维系的程度更高，彼此之间的关系更为亲密，而组织安排的师徒关系更像是一种同事关系或上下级领导和员工的关系。有研究表明，师傅指导意愿强烈，学徒将会获得更多的职业方面的指导，更容易取得职业生涯成功。瑞金斯发现，师傅指导意愿越强，学徒对师徒关系的满意程度越高，并且在师徒关系结束后，师徒双方还将会继续维持友谊关系。在职业生涯发展早期，如果师傅指导意愿较强，那么它对学徒了解程度较高，师傅能够明确学徒的职业期望。相比之下，正式师徒关系更多是迫于工作组织的压力而形成的师徒关系，师傅很少因为学徒指导而牺牲自己的工作时间和精力，因此指导意愿比较低。

（二）师傅指导资质对个人职业能力形成的影响

在学徒经历中，师傅指导资质可以主要分为师傅的技术技能水平、行业资源

和行业口碑等。

1. 师傅的技术技能水平

师傅技术技能水平即师傅对职业相关的方法、流程、程序或者技巧的理解程度和熟练程度，例如职业知识水平、职业分析能力以及对工具和规章政策的熟练应用。维塔宁（2014）等研究表明，经验较为丰富的师傅对学徒职业能力的获得具有重要影响。如果师傅缺乏一定的专业知识和技能水平，那么学徒在工作过程中的学习大多是靠自发和独立完成的，技能学习具有非系统性和偶然性的特点[①]。师傅作为学徒的教师、榜样、朋友和协助者，能够促进学徒职业能力的发展，加快职业生涯成功的进程。例如“因为我刚进入现场工作时，都是跟在师傅旁边学习，所以我逐渐形成站在师傅的角度去思考，那我就学得更加多了。”（J2K1）有经验的师傅能为学徒创设学习环境、督促和提醒学徒在职业生涯发展的关键时期把握可能涉及的工作机会。类似于维果茨基“最近发展区”的概念，师傅帮助学徒搭建技能发展的“最近发展区”，将学徒已有能力水平和职业目标所需的职业能力水平之间建立联系，推动学徒成为独立思考的工作者。认知情境学习理论认为，在真实的工作环境中，学徒可以通过观察和模仿企业专家行为，逐渐掌握和理解职业技能和知识，提高自己的职业能力。师傅是学徒获取职业知识和技能的重要元素，因为他们能够利用已有职业经验为学徒提供专业知识、如何执行工作任务的指导以及学会处理职业和家庭之间的平衡关系。

2. 师傅的行业资源和行业口碑

师傅的行业资源是指个人具有的以行业企业为核心的各种物质资源和人力资源。职业口碑是指在行业中，其他人对某个人或事件的看法、态度和期望等方面。在工作组织中，已获得职业生涯成功的师傅在带徒方面更具有行业资源和口碑，师傅能够与学徒更好地分享自己的工作经验和专业知识，促进学徒的职业发展。例如，相对于普通员工来说，那些成为技术专家和管理层的师傅对学徒职业生涯发展规划更为清晰和具体。对于想要取得职业生涯成功的学徒，师傅职业生涯成功的光环对他们未来的职业生涯发展更具有榜样示范作用，同时，师傅利用资深的行业资源和权限为学徒提供多种向上发展的任务和职位加速学徒职业目标的达成，为学徒提供促进职业生涯成功的机会，并获取预备晋升职位所需的技能和经验。师傅可以从领导力发展的角度为学徒提供职业策略，通过个人成长故事，师傅为学徒提供了案例研究以供其讨论和反思。师傅作为学徒的榜样，能够

① Virtanen A., Tynjälä P., Eteläpelto A. Factors Promoting Vocational Students' Learning at Work: Study on Student Experiences [J]. *Journal of Education and Work*, 2014, 27 (1): 43-70.

帮助学徒“少走弯路”，帮助学徒快速适应职业生涯。此外，具有行业资源和口碑的师傅传授给学徒的不仅是操作技能和职业知识，更多的是职业相关的人际交往能力、问题解决能力和团队合作等。学徒认为具有行业资源的师傅更为具有独特的技术和人格魅力，他们愿意和师傅学习技能并且期望获得像师傅一样的职业生涯成功，甚至超越师傅。

（三）师傅指导方式对个人职业能力形成的影响

1. 角色榜样的指导方式

角色榜样的指导方式是指师傅利用个人的自我进修、热爱职业岗位而取得职业成功的行为影响学徒，促进更多学徒关注相似的职业生涯发展，追求形成职业生涯成功的方式。例如学徒通过观察师傅行动中的积极职业行为而受益，这是一种观察学习形式，学习行为的获得是通过个人与权威人物处于密切或有价值关系中逐渐获得的，角色榜样行为可以归纳为模仿榜样、识别角色和引入角色的过程。比利特认为学徒通过观察同事和师傅学习职业相关的技术操作。学徒通过观察真实的日常工作实践和进行重复的技能实践，逐渐融入真实工作的实施和评估过程。

此外，学徒工作过程中的很多工艺知识需要通过观察和与他人的互动来学习，通常体现为师傅和学徒之间非语言形式的交流。例如，很多情况下，师傅对学徒的影响可能在双方无意识的情况下发生，师傅并没有意识到自己正在成为学徒的榜样和示范，学徒也没有强烈地意识到自己对师傅产生的职业认同感。在此过程中，师徒之间的互动围绕工作任务、共同关注的工作组织信息以及未来的职业生涯发展等，学徒将在潜移默化的学习中获得师傅与职业相关的方法、态度和价值观的影响。马库斯和努里斯（1986）提到了“可能的自我”，即个人对于他们可能成为什么、他们想成为什么以及他们害怕变成什么的想法。[①] 这种可能性通常在学徒进行观察和比较他们崇拜的榜样人物时出现，可以为当前的职业决定和职业行为提供参考信息。

2. 示范启发的指导方式

示范启发的指导方式与榜样示范类似，但榜样示范更多的是强调师傅本人对学徒产生的榜样作用。示范启发式强调以师傅的规范化示范指导学徒掌握某一技能的启发方式。无论师傅采取何种启发方式，都是通过向学徒展示自己的职业规范化操作解决问题的过程、引导学徒学会分析工作问题、掌握实践技能和解决问题。示范启发式的本质是师傅向学徒展示职业相关的实践技能、职业态度或职业

① Markus H., Nurius P. Possible Selves [J]. *American Psychologist*, 1986, 41 (9): 954.

伦理等的规范化的过程。认知学习理论认为，师傅通过向学徒提供建模、辅导、脚手架、清晰度、反思等策略，帮助学徒胜任工作任务。

在学徒指导过程中，学徒通过观察师傅的行为结果进行学习，这种替代性强化有助于加速学习过程，因为个人不必在不断的试验和错误中浪费大量的时间。学徒从师傅的解释、与师傅的互动学习、不断的提问和反复试验、与师傅的合作中获得鼓励并学习知识和技能。例如，学徒通过观察师傅和同事行为的积极或消极结果加速其职业生涯发展进程。学徒观察模仿师傅和同事的行为和认知方式、做出职业判断，学徒最终将行业独特的操作、思维与感知的方式转化到个人职业能力中。例如，学徒举例说明师傅是如何进行技能操作指导的，“师傅会教你，你的手势不对，他纠正好了，你做的东西马上就对了。打一个泥片，如果你打得不均匀，师傅就会教你从哪个位置开始用力、敲几下，这就完全需要师傅的指导。如果只是靠自己悟可能就是事倍功半。师傅指导就是事半功倍，是吧？这个就是师傅的作用！”（W1M10）。学徒表示师傅经常会告诉他如何做事情。如果我操作过程中遇到问题了，他会给我提示或者他会再次示范给我看。师傅向学徒展示产品制作过程、解释技能操作要点和任务挑战，并赞同和肯定学徒。

3. 亲验练习的指导方式

亲验指导方式包括结构性练习、角色扮演与自我测试等活动。亲验练习指导方式的教学效果比课堂讲授要好，学徒在技能练习中的亲身体验是在活动中观察总结出来的，比接受课堂学习印象更为深刻。例如，学徒通过反复的试错与技能练习获得熟练的技术，并且在成功完成任务的过程中获得职业自信。在访谈过程中，企业专家回忆自己做学徒时，师傅是如何进行技能指导和示范的，“师傅是给你做一个形，而且好多师傅理论表达不清的话，他也只能做（示范），师傅他做得就好看，但是他也说不出自己为什么做得好看，这真的是‘可意会不可言传’。这时，师傅就会说，‘那你做，我做一个给你看，这次不行，下面再做，下一次再做一个给你看’，就这样一点点‘扣’过来，慢慢改过来．改毛病很难，真的很难，我改了好多年”（P2G10）。工作场所中的结构性练习与学校教育课堂教学的区别，正如实用主义与理性主义之间对原则和事实、对先验和行动之间的对立。学徒在工作场所中的学习是一种实用主义思想指导下的、趋向于具体和恰当，并依靠事实、行动和力量的技能学习方法。

4. 挑战性任务的指导方式

挑战性任务指导方式是指学徒经常被师傅安排一些超出其能力和水平范围以外的任务和挑战。如果学徒能够胜任这些任务和挑战，那么他们能够实现职业生涯发展的跨越式进步，并且有利于学徒在工作组织中的自我曝光水平，加速个人的职业晋升。挑战性任务表现为学徒独立解决生产技术难题、学徒与其他师傅合作完成此前未从事的工作任务以及学徒同时处理多个工作岗位任务。例如，师傅会为学徒设计一些超出其当前职业能力水平的任务，甚至与他们合作完成具有挑战性的任务。学徒在进行工作任务的过程中能够获得师傅直接的技能反馈，即使学徒实现职业晋升和职业生涯成功后，他们还会清晰地回忆学徒经历中挑战性工作任务是如何逐渐促进其职业能力提高的，“我们酒店经常会做一些海报，师傅就经常叫我去做。但是我当时就想，我觉得我又不是美工，（师傅）干吗成天让我做这些东西，而且海报上的语言还要比较幽默和诙谐的话，所以我每天要重新做好几张。我当时觉得很麻烦，也不理解师傅的意思，但是后来发现其实酒店的海报张贴确实对企业文化产生一定的影响，而且师傅是站在他的高度上来看这个问题。因为我经常做酒店海报，我的语言能力、表达能力、制作海报的能力都有提升，所以我现在再看下面员工做的海报我就很懂，我对他们挑得很厉害，因为我自己具有这方面的能力和经历，他们不能糊弄我，这对我印象还是很深刻的”（F2K10）。

在此过程中，师傅对学徒挑战性任务的安排和设计非常重要，首先，师傅的鼓励和结果反馈使得学徒能够接受超出目前能力范围的工作任务，如果没有师傅的反馈和支持，学徒将会对复杂困惑的工作任务感到手足无措，甚至还会因为安排超出自己能力范围的任务感到气愤。例如，“我做学徒的时候，师傅比较‘照顾’我啦，总是让我去做船上最难的活儿，其实当时我还是有点想法的，这个位子这么难烧的，师傅怎么老是让我烧啊，为什么老是让我烧。但是，其实后来想想，怎么说呢，师傅其实在锻炼我啊。因为你不烧的话，你的这个技艺怎么进步呢，那么我就是这样锻炼了一段时间，刚好厂里在选拔出去比赛的后备力量。我就是非常荣幸，在师傅的推荐下，我参加了厂里的选拔赛，当时这个比赛还有别的部门的，还有厂里的老师傅，结果我作为后备力量被选拔出来，代表我们厂去参加比赛”（K2D10）。其次，挑战性的职业任务不仅为学徒提供重要的学习机会，而且能够减轻师傅的工作任务负荷，因此，师傅在不断地传授给学徒复杂职业任务的过程中，也同样获得了学徒的技术支持，师傅可以将精力分配到其他工作事务中。

师傅指派学徒尝试挑战性的工作任务，通常发生在师傅和学徒之间开展了一定程度的开放性对话之后。此时，师傅和学徒彼此都比较了解，师傅能够从学徒的实际能力出发，为其制定和设计适合学徒职业能力发展的工作任务，同时，学徒也对师傅具备一定的信任和尊重，他们愿意接受师傅对自己未来职业规划，并且对完成挑战性的任务充满信心。例如，一位学徒谈到，“师傅对你真的是够了解，他可以帮你去制定和指派一些有难度有挑战性的工作”，师傅在对学徒接触一段时间后，对学徒的能力会比较了解，比如学徒的个性特征和职业能力水平，

“如果学徒能力强的，师傅对他期望值高。师傅给他指派的任务可能就有挑战性。如果他是一个比较慢的、效率慢的，那可能要做最基本的工作。但是在这之前，师傅会跟学徒谈一次，学徒也了解师傅的想法，学徒是否接受呢？是否愿意为提高职业能力做出改变？我觉得这样比较公平”（L1Q10）。

第四节　本章小结

本章通过对具有学徒经历的企业专家的访谈资料的分析，着重探讨了学徒经历对职业能力形成的影响。对于从事技术相关行业的企业专家而言，职业能力是确保其获得职业生涯晋升的关键因素，它贯穿于企业专家职业生涯发展整个过程中。根据扎根理论编码结果发现，职业能力形成是个人在学徒经历中获得的重要内容，职业能力是个体从职业实践中总结出来的生产实践、劳动技能和操作技艺。本章编码出学徒经历中职业能力的形成具体表现为职业知识、实践技能和职业态度等方面，并通过多个企业专家的访谈资料做出举例说明和理论层面的解释，提出职业能力对个人职业生涯成功的影响。学徒经历中的职业能力形成的分析为后续探索学徒经历中师徒关系的建立打下基础。下一章将继续分析学徒经历中的社会关系及其对个人职业生涯成功的影响。

第五章

学徒经历对社会关系形成的影响

美国学者梅舍（1980）等指出社会角色之间总是以与其产生交互作用的另一种社会角色作为前提条件，比如，没有学徒这一角色，师傅的教育角色就失去了意义[①]。学徒经历中的社会关系可以说是学徒制中重要的研究领域。本章的研究重点是学徒经历中的社会关系对个人职业生涯成功的影响。因此，学徒经历中的社会关系不仅仅是狭义的师徒关系，而是指在工作场所中对学徒的社会化过程起到重要影响的人物，包括学徒与师傅之间的关系、学徒与学徒之间的关系、学徒和同事领导之间的关系等。学徒在与师傅的不断接触中，从师傅的身上找到自己未来职业生涯发展的标杆和榜样，并开始接受师傅职业价值观、职业态度以及职业知觉特征等方面的影响。

与个人学习相比，学徒在与师傅和同事互动中产生了社会关系变化，尤其是学徒的社会资源和社会资本发展。学徒的社会资源和社会资产发展的变化结果，主要取决于师傅是否帮助学徒发展社会网络关系，例如，师傅带学徒参加商业活动或将学徒引荐给业内同事等，这种引荐将会扩大学徒的社会网络关系。那么学徒经历中社会关系的内涵是什么？学徒经历中的社会关系是怎样形成的？社会关系对个人职业生涯成功产生哪些作用？本章将聚焦学徒经历中的社会关系及其对个人职业生涯成功的影响研究。

---

① Mercer B. E. , Covey H. C. *Theoretical Frameworks in the Sociology of Education* [M]. Schenkman, Publishing Company, 1980.

第一节　学徒经历中社会关系形成的背景

一、现代工作生产组织中社会关系的重要性

随着生产方式的改组，生产过程中对从业者的要求提高，更为需要的是复合型人才，比如，车间的电焊工人，原来只要熟悉一种材料的性质并进行电焊就可以胜任工作任务，但是现在工人要到不同的生产位置上去焊接，那么工人就要对多种材料熟悉，掌握不同材料的性质和构成。因此，个人不太容易完成工作过程中的全部工作，而是更加强调团队之间的配合。个人仅凭一己之力去解决生产难题的现象，虽然不能说绝迹，但是已经很少出现了，“因为我们的职业性质是群体作业，一个分段下来，一个接头下来，你是一群人做一个活，然后一群人做一个活，最终的结果不是看技术最好的人做得怎么样，它最后验收的是不好的地方，所以我们相互之间要讲究团队协作”。（I2K10）

企业生产从“单干”走向“协作”始于生产模式和工作组织形式的变化。从工业生产的特点出发，目前正处在“工业4.0”和人工智能化的浪潮。相对于过去机械生产而言，目前企业生产强调精细化和智能化，现代生产中比较优秀的工人是复合型人才，而不是在某个单一方面突出的人才①。一位企业专家表示，“像我们厂在买设备时对接的德企工程师，他虽然也是一个工人，但是他不仅会烧电焊，而且也会熟练地进行设备维修”（J2F20）。因此，对于船舶制造行业，工人在车间“取证”（辨别电焊材料）时要分得很详细，原来工人只需要熟悉一种电焊材料就能够胜任他的工作要求，但是现在已经不适用了。因为工人要能够在船舶上的不同位置进行电焊工作，那就需要他对船舶上的所有材料熟悉，这样才能够适应岗位要求。相对于过去，一位优秀的工人可以凭借自己的技术“绝活”持久地对一条生产线产生影响，在现代生产中更需要的是团队作战。基于此，本研究认为学徒能够处理好工作过程中的人际关系，与同事之间的合作也会促进个人的职业生涯发展。

人力资本理论认为，职业教育通过提供工作场所所需的技能，可以增加员工

① 潘海生、杨尚云：《新经济新技术背景下的职业教育战略选择：基于比较的视角》，载《高等工程教育研究》2018年第6期。

的人力资本，从而提高他们的收入和就业率[①]。而社会网络理论认为，如果学徒制能够让青年人尽早加入工作组织中，那么工作组织中的社会网络资源将会为学徒职业生涯发展产生积极的作用。卡勒（2011）研究表明组织中的学徒指导将会促进员工提高绩效、传递知识、提高工作满意度和员工留任率，以及产生更高的生产效率[②]。同时，学徒指导不仅对学徒的职业生涯成功产生积极影响，对师傅也会产生积极影响，例如师傅在指导学徒的过程中能够增加师傅的工作满意度，并获得职业尊重与成就感，师傅在教会学徒技能的过程中，也会对其掌握的技能产生新的认识与新的学习，促进师傅产生创新思维。如超（1992）通过实证研究证明学徒指导能够对学徒的工作晋升、工作流动、高收入与职业满意度等产生影响[③]。

贝克尔（1975）的研究表明，学徒指导中师傅通过安排特定任务、指导工作知识、提供信息和资源来促进学徒更好地完成任务，从而提高学徒在工作组织中的表现力，实现高水平的工作绩效，进而影响学徒职位晋升和财务回报，这是常用的职业晋升指标[④]。这一观点遵循人力资本经济学家的传统思想，也就是说发展关系中的组织和个人投资在组织生产力方面得到回报，并且个人收到与其增值相一致的奖励。德雷福斯（1992）认为学徒在师傅的指导下，能够获得个人知识、专业术语以及师傅的经验知识，这帮助学徒明确其职业身份以及不断增进与师傅之间的互动与熟悉，学徒学习师傅成熟的专业技巧、工作原则以及专业实践，这有助于塑造其职业身份形成并且尝试不断探索创新[⑤]。阿克斯曼（2013）认为个人在师徒指导的过程中获得了全新的职业生涯发展方向。作为学徒不仅可以在学习技能的同时获得劳动报酬，并且还打通了行业的人际关系[⑥]。2015 年，欧盟委员会发布的学徒制报告指出大部分青年人在参与学徒制学习的过程中可以获得更多的就业机会，这些机会促进学徒多样化的职业生涯发展契机。相比于学校职业教育，学徒制能够培养个人在真实工作场所中独立处理工作任务的能力，更好地促进个人的职业能力水平，激发学徒的职业潜能[⑦]。

---

① Becker G. S. *Investment in Human Capital: Effects on Earnings* [M]. Human Capital: A Theoretical and Empirical Analysis, with Special Reference to Education, Second Edition. NBER, 1975: 13 -44.

② Kahle - Piasecki L. Making a Mentoring Relationship Work: What is Required for Organizational Success [J]. *Journal of Applied Business and Economics*, 2011, 12 (1): 46 -56.

③ Chao G. T., Walz P., Gardner P. D. Formal and Informal Mentorships: A Comparison on Mentoring Functions and Contrast with Nonmentored Counterparts [J]. *Personnel Psychology*, 1992, 45 (3): 619 -636.

④ Becker G. S. *Human Capital* [M]. New York: Columbia University Press, 1964.

⑤ Dreyfus H. *On the Internet: Thinking in Action. Routledge* [M]. Routledge Press, 2001.

⑥ Axmann M., Hofmann C. Overcoming the Workinexperience Gap Through Quality Apprenticeships-the ILO's Contribution [J]. ILO, http://www.ilo.org/beirut/media-centre/fs/WCMS_214722/lang-en/index.htm, 2013.

⑦ 欧盟委员会发布，孙玉直译：《欧洲现代学徒制》，中国劳动社会保障出版社 2016 年版，第 5 ~6 页。

二、复杂精细的技术绝活中师傅的重要角色

早在20世纪70年代，师徒关系被认为是一种正式的工作组织关系，并伴随着老员工对新员工的学徒指导拉开研究序幕。列文森（1991）等认为师傅扮演着学徒的“同伴和父母”角色[①]，学徒指导成为企业重要的员工发展工具。洛维兹（2002）发现，学徒的职业身份是通过工作任务的完成和经验交互的频率形成的社会关系。此外，师傅的角色在学徒经历中至关重要，师傅既是学徒职业上的引领者，同时也是学徒的工作伙伴和同事，师傅作为学徒的榜样，成为学徒社会化过程的主要代理人，表现为师傅成为学徒建立工作绩效标准和行为规范的指导者[②]。学徒在其职业发展过程中不断调整自己的行为，与师傅共同协商完成职业目标的障碍。

学界普遍认为师徒关系是工作场所中最强烈和最有力的一对一发展关系，涉及身份认同和情感参与。哈伯德（1998）将学徒学习定义为“发展性的、关注、分享与帮助关系，即一个人投入时间、诀窍知识以及努力旨在促进另一个人在知识与技能方面的成长”[③]。罗森鲍姆（1990）对新教师参与学徒学习的效果进行研究，在研究中他将师傅在学徒学习中的作用与角色进行划分，在学徒学习中，师傅对学徒的作用有：（1）支持者；（2）规划与执行者；（3）信息提供者；（4）业内资源提供者；（5）示范者；（6）评估者，并对不同角色中师傅发挥的作用进行了说明。社会再生产理论认为，职业教育培训能够“冷却”工薪阶层的年轻人并将他们社会化为从属经济角色，这可以帮助年轻人避免失业，因为雇主更愿意招聘那些已经社会化的年轻人，而不是还未踏入社会的毕业生[④]。

师徒关系在学徒经历中起到重要的作用，同时也是学徒职业生涯发展过程中的重要机制。在高等教育中，导师对研究生的指导类似职业教育中的学徒指导，纳特和米勒（2006）对9 000名博士研究生进行调查，研究中将“导师”定义为“学生寻求建议、评论论文或获得一般支持和鼓励的教师”，结果发现研究生指导

---

① Levinson W., Kaufman K., Clark B., et al. Mentors and Role Models for Women in Academic Medicine [J]. *Western Journal of Medicine*, 1991, 154 (4): 423.

② Lovitts B. E. *Leaving the Ivory Tower: The Causes and Consequences of Departure from Doctoral Study* [M]. Rowman & Littlefield Publishers, 2002.

③ Hubbard S. S., Robinson J. P. Mentoring: A Catalyst for Advancement in Administration [J]. *Journal of Career Development*, 1998, 24 (4): 289-299.

④ Rosenbaum J. E., Kariya T., Settersten R., et al. Market and Network Theories of the Transition from High School to Work: Their Application to Industrialized Societies [J]. *Annual Review of Sociology*, 1990, 16 (1): 263-299.

是博士生与教师之间积极学术互动的关键方面，学生获得支持性指导与实现博士后成就和职业生涯成功相关①。学徒经历对个人职业生涯发展而言，师傅的“教”只是一部分，但是师傅对学徒产生“学”的影响伴随着学徒职业生涯的终身。个人在学徒经历中能够学习来自企业师傅的个人知识、典型工作用语以及一些难以表达的默会知识。尤其是那些在业内具有较高职业地位和职业声望的师傅。借助师傅的行业资源和职业声望的影响，学徒在该领域的职业声誉和职业知名度也会提高。

维克斯塔夫（2007）在对学徒经历研究过程中发现，学徒指导对于学徒学会如何与其他人相处，特别是学会与工作中的同伴相处发挥重要作用②。斯拉维奇与卡斯泰鲁奇（2016）提出在餐饮行业中，学徒指导对于厨师职业生涯发展而言是比较普遍的，这也是学徒认识知名厨师的机会与方式之一。学徒经历是厨师获取重要工作经验与人际关系的最好机会③。韩翼（2016）等通过定量研究方法对师徒关系功能的结构模型进行研究，并进一步分析影响师徒关系的文化因素、组织因素、关系因素和个人因素等，研究表明师徒关系对组织效益与个人效益如组织承诺、晋升、薪酬、敬业度与工作绩效等产生影响④。

以血缘为纽带的家族技能传授是手工业等民间技艺传承的主要模式，技能绝活是个人谋生的主要手段，这类师徒关系带有一定的神秘性与经验性、个人知识的色彩较浓。如果学徒能够获得师傅的个人知识，他们就能够在行业内成为像师傅一样的技能大师。在行会制度下，只有具备学徒经历的人才有经商营工的资格，即便是本业子弟也难以子承父业⑤。有研究者指出学徒制中学徒依靠子承父业式的家庭传授，实现职业技能的社会化。在个人职业生涯发展过程中，逐步掌握社会所需的技能要求，为个人进入社会从事劳动打好基础。

新中国成立以前，学徒制中的师傅和徒弟主要是子承父业或是经亲戚朋友等熟人介绍，师徒之间在生活上是一种依附关系，师傅往往掌握着行业的独门秘籍或技艺诀窍。师徒的知识与技能传授具有保密性，甚至有些知识与经验是无法通过语言进行传授的，需要学徒具有一定的悟性，自己不断地摸索与感悟。学徒除

---

① Nettles M. T. , Millett C. M. , Millett C. M. *Three Magic Letters*: *Getting to Ph. D* [M]. JHU Press, 2006.

② Vickerstaff S. I was Just the Boy Around the Place: What Made Apprenticeships Successful? [J]. *Journal of Vocational Education and Training*, 2007, 59 (3): 331 - 347.

③ Slavich B. , Castellucci F. Wishing upon a Star: How Apprentice-master Similarity, Status and Career Stage Affect Critics' Evaluations of Former Apprentices in the Haute Cuisine Industry [J]. *Organization Studies*, 2016, 37 (6): 823 - 843.

④ 韩翼：《师徒关系结构维度、决定机制及多层次效应机制研究》，武汉大学出版社 2016 年版，第 13 ~ 14 页。

⑤ 彭南生：《行会制度的近代命运》，人民出版社 2003 年版，第 196 页。

了要严格依照师傅给定的任务进行专业训练以外，学徒在为人处世方面也会受到师傅的影响，特别是师徒之间存在一定的等级关系。在新中国成立之后，中央政府治理了传统学徒制中的一些陋习，学徒在生活待遇与政治地位都得到明显的提高和改善，学徒在生活上逐渐独立。在某些行业，师傅不再独自把占本行业的知识与技能，而是越来越向公开化和开放化转变，师傅与徒弟同为工人阶级身份是平等的。

在学徒指导的过程中，师傅与学徒是师徒关系中的主体。计划经济时期，学徒制在国企工厂中普遍盛行，新入职的工人进入车间后，都会由生产车间指定一名具有技术经验的工人师傅进行指导，一般学徒期在 1 ~ 2 年，学徒期满后由企业统一进行相关技能的考核，确定学徒出徒的技能等级，未通过者继续进行学徒学习。学徒学习期满并不意味着师徒关系的完全结束，学徒在独立工作期间，如果出现技能难题和其他困惑，他们还会向师傅进行沟通和求助。单位制下国营单位最普通的职工关系就是师徒关系，师徒关系不仅具有权力的特征，而且还具有道德约束的特点，因地缘、亲缘与师徒关系形成的“圈子”，构成了单位中的社会纽带①。

在现代产业的背景下，职业教育人才培养模式也需要深度的企业师徒关系基础，以促进学徒技术实践能力的学习。因为现代工业与服务业中的技术技能人才知识与能力的结构中，经验知识仍然占据着很大的比重。例如，德国“双元制”的参与对象通常是高中毕业生，“双元制”能够帮助个体从学校到工作的过渡。在“双元制”项目中，高中毕业生在成人师傅的指导下进行工作相关领域的技能学习，如工作岗位的技能训练和工作本位学习。很多研究发现，相比在职业学校的全日制学习，这些学徒能够很好地将学校学习的专业知识应用到工作场所中，面对不确定的工作任务充满自信，并且能够在与师傅的合作和指导下进行长时间的工作②。此外，学徒表示工作中的师徒关系能够帮助其获取工作经验和在岗技能培训的机会，更重要的是，这能够使他们明确未来的职业生涯路径。师傅通过角色模仿、指导以及脚手架等教学策略帮助学徒进行技能和知识的学习和积累。

---

① 傅春晖、渠敬东：《单位制与师徒制——总体体制下企业组织的微观治理机制》，载《社会发展研究》2015 年第 2 期。

② Evanciew C. E. P. , Rojewski J. W. Skill and Knowledge Acquisition in the Workplace: A Case Study of Mentor - Apprentice Relationships in Youth Apprenticeship Programs [J]. *Journal of Industrial Teacher Education*, 1999, 36 (2): 24 - 54.

第二节　学徒经历中个人社会关系的形成

一、师徒关系的内涵与特征

师徒关系是指个人在学徒经历中，学徒与师傅之间形成的一对一或一对多的人际互动关系。克拉姆（1983）对企业管理人员进行深度访谈，提出了师徒关系的二维模型，即师徒指导中的职业发展指导和社会心理指导[①]。本研究将在克拉姆师徒关系内容维度划分的基础上，结合扎根理论访谈资料对学徒经历中师徒关系的内容维度进行说明。

（一）师徒关系的基本内涵

1. 管理学对"师徒关系"的界定

管理学中对"师徒关系"的界定主要强调学徒在师傅的指导下学习专业知识与技能的经历。传统上，学徒指导被定义为紧密的二元关系，即一位资深的、经验丰富的人士作为导师或师傅，提供支持并帮助一个更年轻、经验较少的同事（称为门徒或学徒）。在工作场所中，这类指导虽然本着互惠互利的前提，但工作场所的指导通常侧重于加强学徒在企业中的技能操作水平，进而提高企业的生产效率。关晶（2014）等认为在德国"双元制"中，学徒身份较为特殊，区别于学校教育中的学生与就业中的雇员，年轻人既是初级工人，同时也处于技能工人的预备阶段[②]。虽然学徒没有正式工资，但是具备一定的培训津贴，他们在指导教师与企业师傅的监管与指导下进行技能学习与训练[③]。

师徒关系通常伴随个人整个学徒经历，甚至延续到个人的整个职业生涯发展过程中。列文森（1978）等认为师徒关系既可以是发生在工作组织中的正式关系，也可以作为朋友或亲属之间的非正式关系[④]。师徒关系可以帮助学徒快速获得职业生涯发展并建立职业身份，它有助于学徒适应成人工作世界。克拉姆（1985）首先对

① Kram K. E. Phases of the Mentor Relationship [J]. *Academy of Management Journal*, 1983, 26 (4): 608 - 625.

② 关晶:《现代学徒制之"现代性"辨析》，载《教育研究》2014 年第 10 期。

③ Walter R. Heinz. *From Education to Work: Cross National Perspectives* [M]. Cambridge University Press, 1999.

④ Levinson D. J. *The Seasons of a Man's Life* [M]. Random House Digital, Inc. , 1978.

师徒关系进行界定，她认为师徒关系是一种上级对下级或具有经验的同事与新入职者之间的人际关系。师傅为学徒提供一定的职业生涯指导，例如赞助支持、指导、提高学徒在行业的口碑以及为学徒提供挑战性工作和组织保护，师徒关系能够帮助学徒在组织中迅速建立工作角色、掌握行业关键技能，并为职业晋升做准备。

2. 社会学中对“师徒关系”的界定

师徒关系在社会学中的研究强调学徒制在劳动者阶层地位的获得和社会融入方面的作用，关注师徒之间的社会关系以及主体的社会身份转变，即师徒关系是如何构建的、构建的是什么样的师徒关系？学界普遍认为师徒关系是工作场所中最强烈和最有力的一对一发展关系，涉及身份认同和情感参与。赵鹏飞和陈秀虎（2013）认为学徒是一种职业身份，同时也是一种社会身份的表征。学徒群体阶层是一种职业阶层，还是特定的社会阶层，即强调个人作为学徒的职业身份在社会背景中的发展与历程[①]。

3. 心理学对“师徒关系”的界定

心理学中对“师徒关系”的研究强调师徒关系中的社会心理指导功能，即师傅为学徒提供角色模仿、咨询、确认和支持，帮助学徒发展职业认同和职业能力[②]。师傅在学徒指导中可以称为“指导者”或“职业咨询师”。克拉姆（1983）在对大型公用事业中的18个发展关系的研究中，将学徒指导主要分成两类，即职业相关的指导和社会心理指导。职业相关的指导包括师傅对学徒的赞助、辅导，学徒在工作组织中的技术水平曝光和展示，师傅对学徒在工作组织中的保护，以及师傅为学徒提供具有挑战性的工作任务；社会心理指导是指通过角色建模、咨询等提高学徒的职业能力感、身份认同和工作效率[③]。

文恩（2010）等以新入职护士为例，研究学徒指导对工作满意度和组织承诺影响，他将学徒指导划分为三个维度：师傅对学徒的生涯发展规划、社会心理支持以及师傅角色示范等[④]。学徒职业生涯发展是指师傅对学徒的职业生涯发展进行规划与引导，包括支持、保护、挑战性作业等，师傅将会根据学徒的能力和才能设定相应的工作任务；社会心理支持包括师傅对学徒的接受、学徒职业心理咨询以及师徒之间友谊关系等，师徒之间友谊关系的建立是指师傅与学徒之间的非正式互动关系；角色示范学习是指师傅在学徒的职业身份形成过程中起到示范作用，强调师傅榜样示范的重要性。

---

① 赵鹏飞、陈秀虎：《“现代学徒制”的实践与思考》，载《中国职业技术教育》2013年第12期。

② Kram K. E. Improving the Mentoring Process [J]. *Training & Development Journal*, 1985.

③ Kram K. E. Phases of the Mentor Relationship [J]. *Academy of Management Journal*, 1983, 26 (4): 608 - 625.

④ Weng R. H, Huang C. Y, Tsai W. C, et al. Exploring the Impact of Mentoring Functions on Job Satisfaction and Organizational Commitment of New Staff Nurses [J]. *BMC Health Services Research*, 2010, 10 (1): 240.

综上所述，本研究中的师徒关系是一种正式的师徒关系，是师傅和学徒双方在既定时间段内，通过师徒协议或组织规划等方式，师傅对学徒进行的技能、知识和情感态度等的指导。因此，本研究中的师徒指导可界定为，学徒经历中具有工作经验的师傅对学徒进行的指导，其中包括职业生涯、社会心理和人际关系的指导，人际关系包括师傅与学徒之间的师徒关系、学徒与学徒之间的同辈关系以及学徒与同事之间的关系等。从理论上讲，学徒与师傅之间共同体验的积累，如工作过程中的专业知识和实践经验的传授、工作过程中的沟通交流以及工作时间以外的娱乐时间都构成了一种人与人之间的联系。学徒可以在职业生涯发展困难期从师傅的经验和教导中汲取力量，或在产生职业生涯成就的时刻与师傅分享胜利。罗德斯（2009）认为在此过程中，师傅的个人品质，如耐心、灵活性和持久性等方面是促进学徒的职业生涯发展的重要因素①。

（二）学徒经历中师徒关系的维度

职业生涯指导是指师傅根据现有工作经验和技能水平帮助学徒适应工作的职业生涯指导。师傅通过职业生涯咨询、协助学徒学习技能和知识，使得学徒获得组织重视和职业生涯发展的机会。社会心理发展包括师傅为学徒提供生涯咨询建议、获得学徒信任、建立师徒之间积极的互动关系。例如，学徒社会心理咨询、角色模仿、友谊以及接纳和认可等功能，具体见图 5 - 1。

在克拉姆的研究之后，诺伊（1988）根据师徒之间的人际互动过程，提出师徒关系的三维观点，分别是职业指导、社会心理指导和角色模仿②。此后，斯堪杜拉等（1993）进一步证实了诺伊的观点③，他们通过探索性因子分析将角色模仿从社会心理指导维度中分离出来，并得出师徒关系的三维模型（见图 5 - 2）。瑞金斯认为师徒关系中最重要的和最特别之处是师徒关系中的角色榜样示范。对于企业师傅而言，他们大多处于个人职业生涯发展中期，师傅在进行学徒选拔的过程中将会受到自身职业生涯反馈和发展的影响，倾向于选择那些与自己职业认同一致的员工。而对于学徒而言，师徒关系发生在其职业生涯发展早期，这时学徒处于职业身份认同的初步建立阶段，学徒将会选择那些符合个人职业目标和职业期望的师傅。

---

① Rhodes J. E. *Stand by Me* [M]. Cambridge: Harvard University Press, 2009.

② Noe R. A. An Investigation of the Determinants of Successful Assigned Mentoring Relationships [J]. *Personnel Psychology*, 1988, 41 (3): 457 - 479.

③ Scandura T. A., Ragins B. R. The Effects of Sex and Gender Role Orientation on Mentorship in Male-dominated Occupations [J]. *Journal of Vocational Behavior*, 1993.

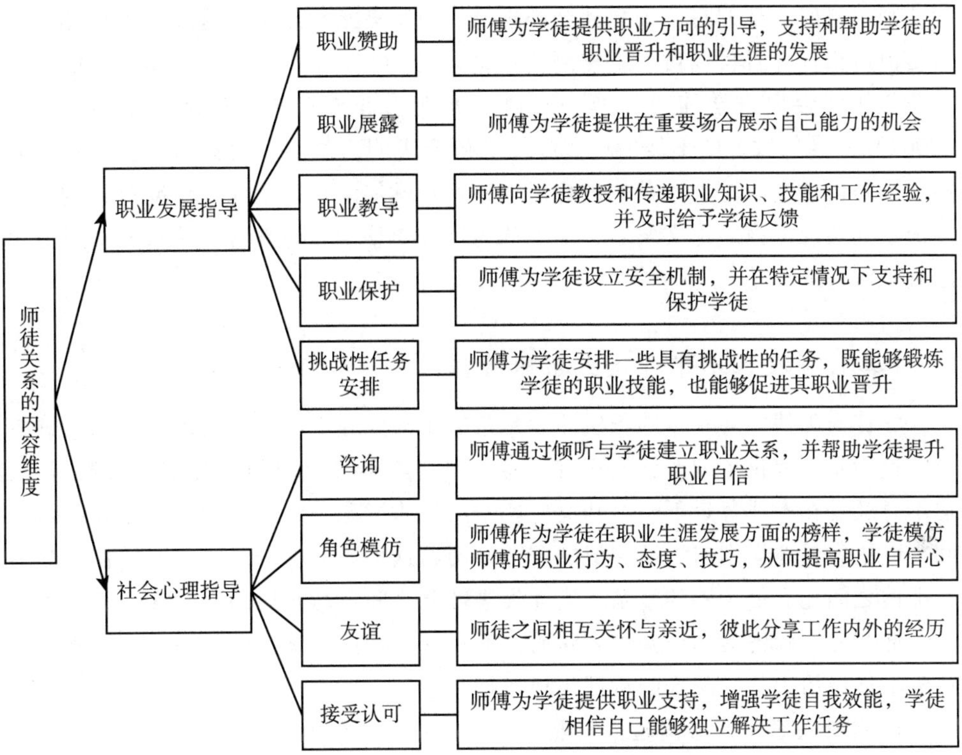

师徒关系的内容维度
职业发展指导
职业赞助
师傅为学徒提供职业方向的引导，支持和帮助学徒的职业晋升和职业生涯的发展
职业展露
师傅为学徒提供在重要场合展示自己能力的机会
职业教导
师傅向学徒教授和传递职业知识、技能和工作经验，并及时给予学徒反馈
职业保护
师傅为学徒设立安全机制，并在特定情况下支持和保护学徒
挑战性任务安排
师傅为学徒安排一些具有挑战性的任务，既能够锻炼学徒的职业技能，也能够促进其职业晋升
社会心理指导
咨询
师傅通过倾听与学徒建立职业关系，并帮助学徒提升职业自信
角色模仿
师傅作为学徒在职业生涯发展方面的榜样，学徒模仿师傅的职业行为、态度、技巧，从而提高职业自信心
友谊
师徒之间相互关怀与亲近，彼此分享工作内外的经历
接受认可
师傅为学徒提供职业支持，增强学徒自我效能，学徒相信自己能够独立解决工作任务

图 5-1　师徒关系的内容维度

师徒关系
职业发展指导
社会心理指导
角色榜样示范

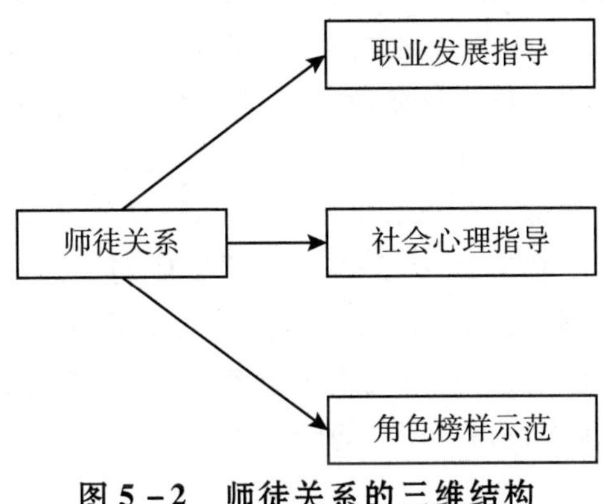

图 5-2　师徒关系的三维结构

埃文西（1999）指出师傅通常运用角色示范、指导以及脚手架等策略对学徒的实践技能学习进行指导[①]。阿姆斯特朗等（2002）发现，当师徒双方存在相似

① Evanciew C. E. P., Rojewski J. W. Skill and Knowledge Acquisition in the Workplace: A Case Study of Mentor - Apprentice Relationships in Youth Apprenticeship Programs [J]. *Journal of Industrial Teacher Education*, 1999, 36 (2): 24-54.

的认知风格时，他们将会加强社会心理与职业生涯指导作用，这表明他们相互认为是值得信任并且可以讨论工作场所中的问题与焦虑，[①] 另外，师徒之间的这种职业作用将会促进学徒与师傅一起讨论职业生涯规划与工作绩效反馈。卡尔（2007）对高等教育中学徒项目实施结果研究表明，学生认为参与学徒项目对其论文准备阶段的收益大于其他教育形式，这种学徒学习方式涉及研究过程的很多方面，如会议汇报、论文发表，学生认为这种学徒学习为其将来从事教师职业生涯做了很好的准备[②]。

（三）学徒经历中师徒关系的特征

学徒与师傅之间一致的积极体验是帮助个人成为工作组织集体成员的良好机会，这为学徒提供了职业归属感和职业机会，学徒可以与师傅分享经验和观点，这本身就是在专业背景下学习和适应实践的优质资源。此外，学徒与年轻师傅之间可以更容易地识别出近期相似的职业经历，这种职业身份认同感能够促进学徒与师傅之间建立更亲密的联系，进而促进彼此之间更为开放的经验交流，从而减少学徒与专家师傅的知识差距和障碍。通过扎根理论中访谈资料的梳理，本研究认为学徒经历中师徒关系的特征主要表现为以下三个方面。

1. 师徒关系呈同心圆趋势发展

首先，师徒关系之间的互动是差序的。师徒关系除了以技能传承作为相互联结的纽带以外，还存在社会情感等更为重要的中介变量维系，例如尊重、信任和保护等。这使得生产过程中的师徒关系很容易扩大到生产范围以外。例如，“徐师傅对我来讲，他给我一种比较亲近的感觉，他的教育方式是跟我父亲相反，而且我们经常在一起聊天，聊好多好多。上周我去看我师傅，我就和徐师傅说，有关你的很多件事情，到现在我都还记忆犹新”（I2K10）。学徒经历中，个人的社会关系将会围绕师徒关系形成一种类似同心圆的社会关系网状结构（见图5-3），因此，师徒之间、同辈群体之间、学徒与职业生涯中“重要他人”关系的搭建，都是在此社会结构网内展开互动，反过来也促使师徒关系之间形成更强的向心力。例如，在工厂车间转化为具有共同价值观、职业目标和集体

① Armstrong S. J., Allinson C. W., Hayes J. Formal mentoring systems: An examination of the effects of mentor/protégé cognitive styles on the mentoring process [J]. *Journal of Management Studies*, 2002, 39 (8): 1111-1137.

② Carr-Chellman A. A., Gursoy H., Almeida L., et al. Research apprenticeships: A report on a model graduate programme in instructional systems [J]. *British Journal of Educational Technology*, 2007, 38 (4): 637-655.

行动力的小群体①，师傅会引导车间团队向一定的职业目标奋斗，“在等级工考试刚开始的时候，我根据班组里这一批学习能力强的年轻人和学习能力差、年纪大的工人，让他们相互配对一起去读书。晚上下了班，其他班组的员工打牌，我们班组下了班，我不让他们打牌，我不允许，我让他们下了班一起去学习。当年我在厂里当学徒当班长的时候，就是这么经历过来的。我让他们（学徒）一起去学习，一起去上课”（H4K10）。

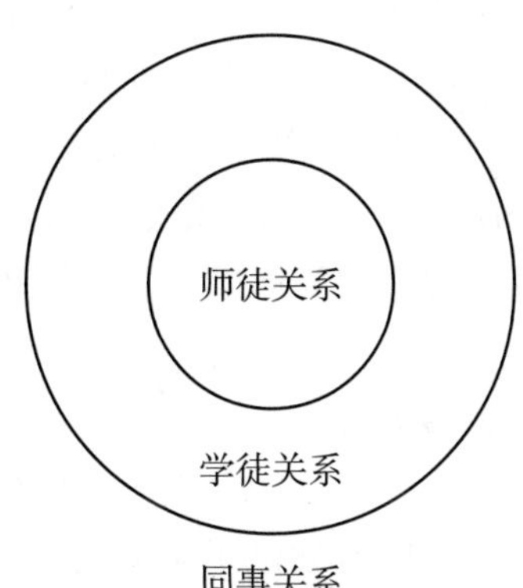

图 5－3　师徒关系呈同心圆结构发展

其次，在实际生产中，师徒关系可以演变为“保护”关系和特殊主义行为方式，“我当时还是有一点意识的，后来工厂里面重视文凭了，重视工人普及教育了，我的班组成员就是最先完成的。当初我班组里的成员都是我替他们去报名考船舶中专，然后我还去跟领导要政策，要什么政策呢？我们厂里技术员在工作时间读书，拿到发票可以报销，但是工人没有这个政策，我就去和领导申请。后来厂里同意说只要最后考出来，你可以拿着这个发票去全额报销”（I2O10）。此外，这种师徒关系不仅发挥技能传承的工具性作用，更多的还是一种道德要求或感性互动。例如在过年过节、师傅生日等仪式性活动中，师徒关系是一种超越师生之间的私人亲情关系，“比如在和师傅学习之前，我们可能‘八竿子打不到’，但是正是因为这个行业把我们联系在一起，就是有一种感情关系在里面了”（S2K10）。

在影响学徒经历的众多社会关系中，除了师傅对学徒在职业方面和社会心理方面的指导以外，工作过程中学徒之间的合作与竞争关系也得到较多学者的关注。王星（2014）对工厂师徒制的研究表明，同一位师傅指导下的学徒之间，围绕师傅形成同心圆关系发展，同一师傅指导下的师兄弟之间可以在此同心圆结构

① 王星：《技能形成的社会建构——中国工厂师徒制变迁历程的社会学分析》，社会科学文献出版社 2014 年版。

内展开互动。因此，在工作组织中，这种同门师徒之间的关系可以演变成“庇护”关系。“我们原来还去师傅家吃饭，还给师傅带吃的，它是有感情的模式。我印象最深的就是师傅带我的时候，在师傅身上学到的东西对我的影响很深刻，其实技术学习学起来还是蛮快的，但是技术学好了没有好好运用也是白学的。那个时候我们也经常犯错误，翻墙旷工跑掉了，现在想想也是一种经历。以前我们单位专门有个政工组，就是专门做员工的思想工作的，然后把我们聚在一起，有的小问题和我们讲过后就和师傅讲，我认为跟着一个好师傅是非常重要的，我以前不做师傅的时候还觉得师傅无所谓，但当了师傅，我确实有些地方也要注意”(S2K15)，此外，随着现代工作对人才技术要求的复杂性，工作组织从等级制过渡为扁平化，工作组织中更强调员工之间的合作，因此学徒学会与工作组织中成员之间的合作也是职业生涯成功的重要影响因素。此外，随着劳资关系的变化，师傅同时也和学徒是同事关系。

2. 师徒关系中指导内容的多元性

师徒关系最早出现在企业管理实践中，但是这种指导关系在现代学徒制人才培养中发生了一定的概念变化，师傅被赋予更多的“教育者”和“指导者”的要素。从扎根理论编码结果来看，学徒社会关系是以师徒关系为中心进行扩散的，除此之外，还有同辈群体关系和重要他人。从轴心编码来看，以师徒关系为中心的社会关系能够作为核心编码，成为轴心编码的中心位置。社会关系很容易与学徒经历中职业身份和职业能力建立关系。通过文献的回顾与梳理，本研究在克拉姆师徒指导二维模型的基础上，强调师傅对学徒的角色示范作用。这是因为基于传统学徒制发展与影响，师傅对学徒产生的权威性和等级性色彩至今仍然存在。因为学徒经历中的师傅指导不可避免地打上了中国传统学徒制的烙印。宋培林（2008）等在对师徒指导进行研究时也发现，在我国儒家文化的背景下，师徒关系被打上了“人情关系”的烙印①②。

通过对访谈资料的编码分析和文献资料的梳理，本研究认为学徒经历中的师徒关系主要表现为职业发展指导、社会心理指导和角色榜样示范三方面（见图 5 - 4）。与目前常用的师徒指导模型相比，本研究在参考克拉姆二维模型以及随后发展的三维模型基础上，结合中国的文化背景以及传统师徒关系的特点，提出学徒经历中师傅对学徒的指导的 11 个指标。总体来看，职业发展指导是指师傅为提高学徒职业相关的知识、技能和态度等的指导。例如，师傅为学徒提供职

① 杨英：《中国知识员工的师徒关系对徒弟工作绩效、组织承诺的影响》，华中师范大学硕士学位论文，2006 年。

② 宋培林、黄夏青：《员工指导关系对工作满意、组织承诺和离职倾向的影响——基于中国背景的实证分析》，载《经济管理》2008 年第 7 期。

业赞助、为学徒分享工作经验以及提高学徒在组织中的技能曝光度等①。其次，师傅对学徒社会心理指导中的“关爱”指标，凸显了在中国传统文化背景下“一日为师，终身为父”的思想。例如学徒回忆师傅的人品性格，“师傅为人处世什么的一点架子都没有，我们基本上问他什么问题，以前说教会了徒弟，饿死了师傅，但是他从来没有这种什么保留，他就会把所有的东西全部教给我们。这个对我们触动还是蛮大的”。对学徒而言，师傅不仅是其职业生涯的领路人，还是生活上的家长和朋友。从访谈中也可以发现，企业专家每提到师傅时，他们的言辞间透露着尊敬和亲切之感，并且指出企业师傅除了提供友谊、情感认同、角色楷模以外，还会在生活上关心学徒，甚至在学徒的个人生活方面进行督促和关照。

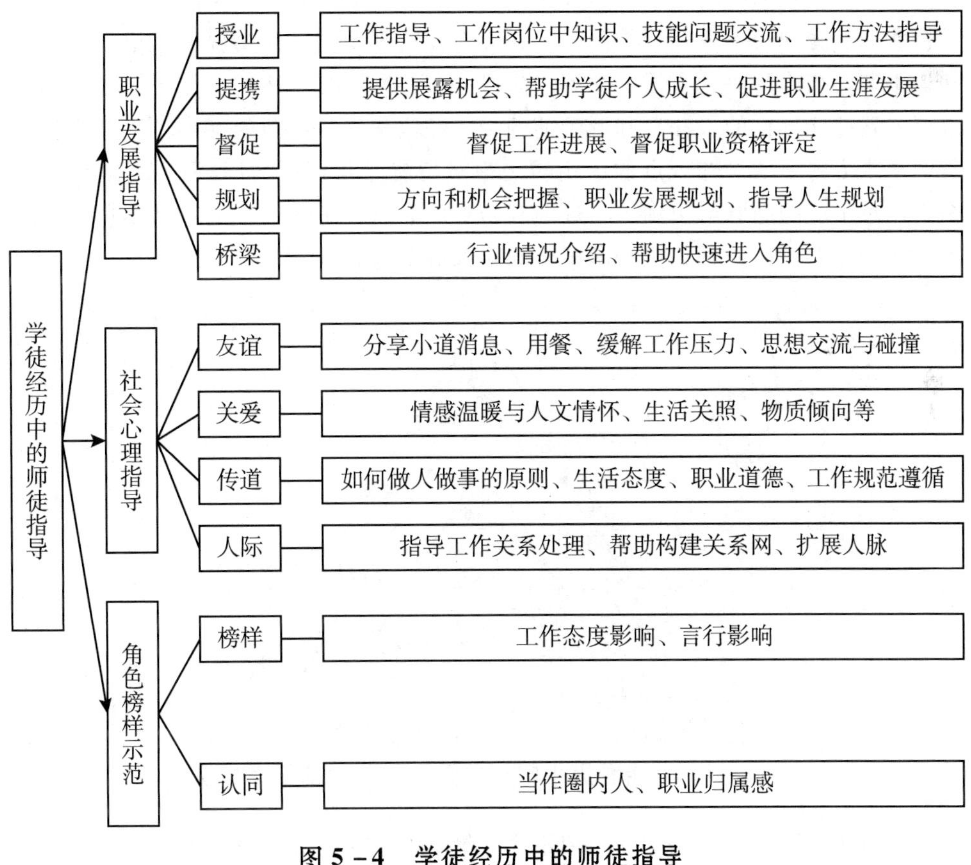

图 5－4　学徒经历中的师徒指导

① 沃尔特·G. 文森特：《工程师知道什么以及他们是如何知道的》，浙江大学出版社 2015 年版，第 259～279 页。

3. 师徒关系中学徒指导的阶段性

学徒从学校毕业后刚进入工作场所的时期，称为职业生涯发展早期。通常，新进员工会被指派一名经验丰富的师傅，协助其将专业知识应用于生产实践。这时学徒能够将学校教育中接受的知识应用到工作实践中、不断改善工作技能并获得职业自信心。在职业生涯发展中期，学徒通过体验式学习获得更高水平的知识。这种类型的学习需要有目的地关注职业实践，在工作任务完成中进一步发展和获得额外技能。在此阶段，学徒从师傅获得的指导，逐渐转移到工作环境中与同事、上下级之间的经验和技能学习。在职业生涯发展后期，学徒可以利用自己丰富的技能，实现系统思维与个人经验的融合，并能够获得更多的职业晋升机会。

从图 5－5 中的三角模型可以看出，在师徒指导的第一阶段，学徒还停留在学校职业教育识记专业知识的阶段，在面对复杂多变的工作情境时，很难从已有知识中调动技术解决的方法；在第二阶段，学徒逐渐在真实的工作环境中，熟练掌握实践技能操作的方法，利用师傅的个人经验和反复不断的练习，逐渐改变原有的思维方式，从对知识点的运用转变为对技能点和经验的回顾；在第三阶段，个人经过不断的问题解决训练，逐渐开始形成职业系统思维，从对细小技术点的关注转变为利用经验知识进行的整体问题的分析与思考。

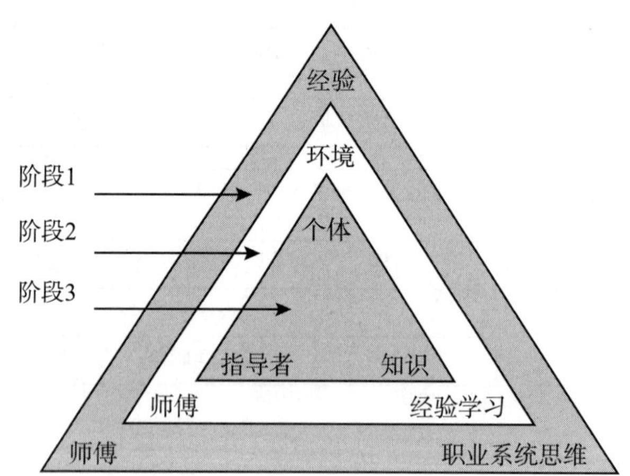

图 5－5　学徒经历中师徒关系发生阶段的三角模型

米迦勒（2010）指出学徒不但不会拒绝学习，而且会积极寻找学习机会。之后他们在大学里更喜欢一种互动式的学习，这种学习方式重视他的学徒经历，以及一种能让他“为自己做事”的体验式学习。正是这种学习，逐渐增强了他的信心和目标。米迦勒通过访谈发现学徒更喜欢构建自己的知识，而不是被告知如何去做。成功的经验反过来又促使他有很强的学习动力，例如，在书中查阅资料。

在这个过程中，学徒已经养成了学习习惯，而不是例行重复工作，尤其是喜欢学习新事物。信心的增加给了学徒一种目标感，这对促进其过渡到成人工作世界至关重要，这也影响学徒如何管理自己的其他生活领域，例如工作与休闲之间的冲突。依比（2007）通过师徒指导对学习成果影响的研究发现，师徒指导对学徒态度的影响要大于行为与职业结果方面。因为相对而言，职业结果影响的因素要考虑到个人所处的整个环境，态度比较容易受影响与改变，如工作满意度、职业期望等。

二、同辈群体的内涵与特征

社会学中的同辈群体是指处于同等社会地位的同代人组成的小群体，这一概念适用于成人群体。在学徒经历中，同辈群体是指与学徒处于同等职业身份的同代人组成的小群体，如学徒之间、学徒与同事之间所组成的非正式小群体，他们具有相似的价值观、社会地位和职业等级。

（一）同辈群体的功能

学徒为什么会形成同辈群体？从根本上来说，这是为了满足其在工作与家庭中得不到满足的各种需要。从社会学角度来看，导致学徒形成、加入或向往同辈群体的主要原因是对平等的追求，而工作与家庭很难满足个体的平等需求。在工作中，学徒是职业岗位中的最小层级，特别是刚进入职业生涯中的新员工，他们的技术水平还不熟练，尚不能成为独立的工作者，工作过程中任何一个经验超过自己的从业者都是前辈；学徒在家庭中要承担一定的经济负担和压力。这两种地位状况制度性地决定了学徒与企业师傅或家庭成员不可能真正形成“平起平坐”的关系。学徒在工作过程中很难与企业师傅或领导实现真正意义上的平等磋商过程、民主决策过程或自主选择过程。即使学徒处在较为民主型的师徒关系中，这种状况也只是程度上的不同，但却不存在性质上的区别。师徒之间的所谓平等，类似学校中教师与学生之间的平等，这种平等不可能取代或完全弥补师徒之间的职业地位或职称等级差异[①]。由于师徒关系之间的等级性，学徒在师徒指导过程中很难充分发挥个人的技术潜能和创新。这样，学徒便自然地会去寻求能够进行平等对话的同辈群体。

此外，由于作为制度权威的师傅是成人，因此工作世界从根本上来讲是成人取向占支配地位的规范性世界，再加上师徒关系之间的等级性，因此学徒在工作

① 吴康宁：《学生同辈群体的功能：社会学的考察》，载《上海教育科研》1997年第8期。

过程中容易受到不平等的待遇。例如，傅隆（1991）在教育社会学研究中指出，在学校生活中受伤害特别严重的学生往往宣泄其情绪，并向权威者发起挑战。但由于这类情绪的表达方式在学校场所中是禁止的，因此，这些学生开始寻找同辈伙伴的支持、组成反学校的群体[①]。例如，学徒表示“我以前当过班长，当班长的时候你会有个什么状况呢？我们不是船舶制造嘛，比如在全部制造过程当中的一个分段下来，或者一个接头下来，有的地方是好烧的地方，有的地方是不好烧的，也就是整个大接头交下来之后，你这个时候就有个什么问题，假如你班组实力强的话，你同时交两个大接头下来，我都不慌了，我有人能安排，然后假如你这个班组实力不强的话，那你就转不过来，然后接下来你自己都得上去烧。因为有的位置是专门要好的师傅烧的。那时候我就有个想法，就是要把那些就是差的焊工，一般的焊工尽量让他提升，提升好了之后，对我这个班组长是有好处的”。上述有关学徒同辈群体成因的论述从侧面反映了同辈群体的两个主要功能，即“保护”和“发展”功能。

同辈群体的“保护”功能是指学徒少受或免收组织权威伤害的功能。从一般的意义上来说，这种保护功能表现为同辈群体为其成员提供了一种平等互助的社会环境，在这种环境中，学徒不必担心来自组织或权威人物的支配，不必顾忌社会组织的评价，可以畅所欲言、为其所欲为。尤其是学徒在工作组织中受到伤害后，同辈群体更是为学徒提供了一种独特的心理调节场所和避风港。这种保护功能使得同辈群体成为学徒的社会依存与心理依存的重要对象。这尤其反映在学徒遇到苦难时的求助倾向，例如一位企业专家回忆“在学徒期间，有的时候同事或学徒之间相互交流一下技术难题。如果大家坐在一起交流，能交流出很多事情，大家都能开窍，我有我的想法，你有你的想法，你把你的作品的想法分享给大家，例如二胡鞔皮，最主要就是把鞔皮的操作技术想法说出来。大家交流以后，技术能够相互提高。这个我有亲身经历，这个交流很重要。这个交流对自己的提高是很快的，相互交流，这样别人的东西你知道了，大家可以取长补短”（I2K10）。

从极端的意义上来说，保护功能还表现为学徒同辈群体为其成员提供一种相互支持的“社会基础”。这种社会基础往往成为学徒向职业成人规则与权威进行反抗乃至挑战的动力源泉。这样看来，学生同辈群体实际上是从两种水平来“保护”学徒的。一种是“保护防卫”的水平，即为学徒提供独特的心理调节场所（避风港）；另一种是“主动出击”的水平，即成为学徒向成人工作世界进行反

① Furlong V. J. Disaffected Pupils: Reconstructing the Sociological Perspective [J]. *British Journal of Sociology of Education*, 1991, 12 (3): 293 - 307.

抗与挑战的支持力量。

同辈群体的发展功能是指对于学徒社会能力的促进作用。因学徒同辈群体是真正由学徒自己选择并组成的小群体，它对于学徒的职业能力和社会能力具有一定的促进作用，如自我表达能力、人际沟通能力、问题解决能力以及竞争与合作能力等方面。这些能力通过人际交往互动才能得到发展。例如，“在我们沪东厂，我是我们这一代人里面少有的获得高级技师的员工。当时我们厂有两个人考技师的，一个是我；另外一个是我师兄弟，就两个人，然后考到高级技师，我是第一个，沪东厂第一个焊接高级技师就是我”（H2K10）。企业专家在回忆这段经历时还提到，他和师兄之间是如何相互竞争和鼓励的，他和师兄说道，“哪天我超过你了，你这辈子就别想超过我”。个人在人际互动中，通过模仿、展现、质疑、沟通、竞争、调解及合作等方式促进职业能力的获得与提高。例如企业专家回忆刚做学徒的时候，“好多初中毕业的小孩在工作场所，师傅先安排他们扫地，他们都不愿意，但是如果30岁的师兄在那边扫地的话，他自然而然，他就习惯成自然，也会跟着扫地”（I2D10）。因此，以模仿与竞争为特征的同辈群体在促进学徒社会能力发展的潜力要大于企业师傅或家庭成员的影响。

从某种意义上来说，学徒在同辈群体的活动中，通过对职业操作内容的商定、职业目标的认定、职业角色的分配、职业冲突的调节以及职业结果的评定等才逐步形成与发展自己的职业能力。学徒在形成与发展职业能力的同时，也就逐步学会了对自己职业生涯世界的控制，逐渐建立自己的“界定系统”。“界定系统”是指学徒自己对成人工作世界、学校教育、家庭环境与学徒经历进行解释的一套“原理”“方式”“方法”等。不同学徒使用不同的界定系统，其差异主要源于同辈文化的不同类型。

（二）同辈群体的类型

中国社会是以血缘和地缘的模型形成，血缘可以推演为一种“人情”因素，是维系人情的重要纽带，都是基于一定的需要出发相结合的，因此具有较强的凝聚力。在企业中，这种“人情”因素的表现形式之一是相同师傅带领下的师门帮派，表现为对内的团结互助、助人为乐、同甘共苦等，对外表现为一定的小团体意识以及排外性。工作场所中的社会网络关系不仅增加了从业者的职业自信心，而且为他们提供了工作场所相关的知识和灵活多样的学习机会。因此，本研究认为学徒的同辈群体具有多种类型，表现为同事之间、上下级之间、学徒之间、工作组织内外部之间等。

1. 按照关系紧密程度的划分

根据社会关系的紧密程度，可以将同辈群体类型划分为信息型、同事型和特殊型三种，每种类型都有特定的发展功能和独特性。信息型是指个人在社会关系中，以交换其工作组织中的信息为主要目标。这类同辈群体的主要特征是较低的自我暴露和信任水平。由于注重信息交流和不经常接触，个人只能偶尔获得确认或情感支持。虽然个人在信息型同辈关系中可能会收到与工作相关的反馈，但这种类型的同伴关系缺乏足够的信任，不能进行更多的个人反馈。如“我在做学徒学习技术的过程当中，认识了很多行业的技能大师，有共同语言的技术圈子，很多都是师傅带领我，大家能相互交流认识，认识很多人，也是相互学习的领域”（I2K7）。从访谈资料中我们可以得知，信息型同辈关系在工作组织中较为常见。初步研究得知，个人可能会维持大量的信息类同辈关系。这种关系要求很少，并且同辈群体间从共享信息中获得了许多好处。虽然同辈群体在提供行业资源或友谊方面发挥一定的社会功能，但它几乎无法提供类似师徒之间在职业生涯方面或社会心理方面的支持。

同事型同辈群体通常是由年龄、职业兴趣、职业价值观和职业地位等大体相同或相近的人组成的非正式群体。工作场所中的同事之间大多是同辈群体，对个人来说，同辈群体是极其重要的社会化因素，尤其在个人进入职业生涯发展阶段，同辈群体的影响日趋重要，甚至在某些方面超过师傅对自己的影响。同辈群体具有如下特点：（1）同辈群体是一种非正式群体，个人可以自由组合和自由选择，并在平等的基础上与同伴交往；（2）同辈群体在兴趣、爱好上接近；（3）同辈群体具有一套自己的行为规范、价值准则等（见表5－1）。

表5－1　　同辈群体的类型

信息型同辈群体	同事型同辈群体	特殊型同辈群体
分享信息	职业生涯策略	认可
	职业相关的反馈	情感支持
	友谊	个人反馈
		友谊

2. 按照相关指导功能的划分

指导功能是指在师徒关系中师傅对学徒产生的帮助和促进作用。克拉姆指出师傅对学徒产生两方面的影响：一是社会心理方面的指导，师傅通过角色示范对学徒的职业身份认同和职业目标产生影响、接受和肯定学徒的知识和技能表现。在学徒出现职业生涯困境时帮助其进行职业生涯咨询以及与学徒之间建立友谊，师徒关系的社会心理功能将会影响个人职业生涯发展中自我价值感的确立，具体来说，社会心理指导功能包括咨询（counseling）、角色榜样（modeling）、友谊

(friendship)、接受和认可（acceptance and confirmation）；二是职业生涯方面的指导，职业发展指导是指师傅根据自己多年的工作和技能经验，帮助学徒快速适应工作要求所提供的指导。此外，师傅也能够通过职业生涯咨询，协助学徒学习知识，获得组织重视和职业生涯发展的机会。具体而言职业发展指导包括赞助(sponsorship)、展露（exposure)、教导（coaching)、保护（protection）和提供挑战性任务（challenging assignments）五个子任务。工作关系虽然也能够为学徒提供一定的职业生涯指导，但是相比于师徒关系中一对一的指导关系，个人之间的工作关系缺乏针对学徒职业生涯发展的个性化设计。同时，在社会心理指导方面，工作关系也不能像师徒关系中的师傅一样发挥角色示范和职业生涯咨询的功能，见表5－2。

表5－2　师徒关系与工作关系的对比

师徒关系	工作关系
职业生涯的指导	职业生涯的指导
赞助支持	经验信息共享
指导	职业发展战略
组织自我暴露和认可	工作相关的信息反馈
保护	
挑战性工作任务安排	
社会心理的指导	社会心理的指导
接受和认可	认可
咨询	情感支持
角色模仿	个人反馈
友谊	友谊
特殊属性	特殊属性
互补关系	相互关系

三、重要他人的内涵与特征

（一）重要他人的内涵

“重要他人”是美国社会学家米尔斯（Mills）在自我发展理论中提出的概念。重要他人（significant others）是指对个体的社会化过程中产生重要影响的具体人物，例如相关素质、情感和动机等方面。学徒的重要他人是指学徒经历中促进学徒实现职业社会化过程中的重要人物。重要他人强调“人”对个体社会化过程中产生的重要影响。重要他人与社会化动因之间的区别在于，社会化动因泛指客观存在的影响因素，重要他人作为个体社会化的影响源，仅限于最终获得主体认同者。目前关于学徒个体社会化主要影响因素的很多研究在很大程度上属于对学徒的重要他人的研究。重要他人除了影响我们对他人的看法之外，重要他人的表征还可能会影响我们对他人价值观的认同或反对。例如，安德森（Andersen）、雷兹尼克（Reznik）和曼泽拉（Manzella）发现，参与者在实验环境中以更为积极的情感接近目标对象。最后，重要他人也可能会自动影响我们如何看待自己。重要他人不仅会影响我们对自己的积极或消极情绪，还会影响我们工作自我概念的具体内容。例如，参与者的工作自我概念很可能与其他重要人物相似的典型自我感觉类似，“学徒拜师傅不能单一化。我跟了很多老师，但是我跟老师学一年多之后，我发现他就只是在这一方面有专长。你只要把这个老师的这个诀窍拿下来，然后再跑到别的师傅那里学习新的技能”。

（二）重要他人的分类

学徒的重要他人可分为两个层次，一是交往性重要他人，二是偶像性重要他人。

1. 交往性重要他人

交往性重要他人是个体在日常交往过程中认同的重要他人。学徒的日常交往对象都有可能成为其重要他人，也都有可能不被视为重要他人。因此，学徒的日常交往对象在学徒职业生涯发展过程中所充当的角色因其有无成为学徒的重要他人而异。以本章前面描述的学徒三种社会中的具体人物，即师傅、同辈群体和家庭成员为例，如表 5 -3 所示，若他们成为学徒的互动性重要他人，则其在学徒心目中的角色分别为指导者、知心朋友和支持者；如果没有形成交往性重要他人，则其角色形象便仅仅是社会权威、一般活动同伴和监护人。就后一种情况而言，这似乎表明学徒指导的失败、同辈群体的功能弱化和家庭影响的失败，但实际上不能够一概而论，主要是因为学徒的交往性重要他人的出现与学徒自身的一些因素存在一定的关系。

表 5 -3　学徒经历中不同社会关系的实际角色

影响度	企业师傅	同辈伙伴	家庭成员
重要他人	指导者	知心朋友	社会支持
非重要他人	社会权威	活动同伴	监护人

首先，个人的自主性与独立性将随其年龄阶段的提高而逐渐增强。从总体上看，这一变化容易导致学徒的交往性重要他人的主导类型出现相应变化，即由可依赖性强的重要他人转变为可依赖性相对软弱的重要他人，直至最终基本上没有现实存在的交往性重要他人。就企业师傅、同辈群体和家庭成员这三者相比，通常是企业师傅在职业生涯发展方面的可依赖性较强，家庭成员的可依赖性较弱。因此，在一般意义上，若撇开其他影响因素不论，那么学徒的交往性重要他人的主导类型大体上是沿着“企业师傅—同辈群体—家庭成员—无现实存在的交往性重要他人”的演变趋向而逐渐发生变化的。

其次，社会属性将会影响学徒的交往性重要他人的出现。以技术水平和职称等级为例，相对于职业技术水平较高和职称等级较高的从业者而言，技术水平较低和职称等级较低者以企业师傅或水平较高的同辈群体作为交往性重要他人的可能性一般都很小，例如一位获得高级工等级的企业专家总结道，“经过我在厂里多年的经验，我觉得他（指师傅或高于自己水平的同事）做得不错，我就学他，然后在他身上我再结合我的理解，每个人的工作方式和工作习惯不一样不能完全照抄。包括现在如果年纪轻的同事做（技术操作）得比较好，我也会向他们学习。时代和技术变化了，我做的东西可能不适用了，我在一旁看看人家怎么学的，学徒学习不是一时的事情，而是一辈子的事情”（I2N10）。

在学徒经历中，学徒的交往性重要他人有不同的层面划分，即在同一时间，学徒可能有不同的交往性重要他人，这些交往性重要他人将会对学徒的职业生涯发展产生不同的作用。例如，在学徒的职业技能水平提升方面，重要他人是企业师傅；在职业兴趣方面，可能是同辈伙伴；而在社会支持方面，可能是其家庭成员等。

2. 偶像性重要他人

学徒的偶像性重要他人是指使学徒产生敬佩或喜爱等情感因素的学习榜样和模范人物。不论何种类型的重要他人都会对个人的职业社会化产生影响。相比之下，第一，偶像性重要他人是个人所在职业或工作情境中的具体人物，而前者是对个体产生崇拜或影响其职业生涯选择和职业目标的行业知名人物；第二，学徒与交往性重要人物发生的互动和沟通要多于偶像性重要人物；第三，后者对学徒的影响涉及学徒个体社会化的方方面面，更多地表现为潜移默化的影响，而前者对学徒的影响则主要在职业价值和职业目标方面，更多的是较为深远的影响。

学徒偶像性重要人物多为学徒所在行业的知名人物。学徒的偶像性重要他人对个人的职业生涯选择、职业目标以及职业认同具有重要作用。例如，一位企业专家提到，“你看我师傅也好，我师傅的师傅也好，他也是一辈子在搞电焊。他现在享受我们厂里副总待遇，可能会有一些职业机会，比如到技术科当技术人员什么的，他可能会慢慢地转向管理岗位，但是他没有选择管理岗，而是一直在搞技术这一块。他等于用行动指导我们，我们几个徒弟都看在眼里的，像师傅这样60多岁的快退休，还是在生产一线从事技术生产、解决技术难题什么的，其实对我们触动还是蛮大的。我们要向他多学习，你既然从事了电焊专业，还是要走这条路，就是说是一种榜样的作用”（Q2D10）。

德雷尔（1990）等的研究结果表明，经历了广泛的指导关系的学徒能够获得更多的职业晋升机会，更高的职业收入以及对其薪水和福利更满意。同时，他还指出在学徒指导活动的频率方面没有性别差异，性别没有调节学徒指导与职业生涯成功的关系[①]。赫蒂（2004）对学徒指导频率与个人内在职业生涯成功之间的关系进行研究。研究者对416名女性和594名男性大学成员的数据进行的层次回归分析表明，学徒指导频率与内在的职业生涯成功（即职业满意度和内在的职业满意度）呈正相关[②]。沃德斯（2004）对学徒指导与工作满意度、组织承诺和工作自尊的关系进行了研究。研究对澳大利亚大学的166名初级行政和信息技术员工及其相配的企业师傅进行问卷调查，研究结果表明学徒指导的结构和经验方面，如关系的类型和长度、学徒指导频率、先前的指导经验以及性别等方面，是影响学徒指导的先决条件[③]。

第三节　社会关系对个人职业生涯成功的影响

社会关系对职业生涯成功的影响研究最早可以追溯到社会关系的提出。20世纪70年代，列文森对美国成功男士职业生涯发展的调查中，发现这些成功男士在职业发展早期均收到其他人士的提携和指导，这些指导对其之后的职业生涯成功产生重要的促进和激励作用[④]。社会关系对个人职业生涯成功的影响可能是直接的，也可能是间接的。那么社会关系是如何对个人职业生涯成功产生影响的？本研究基于社会网络关系理论的视角，阐释了学徒经历中的社会关系是如何

① Dreher G. F., Ash R. A. A Comparative Study of Mentoring among Men and Women in Managerial, Professional, and Technical Positions [J]. *Journal of Applied Psychology*, 1990, 75 (5): 539.

② Hetty van Emmerik I. J. The More You can Get the Better: Mentoring Constellations and Intrinsic Career Success [J]. *Career Development International*, 2004, 9 (6): 578 – 594.

③ Waters L. Protégé-mentor Agreement About the Provision of Psychosocial Support: The Mentoring Relationship, Personality, and Workload [J]. *Journal of Vocational Behavior*, 2004, 65 (3): 519 – 532.

④ San Miguel A. M., Kim M. M. Successful Latina Scientists and Engineers: Their Lived Mentoring Experiences and Career Development [J]. *Journal of Career Development*, 2015, 42 (2): 133 – 148.

影响学徒个人职业生涯发展的，学徒经历中的师徒关系、同辈关系以及重要他人能够从不同程度上对学徒的职业能力和职业认同产生相互作用，进而促进个人职业生涯成功。师傅通过对学徒进行职业发展指导、社会心理指导和角色榜样示范，可以帮助学徒尽快融入职业组织，适应工作岗位，并获得职业能力，从而在工作过程中产生自我效能感和职业自信，能够以较好的状态进行工作，从而容易获得可观的职业结果和主观的职业满意度。

一、社会关系对个人职业生涯成功影响的分析框架

从扎根理论编码的结果来看，社会关系与个人职业生涯成功之间存在一定关联，但是一方面，不同企业专家在学徒经历中的社会关系涵盖的范围和种类各不相同；另一方面，质性研究的过程并不在于假设验证，而更多的是一种解释作用。这就要求我们在尊重事实和现象的基础上，结合已有理论进行解释和分析，并形成能够解释本研究实践的分析框架。

根据扎根理论的编码分析结果，图 5－6 为本研究中社会关系对个人职业生涯成功影响的分析框架。学徒经历对个人社会关系形成的影响可以表现为三种，即行业资源获得、行业信息获得和职业赞助。社会关系根据职业收入、职业生涯晋升以及职业满意度等客观与主观指标对职业生涯成功进行评估。社会关系收益中的信息获取和资源获取均与客观职业生涯成功有关。首先，个人在不同的社会关系中获取的行业信息和行业资源越多，就越能够提高个人工作绩效。已有研究表明信息和资源已被认为是赋予员工权力的背景因素，从而导致更高水平的职业激励和绩效[①]。个人通过社会关系的跨界性联络进行行业信息处理、解决职业冲

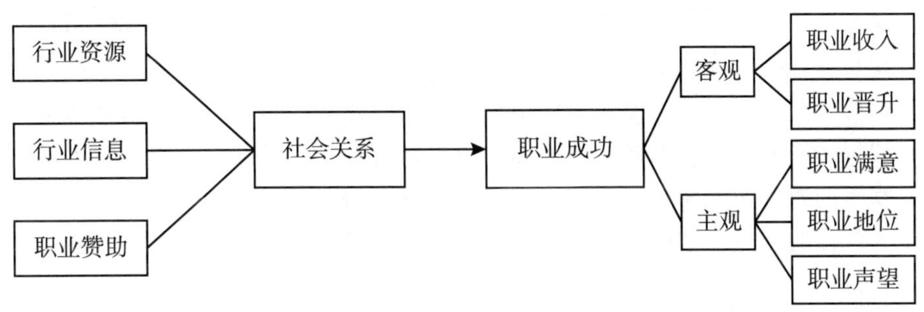

图 5－6　社会关系对个人职业生涯成功影响的分析框架

① Spreitzer G. M. Social Structural Characteristics of Psychological Empowerment [J]. *Academy of Management Journal*, 1996, 39 (2): 483－504.

突和困难、提高工作绩效，并促进个人的客观职业生涯成功。其次，信息和资源是社会关系的基本基础，个人更大程度地获取信息和资源将提高个人在行业组织中的职业声誉。此外，个人信息获取和资源获取能够提高职业满意度。个人获得相关的组织信息以及诸如资金、物资和空间之类的资源，能够增加对工作中控制和能力的感受和增强心理能力，进而提高职业满意度。

学徒经历中社会关系对个人职业生涯成功的影响，根据社会关系本身的特点分为两类，一种是社会关系中的关系要素对个人职业生涯成功的影响，表现为社会关系中的个体之间的社会性附着关系，个体之间通过联结的强度和规模等产生不同的行为。例如，在学徒经历中，学徒与师傅、同事、其他学徒和领导之间的沟通交流、价值认同以及亲密关系将会对其在工作情境中的职业能力获得、职业晋升以及职业收入产生影响。另外一种是社会关系中的结构要素对个人职业生涯成功的影响，具体表现为社会关系中个体在组织中所处的位置、不同个体之间与其他个体之间的关系所形成的社会结构，以及这种结构的不断变化和发展。例如，在学徒经历中，社会网络关系的空间结构将会影响个人对职业满意度的主观感知、工作组织中的职业地位和职业声望。威廉姆等认为，个人的受教育水平（如工作经验的长短、求职的方式以及职业生涯历程的连续性等）、工作组织要素（如职位、部门、组织结构和行业等）、动机性因素（如工作投入时间、预期收入以及工作专注度等）以及人口学特征（性别、婚姻、家庭情况）这四类因素都会影响一个人在工作组织中的职业生涯成功。但是在控制了这些因素以外，有研究结果显示，社会关系仍然对学徒的职业晋升次数、职业薪酬水平等存在正向相关[①]。

格兰诺维特（1983）认为从个体之间的互动频率、情感、亲密程度和互惠交换四个维度进行划分，可以分为强联结（strong tie）和弱联结（weak tie）两种[②]。个体在学徒经历中的经验诀窍知识和技能往往发生在强联结之间，即师傅与学徒之间或同门师兄弟之间的技能传承。因为强联结包含着某种职业信任、团队合作与职业稳定等要素，并且在此过程中，组织成员之间能够较为容易地获得复杂的或诀窍类的知识。但是强联结也有一定的弊端，即过于封闭的强联结将限制新知识的输入，以及拒绝接纳外部新信息的搜索，使获得相似职业知识结构和技能水平的成员局限在自己的“小团体”当中。科尔曼（1994）认为社会资本指个人获得的以社会结构资源为代表的资本财产[③]。在学徒经历中个人参加行业

---

① Aryee S., Wyatt T., Stone R. Early Career Outcomes of Graduate Employees: The Effect of Mentoring and Ingratiation [J]. *Journal of Management Studies*, 1996, 33 (1): 95 - 118.

② Granovetter M. The Strength of Weak Ties: A Network Theory Revisited [J]. *Sociological Theory*, 1983: 201 - 233.

③ Coleman J. S. Social Capital, Human Capital, and Investment in Youth [J]. *Youth Unemployment and Society*, 1994, 34.

内的技能比赛、技术交流活动或行业组织活动等越多，其积累的社会资本越雄厚，如人脉资源或信息资源。伯特（2009）认为，第一，社会关系中的任何主体与其他主体都产生联系，不存在关系的间断现象，整体看起来是“无洞”结构①。这种形式在同一师傅指导下的小群体中才会存在。第二，社会关系中的个体与有些个体产生直接联系，但与其他个体无直接联系或关系中断的“结构洞”。例如，学徒在偶然的活动中，认识相关行业的企业专家，并获得来自企业专家的社会资源，它能够帮助个体获得最新的行业信息和社会资源，有助于提高个体在行业内的职业知名度，获得更多的职业发展机会②。

图 5-7 为学徒经历中社会关系形成的过程框架。根据分析结果和现有理论，个人在学徒经历中将自己的社会精力投入到发展大量弱联结，他们会获得更多的机会接触所在行业以外的社会群体。同时，学徒在工作组织中与某些个体发生直接联系，如工作组织中的上下级关系和其他活动或社会组织中偶然结识的重要他人。这种结构洞的关系网络能够帮助个体获取最新的行业动态信息和社会资源，甚至能够帮助个体提升其在行业内的职业知名度，获得更多的职业生涯发展机会。社会关系中嵌入的社会资源能够为个人带来相关职业利益趋向，这同时也是个人社会资本的核心。具体而言，学徒经历中社会关系对职业生涯成功的影响分别通过三种关系收益进行调节，分别为行业信息获取、行业资源获取和职业赞助。

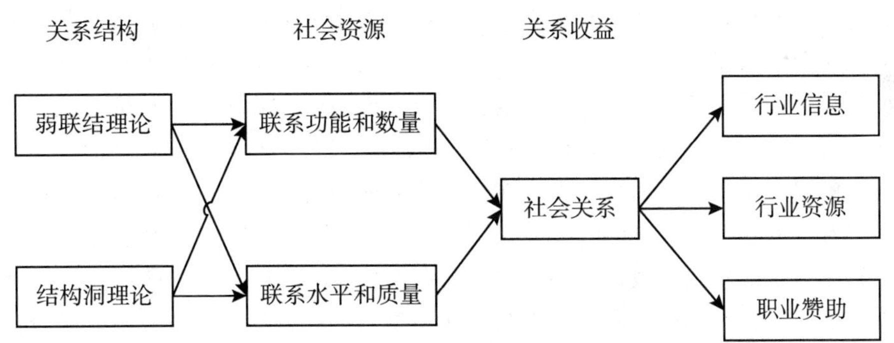

图 5-7　学徒经历中社会关系形成的过程框架

二、社会关系对个人职业生涯成功影响的结果分析

社会关系的研究兴起于 20 世纪 80 年代，并且主要分布在西方国家，我国对

---

① Burt R. S. *Structural Holes: The Social Structure of Competition* [M]. Harvard University Press, 2009.

② 闫广芬、张磊：《高等教育校际专业交往能力研究——基于社会网络结构洞理论》，载《教育发展研究》2017 年第 9 期。

师徒关系的研究较少，最早开始于20世纪90年代的企业管理方面。从研究的主题来看，社会关系主要探讨社会关系与职业结果和职业绩效之间的关系，以及影响社会关系效果的研究。但几乎没有研究从个人职业生涯成功的角度来分析学徒经历中社会关系的作用价值。波茨欧娜罗斯（2004）采用自然对数值取代原始的起始职位级别，以控制员工晋升次数与起始岗位之间的负相关，在控制了这些人口学变量后，学徒经历中的社会关系仍然能够显著预测个人的客观职业生涯成功[①]。查欧（1997）等对接受师徒指导的员工和未接受指导的员工进行对比发现，具有师徒指导经历的员工职业晋升得更快，职业薪资增长也更快[②]。艾伦（2004）等对师徒指导关系的研究结果进行元分析，认为相比师徒关系对学徒社会心理方面的支持，客观的职业生涯成功指标与职业相关方面的支持有更高的相关，此外，角色示范、接受认可、咨询和友谊与主观职业生涯成功指标存在更高的相关性[③]。

（一）行业资源对个人客观职业生涯成功的影响

行业资源是指个人以行业为核心的各种物质资源和人力资源的总称。例如，师傅经常会利用其所在行业的物质、人脉和口碑等资源，帮助学徒打开教育或职业机会的大门，并促进学徒建立社会和文化资本。在此过程中，学徒不断吸收新的职业经验并促进自身职业身份发展。当师傅为学徒提供参与职业活动和职业环境的机会时，会提高学徒的组织曝光率，并提高学徒在工作组织中的重视和任用率。例如，在手工艺行业中，师傅也会将自己较高的行业地位转移给学徒，增加学徒在行业中的认可度。拉金斯（1997）认为，师傅的行业权威将会提高学徒在组织中的曝光水平，从而提高学生在组织边界内外的可见度。师傅为学徒提供的这种“反射权威”（reflected power），即师傅强大的组织影响力也增强了学徒的行业影响力，能够更有效地保护学徒免受职业发展不利因素的影响。此外，师傅为学徒的职业晋升和职业收入的提高提供可能性[④]。个人学徒经历中师傅行业资源影响力越大，学徒获得职业生涯成功的概率就越高。如果没有师傅的职业支持，即使学徒具有一定的职业能力和绩效，也容易被组织忽略或遗漏。

---

① Bozionelos N. Mentoring Provided: Relation to Mentor's Career Success, Personality, and Mentoring Received [J]. *Journal of Vocational Behavior*, 2004, 64 (1): 24-46.

② Chao G. T. Mentoring Phases and Outcomes [J]. *Journal of Vocational Behavior*, 1997, 51 (1): 15-28.

③ Allen T. D., Eby L. T., Poteet M. L., et al. Career Benefits Associated with Mentoring for Protégés: A Meta-analysis [J]. *Journal of Applied Psychology*, 2004, 89 (1): 127.

④ Ragins B. R. Antecedents of Diversified Mentoring Relationships [J]. *Journal of Vocational Behavior*, 1997, 51 (1): 90-109.

因此，师傅在行业内的资源越多、权威越高，学徒能够依赖师傅的建议就越多，并且学徒认为师傅能够为他们提供有效的信息。师傅在行业的资源、口碑和地位会让学徒联想到自己未来职业生涯发展规划，进而形成特定的职业期待，“为什么我以前的日本师傅来到这里的时候这么神气？为什么他都被人家前呼后拥的？为什么我这些瑞士的主管和法国的主管每一次做起这些事情来都很轻巧，可以侃侃而谈、讲好多好多的东西”（说的语气充满羡慕和崇拜）（I2K10）。学徒在师傅的指导下，不仅要学习根据工作标准和规范完成生产任务，也要学习如何处理工作中的技术难题和复杂多变的职业情境，以及如何与职业环境之间进行相互作用。

通常情况下，学徒在掌握一定的职业技能和知识，并能够独立解决一些技术难题之后，他们开始从企业的普通员工向生产专家转变。师傅开始考虑将个人经验知识以及处理特定工作任务的诀窍知识传授给学徒，学徒将师傅的个人经验与自身已有知识相结合，总结适合自己的独特的技术诀窍知识①。个体从普通员工向生产技术专家转变的过程中，个人的职业认同感成为制约个人职业责任的主要因素，企业工作规章制度对个人职业规范的制约性逐渐减弱②。个人职业晋升到一定程度后，他们开始更加关注自己的职业生涯发展规划，这时，学徒将会向师傅或有经验的同事获取更多的职业咨询指导，师傅强大的行业物质资源和人力资源将对学徒在本行业下一阶段的职业发展起到推波助澜的作用。

但是，如果学徒完全依赖师傅在行业内的权威，这对其自身职业生涯发展而言具有很高的风险，因为一旦师傅离开这个行业或者在行业内失去信任，将对学徒的职业生涯产生致命打击。因此，如果学徒能够获得更多师傅的职业支持，将会降低这种风险。

（二）行业信息对个人主观职业生涯成功的影响

行业信息是指与行业企业发展有关的各种事物的变化和特征的反映，是行业企业中各种事物之间相互作用和联系的表征。行业信息的获取将会促进个体对行业发展情况的动态掌握，个人通过跨界性联络进行信息处理和解决冲突改善工作绩效，进而提高个人的主观职业生涯成功。真实的工作组织环境帮助学徒从学校学生的职业身份转变为工作场所中的技术人员，学徒在尝试与错误中总结经验，形成职业态度，并且与周围的同事、前辈以及领导建立社会网络关系。师傅会在

---

① 吴岳军：《传统手工技艺“现代传承人”培养研究》，载《教育学术月刊》2019 年第 4 期。

② 王丹、赵文平：《现代学徒制中企业课程内容与教学过程分析——基于工作场所学习理论的视角》，载《职教论坛》2019 年第 4 期。

学徒出现职业困难时提供技术或信息支持，对于学徒而言，师傅和同师门的学徒是能够和他们分享问题的最佳人选，正如学徒所说的，“有时候我突然卡在一个点上，师傅说，‘唉，你能不能这样做’，我说，‘可行，对’，我就恍然大悟，有的时候可能就是一个人想想，我就闷在里面了，师傅突然一下子点拨，我就马上豁然开朗”。在学徒职业生涯的早期阶段，师傅的这种职业支持帮助学徒建立职业荣誉、提高职业知名度并获得工作机会，为职业晋升做准备。学徒同辈群体亲密关系能够帮助他们快速获取工作组织中的技术规范在实际工作中的执行、人际关系信息以及技术问题的应对技巧。在个人完全胜任岗位工作的职业生涯发展后期，工作组织中等级和地位较高的重要他人将会对其职业生涯成功产生进一步的影响作用。

除此之外，学徒还从师傅那里学习该行业公认的技术、规则和实践等，师傅为学徒所提供的组织信息不是一种外显的、规范的说明，而是经过师傅个人视角转化的内在观点，这种难以外显的组织文化咨询只能通过师徒关系传播，并具有一定的独特性和特殊性。麦克马纳斯和罗素（1997）研究表明，在学徒经历中师傅不仅能够帮助学徒学习职业相关的知识和技能，快速适应工作组织文化环境，还能对学徒的社会心理提供帮助和支持，并减少学徒在企业工作中出现职业角色模糊和角色冲突等困扰①。例如，师傅不仅会帮助学徒解决工作中出现的技术和专业难题，还会对学徒在生活中出现的困惑以及工作与家庭冲突等进行化解和支持；师傅为学徒在职业生涯发展上提供榜样示范作用，师傅丰富的工作经验为学徒的职业行为提供了参照标准，这些都有利于提高学徒的职业生涯成功。

在工作组织环境中，职业压力对个人的职业生涯成功产生直接的影响，个人压力过大将会导致其工作表现低下，从而降低工作绩效。研究表明，社会支持能够减少和降低职业压力带来的影响。稳定的师徒关系作为一种积极的人际关系能够减少个人负面情绪以及职业压力②③。同样地，如果企业的管理人员经历过学徒经历并具有稳定的师徒关系，他们能够更少地感受到职业压力④。因此，社会关系中的行业信息能够对学徒的职业生涯成功产生积极的影响。

---

① McManus S. E., Russell J. E. A. New Directions for Mentoring Research: An Examination of Related Constructs [J]. *Journal of Vocational Behavior*, 1997, 51 (1): 145-161.

② Burke R. J., McKeen C. A. Benefits of Mentoring Relationships among Managerial and Professional Women: A Cautionary Tale [J]. *Journal of Vocational Behavior*, 1997, 51 (1): 43-57.

③ Heslin P. A. Conceptualizing and Evaluating Career Success [J]. *Journal of Organizational Behavior: The International Journal of Industrial, Occupational and Organizational Psychology and Behavior*, 2005, 26 (2): 113-136.

④ Ragins B. R. Antecedents of Diversified Mentoring Relationships [J]. *Journal of Vocational Behavior*, 1997, 51 (1): 90-109.

（三）职业赞助对个人主观职业生涯成功的影响

职业赞助是指师傅为帮助学徒实现自己的职业目标而向其提供职业生涯指导和社会心理支持的一种投资行为。学徒经历中的这种职业赞助可以采用资金、物质资料或提供人力资源等形式。每位新员工进入工作组织时，都会面临个人职业身份社会化转变的情况。个人职业社会化是指个人进入新的工作组织环境，通过获得职业相关知识、技能、态度和行为，以便尽快融入企业的过程。在职业相关指导方面，师傅不仅对学徒完成职业任务的方法和手段进行指点，而且还会安排一些对学徒具有职业挑战性的任务，以开发和锻炼学徒的职业能力、激发其职业潜能，让学徒更快地掌握职业技能、认识工作组织结构、适应组织文化，这些手段都能有效促进新入职员工的组织社会化。因此师傅为学徒提供的职业赞助越多，学徒就越能够在短时间内取得更多的职业生涯成功。此外，研究结果表明，接受多名师傅指导的学徒比只有一名师傅指导的学徒能获得更多职业收益。例如，学徒可能有一位师傅提供情感支持和心理指导，另一位师傅通过工作任务和技术指导对学徒进行职业帮助，再一位师傅可能会协助学徒应对工作组织政治文化问题。每位师傅可以为学徒提供独特的建议或帮助类型，这说明学徒的师傅指导社会关系网络越大，对学徒职业生涯发展的好处就越大。本质上，学徒接受的指导者越多，对不同类型的建议和支持的覆盖范围就越大，从而能够减少个人依靠同一师傅进行多种援助的风险。

此外，人们与工作组织较高领导层中建立的联系越多，他们从职业赞助中获得的利益就越多。例如，有些学徒的师傅同时是工作组织中的领导，他们不仅可以为学徒个人提供指导，而且还会将下属学徒或员工介绍给有影响力的组织成员，这些成员随后在指导下属学徒的过程中发挥作用。在手工艺和创意产业中，学徒要学习的不仅是职业技能知识，更重要的是获得师傅个人经验知识的合法传承和技能许可。如果学徒获得师傅的许可，那么学徒在向师傅学习经验和诀窍知识的过程中，可以更好地获得操作实践技巧，有利于学徒在获得师傅操作技巧的基础上引入创新。换句话说，在师傅的指导和影响下，学徒在继承师傅风格的基础上发展个人创作风格，特别是在一些创意类和艺术类手工业行业中，学徒实现产品设计和制作的最佳途径是通过行业内知名大师的职业赞助获得师傅的个人经验知识、典型专业术语和操作感觉。这在行业中从业者常称之为“技术悟性”，即学徒在工作中重塑这些知识并在产品中增加个人创新元素。

三、学徒经历对个人社会关系形成的影响因素

社会关系形成的主要影响因素表现为个人之间职业价值认同和职业能力认可。因为学徒经历中社会关系形成的主体是师傅或同事之间一对一的互动关系，因此双方的性别、年龄、工作经历、个性特征、职业价值观以及职业能力水平等方面都会对社会关系产生一定的影响。此外，企业组织对正式师徒关系的制度支持程度也会直接影响个人社会关系发展的质量。

（一）职业价值认同对个人社会关系形成的影响

学徒经历中的社会关系形成可以体现为师徒关系、同辈关系和与重要他人的关系，每种关系的建立都是双向的和互动的。正如布洛维所说，在生产过程中，社会关系与技术关系之间相互交织，在此过程中除了物质产品的生产和制造，还有社会关系的再生产。例如，师傅对学徒认可的同时，学徒也要对师傅进行认可，只有双方相互认同，才能够促进师傅将多年积累的个人经验传承给学徒。“因为师傅除了技术方面，还有人品，各方面都有关系，有的师傅技术好，但是人品不好”，“也没有刻意去，就是后面的时候，你就不一定刻意地去说，你就是我师傅什么，你可以通过请教，时间长了，有很多感情了，那可能他会教你很多东西”（S2B7）。阿里等（1999）研究指出个性特征相较于情景变量，组织结构变量更能影响师徒关系的建立①，同时发现师傅积极情感、组织自尊、情绪稳定性等因素与师傅的指导意愿成正相关关系，而一些职业尽职性也会与师傅的指导意愿正相关②。随着市场经济中竞争与合作理念的发展，师傅和学徒之间既属于师徒关系还属于同事关系，同时，企业中生产组织要求员工之间通过团队协作完成工作任务，因此，一方面师傅要引导学徒尽快适应生产工作，发挥团队协作的价值，另一方面还要对学徒进行相关的技术指导与支持。

学徒经历中师徒之间也会出现发生冲突而导致师傅不愿意传授技能的情况，但这不是一种普遍现象，并且通常情况下引发师徒关系冲突的主要原因是学徒的非生产性的个人行为和生活习惯等，很少是因为生产过程中技能工艺上的意见冲突。这种师徒之间的矛盾是双方日常生活行为评价标准不一致引起，但并不是根

① Aryee S., Lo S., Kang I. L. Antecedents of Early Career Stage Mentoring among Chinese Employees [J]. *Journal of Organizational Behavior*, 1999, 20 (5): 563－576.

② Aryee S., Chay Y. W., Chew J. The Motivation to Mentor among Managerial Employees: An Interactionist Approach [J]. *Group & Organization Management*, 1996, 21 (3): 261－277.

本性的利益相对。例如，“我刚进厂的时候，那些师傅也挺照顾我的，师傅进行的技术操作一般在边上认真看都是可以看懂的。我们就是要能吃苦能做，这样师傅才会多教我们一些，像我们现在带徒弟也是这样的，遇到肯卖力肯吃苦的（学徒），就会多教一些，这是很正常的，人之常情”（H2K10）。通常情况下，师傅更愿意将个人技术传授给那些与自身职业价值认同一致的学徒。

（二）职业能力认可对个人社会关系形成的影响

师傅经常会通过学徒生产工作以外的言行举止表现来判断其生产技能上的可塑性。“如果你是个有经验的人，师傅把把脉，把两天就知道你是不是有能力的人。如果从我的角度来说的话，我下面带着五个人。如果能力强的，对他期望值高，我给他指派的任务可能就要更具挑战性”（T1K10）。沃特斯（2004）通过对师徒配对研究发现，师徒双方个性特质中的亲和性、开放性、外向性以及学徒的职业尽职性特征都会影响师徒之间的社会心理指导功能，因为这些人格特质能够有效营造氛围、培养师徒之间的信任、增进双方的互动与交流①。根据墨菲的研究结果，“师徒关系的构建始于共同的职业兴趣，师徒关系持续发展取决于师傅和学徒之间‘舒适度’水平和范围”。这类似于格罗特提到的，我们倾向于特定人群的原因是众所周知的：要么是爱好、年龄、家庭情况、背景或身体吸引力、指导者—学徒之间的相似性。相反，学徒也会对那些符合自身职业期望或职业目标的师傅产生角色模仿的心理状态，并且在个人职业知识、技能操作、职业态度甚至是价值标准等方面向师傅靠拢。

第四节　本章小结

学徒经历中的社会关系是促进个人职业身份和职业能力的重要支撑，学徒经历中的社会关系表现为师徒关系、同辈群体关系以及与行业内外重要他人关系。良好的社会关系能够确保学徒获得师傅、同辈群体和重要他人对其职业生涯成功的直接影响，学徒经历中的社会关系贯穿于个人职业生涯发展的全过程。学徒经历中的社会关系对个人职业生涯成功的影响通过行业资源获取、行业信息获取和职业赞助进行调节。行业资源是指个人以行业为核心的各种物质资源和人力资

---

① Waters L. Protégé-mentor Agreement about the Provision of Psychosocial Support: The Mentoring Relationship, Personality, and Workload [J]. *Journal of Vocational Behavior*, 2004, 65 (3): 519－532.

源。师傅经常会利用其所在行业的物质、人脉和口碑等资源，帮助学徒打开教育或职业机会的大门，并促进学徒建立社会和文化资本。行业信息是指与行业企业发展有关的各种事物的变化和特征的反映，是行业企业中各种事物之间相互作用和联系的表征。行业信息的获取将会促进个体对行业发展情况的动态掌握，个人通过跨界性联络进行信息处理解决冲突，改善工作绩效，进而提高个人的主观职业生涯成功。职业赞助是指师傅为帮助学徒实现自己的职业目标而向其提供职业生涯指导和社会心理支持等方面的一种投资行为。此外，本研究发现，学徒经历中个体之间的职业价值认同和职业能力认可是个人社会关系形成的主要影响因素。

第六章

学徒经历对个人职业生涯发展的影响

在完成学徒经历过程中学徒指导各方面分析和探索后，接下来的问题是，个人学徒经历的这些方面是如何组织在一起并对个人职业生涯成功发挥作用的？这个问题的本质是探究个人职业生涯发展过程中学徒经历的作用和价值。前面的内容我们通过对访谈资料的编码分析，得出学徒经历中的职业身份、职业能力和社会关系的重要内容。但是学徒经历中的职业身份、职业能力和师徒关系如何影响个人的职业生涯成功，以及学徒经历中的关键要素是如何相互影响和作用的，需要代入学徒的职业生涯发展的不同阶段来探讨。

第一节　学徒经历对个人职业生涯发展影响的理论框架

现代学徒制的根本目的是促进“人”的发展，其核心是学徒在师傅指导下获得适应现代化生产的技术技能。研究现代学徒制实施的作用价值，归根结底要从学徒制受益者的角度出发。在真实工作场所中，参与学徒制的对象是一线技术技能人员，他们大多从事技术操作相关的岗位，学徒经历可以说是他们从新手向企业专家发展的必经之路。为了回答“学徒经历中哪些关键因素能够促进个人职业生涯成功”这一问题，本研究以个人职业生涯为视角，以职业生涯发展具有一定成果和业绩的企业专家作为研究对象，解构学徒经历中的关键要素，并分析这些关键因素是否能够促进个人职业生涯成功，进而解释职业教育现代学徒制在促进人才培养方面的改进策略。

一、教育发展形态变化及其对人的培养

教育形态是指由教育者、受教育者和教育影响这三个要素所构成的教育系统在不同时空背景下所表现出来的实体形式。教育形态根据不同的参照标准存在不同的划分。按照教育规范化程度的不同，教育形态可以分为“正规教育”“非正规教育”，以及“前制度化教育”“制度化教育”“非制度化的教育”。正规教育的主要标志是以学校系统为核心的教育制度，又称制度化教育。前制度化教育始于社会统一的人类早期教育。制度化教育是指由专门的教育人员、教育机构以及运行制度所构成的教育形态，例如学校教育。相对于制度化教育而言，非制度化教育改变了教育的形式和理念，它认为教育不应局限于学校教育的围墙①。因此，就直接教育过程中教育者与教育对象结合的形式来说，教育形态可以分为“前制度化教育”“制度化教育”“非制度化的教育”，并且随着教育发展形态的不断变化，教育对人的培养目标、内容以及形式也会发生相应的变化②。

（一）前制度化教育形态及其对人的培养

前制度化教育形态主要发生在农业经济或手工业经济结构社会。师带徒学习是前制度化教育形态的重要学习方式，其传授方式主要是在生产实践现场进行动作的示范与矫正，学徒在有技术经验的师傅指导下掌握简单要领后靠自己反复练习。进一步而言，手工劳动过程本身就是前制度化教育形态的最好“学校”，具体特征表现为：（1）教学内容主要来自生产实践中的经验或师傅常年总结的工作经验；（2）教学方式主要是观察和模仿，学徒在与师傅共同劳动的过程中，观察和模仿师傅的实践操作获得工作相关的经验技术；（3）教学过程与实践生产紧密相连，师傅传授学徒知识和技术在真实工作场所中发生，学徒技术的掌握也是通过在实践中的反复操作和不断积累，学徒学习过程和工作过程之间难以分割；（4）学徒学习的评价方式是以学徒完成一件代表其技术技能水平的作品作为师傅考评的主要参考。但是无论是个别教育中学生与教师之间，还是学徒制中的学徒与师傅之间，都存在半依附关系，并且师傅本身承担较多的重复劳动，阻碍了教育工作的改进。

这种教育形式不利于教育对象的扩大，同时因为缺乏相应的教育制度与规范

---

① 樊星星：《当代教育的三种形态及比较研究》，上海师范大学硕士学位论文，2016年。

② 怀特海著，庄连平等译：《教育的目的》，文汇出版社2012年版，第27页。

的约束，导致师傅放任自流，长此以往，教育质量的保证将完全取决于师傅本人的职业道德与态度。随着教育对象的扩大以及教育内容的变革与扩充，班级教育逐渐代替个别教育。“至一师能教千万人，必由高足弟子传授”，这类教育形态是西欧国家制度化集体教育的萌芽，称为“班级授课制”。这种以班级授课制为代表的集体教育制度不仅提高了教育效率，并且促进了教育过程的社会化进程。但与此同时也出现了一定的教育弊端，即这种集体式的教学活动，使师生关系变得更为疏远与抽象，进而衍生出教育过程社会化与个性化之间的矛盾。

（二）制度化教育形态及其对人的培养

制度化教育形态兴起于工业社会，工业社会的经济结构表现为科学技术含量在生产劳动中的占比增加，由此引发体力劳动，即以身体力量为基础的劳动成分在生产过程中所占比重不断减少，脑力劳动成分所占比重相应增多。因此教育的社会职能表现为开始承担劳动力的专门培养与训练。生产技术水平的进步要求从业者不但要掌握相应的生产技术水平，而且要具备一定的文化素养，这就产生了通过教育来专门培养与训练劳动能力的普遍要求。制度化教育的实体以近代学校的出现为标志。这类教育实体组织主要表现为：一是与教育职能的不断变化有关；二是同教育过程中教育者与教育对象结合形式有关。各级各类学校之间建立分工与联系，形成学校系统①。学校系统是教育制度化的必然结果，同时，学校系统对作为教育实体的学校具有制约作用。因此，学校教育成为一种具有特定组织规则和制度保障的教育，学校教育的特点表现为：（1）明确的教育目的。学校教育教学活动具有非常明确的教育目的。（2）稳定的教育对象。教师教学的对象数量稳定，基本采用班级授课制的形式。（3）严密的教育组织。学校教育中的教师基本都受过系统的教育培训，并且在实施教学活动之前都具有较为严密的教学实施计划和较为完善的学校教育制度。（4）专门的教育场所。教学活动实施的场所固定，具有较为齐全的教育设施。

随着教育系统的不断完善，教育系统内部的各级各类教育趋向于一套既定的标准规范，教育活动标准化和规范化日趋明显。制度化教育的弊端为，它将书本教育代表教育的全部，并着眼于一次就为学生职业生涯发展提供充分准备；它把学校教育作为教育的全部，忽视学生接受继续教育的能力和需求；它为学生提供现成的知识，学校课程与实践需求之间逐渐脱节；学校教学也逐渐丧失对学习者主体性的关注，迫使学生被动接受教育。在这种影响下，学术教育的特征，即课程学习方式课堂化、课程内容知识化以及学习结果应试化等，以学校组织的制度

① 陈桂生：《教育原理》，华东师范大学出版社 2012 年版。

化形态为纽带，被等同于整个教育体系的主要特征，成为教育体系的总体组织形态。由此，学校职业教育课程也是如此，学校职业教育被深深地打上了学术教育的烙印。但是职业教育人才培养的根本目的是使其成为掌握精湛技术操作的技术技能型人才，学校职业教育硬行灌输理论知识的做法只能适得其反。

传统学校职业教育理念着眼于个人终身从事一种固定职业的就业准备。在现代工作世界中，随着科学技术的不断进步，职业流动性增大，职业生涯发展理念正在不断地发生变化。根据技术进步的速度，许多人在一生的工作过程中会更换不同的职业或工作地点。未来职业教育的取向是为人们投入工作和实际生活做准备的教育，职业教育的目的应该较多地致力于将个人培养成能够适应多种多样的职务，不断发展其职业能力，使个人能够跟得上不断改进的生产方法和工作条件的发展，而不只是单一地、专门地进行某一项手艺的实践。人们对“制度化教育”的革新，正是因为学校教育逐渐暴露的弊端，“非学校化社会”倡导者伊里奇曾说，“我们现在必须认识到，当学习变成某类服务业的产品以及当人成为消费品时，人便与他的学习疏远了”①。就职业教育而言，虽然学校职业教育的发展在扩大教育对象和提高教学效率等方面存在一定的合理性，但也为职业教育的发展带来了一定的弊端，即狭隘地将学校教育仅理解为学术类型的学校教育，而忽视职业教育本身的出发点。盲目地照搬学术类型的学校教育的运作模式来发展职业学校，由此造成的后果是，职业学校所培养的人才脱离社会生产实践的需求，学生在学校学习的知识内容落后于真实工作场所中的技术设备，同时也使得职业教育失去培养职业实践者的特色，而沦为另类学术类型的学校。

（三）非制度化教育形态及其对人的培养

非制度化教育是相对于制度化教育的概念提出的，非制度化教育是指那些没能够形成相对独立教育形式的教育。但是非制度化教育与制度化教育的区别不仅表现在教育形式上，更重要的是教育理念。20 世纪 60 年代，伊里奇在《非学校化社会》一书中提出，学校教育压抑了学生的自由和个性，将学生与日常世界分离开来，伊里奇认为学生在学校系统中首先要从教师和校规中服从权威，然后在教师的引导下，学习那些被预先选择的、被过滤的信息。在这个过程中，学校教学活动在仪式化的规范中进行。学校成为服务性的“工厂”，教育是“训练”，学校生产的“商品”（知识）是专家根据社会需要设计的，学生在教师的促销下，无选择地成为“消费者”。他认为学校将套装式教学（packing instruction）与文凭捆绑在一起，导致学校不能促进个体学习。为此，他主张取消现行学校制

① 伊里奇：《学校教育的抉择》，人民教育出版社 1989 年版，第 652 页。

度，代之以“学习网络”。陶行知提出的“生活即教育”也是对以学校系统为核心的制度化教育的反思，他反对教育脱离生活，反对仅仅把正规学校教育作为唯一的教育资源，强调社会生活作为教育资源的价值[①]。类似的教育主张表现为教育体系对个人的发展思考，即对个人来说，接受教育的时间从阶段性向终身性发展，接受教育范围的不断扩大，包括教育的社会和经济资源[②]。非制度化教育主要针对制度化教育的弊端，但又不是对制度化教育的全盘否定，例如，企业的在岗培训、个人在社会参与的职业培训等都属于非制度化教育。非制度化教育认为“教育不应仅限于学校的围墙之内”。每个人都应该在比较灵活的范围内规划适合自己的职业生涯发展道路，即使个人离开教育体系，他也应该具有接受教育培训和选择的机会。

非制度化职业教育应该是一种反对职业教育课程内容学问化，学习方式课堂化、学习结果文凭化的教育理念。例如，学徒学习就是非制度化职业教育的典型代表，古代学徒制教育的教学内容缺少一定的结构化和计划性，教学实践冗长不利于知识的高效率的传播，因此很难为现代职业职业教育所接受，但是其教学内容与工作要求之间的紧密结合，以及学徒学习方式以实践过程为核心等特征，却应该是现代职业教育所应当采取的。杜威（1916）认为，在与群体进行学习的过程中有很多不同的方式，不同于学校教育进行的有意识的教育，在前一种情况下，教育是偶然的，是自然发生的。虽然不能因此而肯定这种教育方式的好处，但可以毫不夸张地说，衡量任何社会制度、经济、政治、法律、宗教的价值，都是它在扩大和改善经验方面的作用，然而，这种影响并不是原始动机的一部分，原始动机是有限的，而且更加直接实用[③]。因此，现代职业教育课程与教材改革的过程中不应该完全摒弃学徒制，而是选取学徒制中的核心要素与学校职业教育的优点相结合，使职业教育贴近真实工作，培养能够掌握现代化生产技术和满足生产需求的技术技能型人才。

从教育形态的演变来看，人类教育经历了从前制度化教育到制度化教育的发展，即教育实体的形成，从古代教育实体形成到近代学校的兴起。前制度化教育主要表现为一种不规范的、非结构化的教育教学形态，例如，手工作坊或日常生产活动中的师傅带徒学习与个人学习。相比之下，制度化教育的教学内容结构化程度较高、教育主体和教育对象都相对稳定、教育场所固定，在这几种要素结合下形成独立的社会活动形态。教育从前制度化到制度化的过渡就是教育简单要素

① 陶行知：《陶行知文集》，江苏人民出版社 1981 年版，第 246 页。

② 陈桂生：《学校教育原理》，湖南教育出版社 2000 年版，第 53 页。

③ Dewey J. *Democracy and Education* [M]. New York: The Free Press, 1916.

逐渐稳定的过程，从而成为具有一定组织形态的教育实体，教育得以定型。[①] 但过度的制度化教育又束缚了学习者个性的发展，因为教育不能和生活脱节，学校不能和社会隔离。随着制度化教育的弊端和非制度化教育的崛起，人们开始对非形式化和非制度化教育产生新的思考与认识。

（四）现代学徒制再次复兴的可能性

近代产业革命以前，人们主要从事农业和手工业劳动。个人技能操作的学习采取家传或学徒制形式传授。技能传授发生的场所是在真实的劳动现场，技能传授方式主要是动作示范、模仿和动作矫正。近代产业革命后，学校职业教育作为技术技能人才培养的主体，但是其重要的弊端是，培养的人才容易脱离企业的实际需求。当前，随着产业生产规模的改组以及工作生产方式的变化，企业的技术水平逐渐提高，因此对人才的要求也逐渐提高，技术技能工人仅具备学校教育培养的通用性技术，不能够满足企业的生产需求。面对企业技术全面升级和对技术创新的迫切需求，学徒制基于稳定的师徒关系进行的技术实践能力的学习，能够改变学校职业教育人才培养对技术实践能力的学习不够精深这一问题。

学校教育与学徒学习的主要区别在于学校教育发生的主要场所是在学校，而学徒学习主要发生在工作场所，这就从根本上说明这两类教育具有截然不同的社会文化基础，表现为学校教育与学徒制不同的认知文化。学校教育倾向于教给学生更为抽象的学科知识，而工作实践倾向于更为应用的、隐含的和实用的知识。20 世纪 70 年代，能力本位教育强调课程开发的基础不是学科知识，而来自就业能力和社会需求。在很多国家接受职业教育的学生经常在企业中接受职业知识和技能的学习，例如美国、英国和澳大利亚或是在专门进行职业培训教育机构的国家，如法国、瑞典和芬兰。莱夫和温格认为知识和学习是社会实践的基本要素，“学校教育作为一种教育组织形式，它所教授的知识是去情境化的，然而学校本身作为社会机构和学习场所构成了非常具体的背景”。学徒制能够提供一种真实的问题情境，学徒能够在真实的问题情境中做有助于其职业发展的事情。这种基于真实工作情境的“做中学”相比于职业学校教育中课堂知识的学习，更能够促进学徒与工作相关的职业能力的培养。20 世纪 40 年代，《糟糕学习者的独白》一书中揭示了正规学校教育情境和真实问题情境中学习的区别，通过对比认为，许多学生在真实情境中能有效地学习，但是却很难接受大多数学校的非情境化教

① 陈桂生：《教育原理》，华东师范大学出版社 2016 年版，第 28 页。

学[1]。学徒进入实践情境中，并不是束缚在某种单一的技术训练中，而是通过合法的边缘参与中观察和技能练习中进行整体感悟[2]。学徒不仅能够获得真实的问题情境的支撑，还能够在实践共同体中实现合法的边缘参与和不断的技能练习。比利特（2001）指出学徒基于工作本位学习的价值不仅在于学徒能通过实际工作场所的知识和技能的应用，加强学校教育中学习的知识和技能，实现职业能力的强化和转移，重要的是学徒能够获得直接指导，这种直接指导的提供可能来自周围的同事和师傅，或是来自从工作现场提供的线索和暗示[3]。从边缘参与逐渐向实践共同体核心移动，这种参与程度和内容的不断变化能够带来学徒对职业知识和技能学习的不断深入。

学徒的学习经历主要包括两方面：一是在真实工作过程中学习，即从真实工作经验中，在不断的错误与失败的经验中学习哪些知识和技能更为有用。二是来自上级领导或更有经验的企业师傅的指导或者同辈之间的支持行为。布鲁尔（2011）认为，学徒制是一种教育形式，即师傅通过传授特定职业技能和知识，为学生或学徒提供直接指导[4]。师傅对学徒起到至关重要的作用。师傅对学徒精心照料和培养，在许多情况下，师傅经常扮演父母的角色，师傅在个性品质、道德、伦理和正直为人等方面影响着学徒，同时指导学徒进入职业世界。康托尔（1997）明确指出师傅除了传递给学徒行业秘密和技术诀窍之外，师傅还经常教导学徒日常生活所需的许多其他概念，这些概念包括正规教育和特定培训，但更重要的是诸如“勤奋、可靠，并为自己的良好工作感到自豪”这些职业知觉特征[5]。在师傅的监督下，学徒们通常会在工作组织中获得职业荣誉和职业繁荣[6]。学徒经历中师傅对学徒职业技能和知识的传授，可以解决学校职业教育模式无法解决的技能学习问题，比如精湛技能的训练、丰富的工作经验的传递、运用理论知识解决工作问题的能力等[7]。阿·赫胥黎在谈到职业教育的弊端时，认为学校

---

① 温特贝尔特大学认知与技术小组等著，王文静等译：《美国课程与教学案例透视——贾斯珀系列》，华东师范大学出版社2002年版，第44页。

② 莱夫、温格著，王文静等译：《情境学习：合法的边缘性参与》，华东师范大学出版社2004年版，第41～42页。

③ Billett，S. Learning in the Workplace：Strategies for Effective Practice［J］. *Sydney*：*Allen & Unwin*，2001.

④ Brewer E. W. The History of Career and Technical Education［C］. Definitive Readings in the History，Philosophy，Theories and Practice of Career and Technical Education. IGI Global，2011：1－14.

⑤ Cantor J. A. Registered Pre－Apprenticeship：Successful Practices Linking School to Work［J］. *Journal of Industrial Teacher Education*，1997，34（3）：35－58.

⑥ Christman S. Preparing for Success through Apprenticeship［J］. *Technology and Engineering Teacher*，2012，72（1）：22.

⑦ 徐国庆：《高职教育发展现代学徒制的策略：基于现代性的分析》，载《江苏高教》2017年第1期。

职业教育培养出来的学生，下等的为鹦哥，只会说一套背一套，但却不了解公式的意义；中等的学生算是专家，对公式不但知其然，而且知其所以然，但是在范围之外，既不关心也不了解；上等学生成为理论家，在理论上左右逢源，讲得很清楚，但是对日常生活，既不知晓也不会应付[①]。

二、教育社会发展功能及其对人的培养

功能是个多学科研究的概念。综合不同学科研究对功能的解释，功能是指有特定结构的事物或系统在内部和外部的联系中所表现出来的作用。涂尔干（1989）认为，"教育是年长的几代人对社会生活方面尚未成熟的几代人所施加的影响。其目的是促进个人身体、智力和道德方面的发展，以适应社会对个人的整体要求，并适应个人未来所处的特定环境的要求。"[②] 杜威认为，受教育的个人是社会的个人，社会是个人的集合体。社会无视个人不能发展，个人无视社会也很难取得成功[③]。社会学认为，教育和学习经历也是个人的社会经历，个体在一段时间的教育经历能够改变个人的知识、技能和态度[④]。顾明远认为，教育的功能是指教育对社会发展和维持所产生的作用和影响。教育是一种培养人的社会实践活动，教育的功能具体体现为教育活动和教育系统对个人或社会发展产生的影响[⑤]。

美国结构功能主义学派的代表人帕森斯指出，社会化过程就是角色学习的过程。在这个过程中，个人通过角色学习，逐渐了解自己在社会结构中的地位，领悟社会对这一角色的期待，并学习完成角色义务。学徒的身份角色处在一种模棱两可的境地，他既是一名正在学习的学生和工作场所中的新手，也是一位需要了解和行动的专业人士。根据帕森斯以 AGIL 图式为代表的一系列理论分析，任何社会系统都履行着由对外—对内功能与手段性—目的性功能这两组范畴组合而成的四种基本功能，即适应（adaptation）、目标完成（goalatainment）、统合（intergration）以及模式维持（latent pattern-maintence），这几种功能之间相互联系。按照 AGIL 图式，教育仅仅履行并且只是履行对社会发展有利的积极功能（见图 6－1）。

① 阿・赫胥黎：《自由教育论》，商务印书馆 1946 年版，第 27 页。
② 埃米尔・涂尔干：《教育及其性质与作用》，华东师范大学出版社 1989 年版，第 9 页。
③ 杜威著，王承绪译：《民主主义与教育》，人民教育出版社 2001 年版，第 194 页。
④ 胡森：《国际教育百科全书》（第 6 卷），贵州教育出版社 1990 年版。
⑤ 顾明远：《教育大辞典：增订合编本》，上海教育出版社 1998 年版。

A 适应	G 目标完成
I 模式维持	L 整合

图 6-1　AGIL 图式

帕森斯认为，教育具有一定的社会化功能和选拔功能。教育的社会化功能是指教育能够使个人具备一定的人格、动机和技能，使其符合一定的成人角色，具体包括义务感与能力培养两部分。义务感本身包含两个层面，即履行广泛的社会价值的义务感与在社会结构中承担特定角色的义务感。能力也包括两个层面，一是承担个人角色所需技能、能力及同他人交往和相处的能力。教育的选拔功能是指教育能够起到人力资源分配的作用。他认为学校除了能够实现个体社会化以外，还是个人社会选拔的主要方式①。随后美国学者德里本（1968）在《在学校中学到了什么?》一书中，阐述社会化功能的一个方面，即规范的内化问题，他认为学校教育的主要功能是使学生成为现代社会中的成员，同时作为社会成员必须遵循相应的规范②。1976 年，鲍尔斯（Samuel Bowles）在《资本主义美国的学校教育：教育改革与经济生活的矛盾》中以资本主义结构下的工作等级和职业分工为背景，指出工作对从业者个性特征的要求，并提出教育的社会化功能也是一个"差异性"的社会化功能，资产阶级的子女具有更多进入一流学校，培养具有创造性精神的个性③。而平民子女则进入教育条件较差的学校，养成盲目服从的个性，为毕业后进入低等工作岗位打基础。学校教育为不同社会阶级的人培养不同的个性特征，为其将来能够在不同职业岗位上工作打下基础。因此，教育要以促进人的个性化为主要任务，现代化社会中个人社会化的过程是个人不断适应社会、适应社会分工、适应劳动变换的专业化过程。个人不仅要为成为一个合格的社会成员做好准备，还要为成为工作组织中的职业人员做好准备。为了适应现代社会各种职业角色和具有高度专业化的职业特点，个人不仅要具有高度专业化的知识和技能，还要具有能够迅速适应职业生涯中的角色变换能力。

① Parsons T. The School Class as a Social System [J]. *Harvard Educational Review*, 1959, (29): 297-318.

② Dreeben R. *On What is Learned in School* [M]. Addison Wesley Publishing Company, 1968.

③ 宁本涛:《教育经济学研究方法的反思》，载《教育与经济》2006 年第 1 期。

（一）教育的社会化功能及其对人的培养

个体在接受教育的过程中不断地实现职业社会化进程，如个体的职业价值观和职业目标的确立。职业社会化过程对于个体的职业生涯发展产生双重作用[①]。一方面，各种制度化因素为人们进入不同的工作与职位做好了准备；另一方面，个人认定了他只能在那些特定的职业生涯中进行选择，这也是职业的自我认同研究中重要的逻辑起点[②]。因此，在现代社会中，教育是促进个人社会化和专业化的重要方式和手段。学徒的个人社会化是指新手学徒学习其特定专业领域的行为编码系统以及与这些行为相关的意义和价值体系的过程[③]。个人社会化是个人实现职业生涯发展的重要指标，社会学家杜尔凯姆认为，“人之所以为人，必须具备社会化个性，而只有处于社会之中并经过社会的磨炼，人才能成长为完全的人。”[④] 唐加德（2007）将学徒的身份比喻为“边缘陌生人”，学徒处在一种即将成为工作组织的一员或在某种程度上不会参与组织内部的边缘化水平[⑤]。具体来说，学徒处于两种实践的边缘，这种模棱两可的身份立场可能会导致学徒的不安全感，但是也会产生一种从学校实践向工作实践转变的潜在力量，说明两种实践之间可以相互结合。

学徒作为工作组织中的成员，他们在真实的工作过程中所经历的职业操作和职业知识的学习都发生在日常职业活动中，而不像在学校教育中那样由专门的教师为其设计。例如，学徒在学习和使用新型操作设备过程中学习不断更新的技术知识。学徒在真实工作场景中才能够体会到职业技术精准操作不到位带来的后果，这是学校职业教育中的模拟实训室无法做到的，例如，在生物医学和临床实验室中，从业者计算中的一个小错误可能直接影响为患者开出的药物量。丁托（1993）认为学徒在学习的过程中，学徒经历了三个阶段的进展：第一阶段，过渡与调整、获得技术认可和完成产品并获得行业认可。丁托模型的第一阶段是过渡与调整，此时学徒刚进入职场，学徒在多方评估下进入工作场所，在社会和工作世界中建立资格，并开始与师傅建立关系。第二阶段，获得技术认可，这个阶段学徒获取了工作相关的一系列知识和技能，能够独立处理问题，并且在不断的尝

---

① 佟新：《职业生涯研究》，载《社会学研究》2001 年第 1 期。

② 游蠡：《学徒制到院校制：19 世纪上半叶美国工程教育的大学化进程》，载《高等工程教育研究》2019 年第 3 期。

③ Taylor E., Antony J. S. Stereotype Threat Reduction and Wise Schooling: Towards the Successful Socialization of African American Doctoral Students in Education [J]. *Journal of Negro Education*, 2000: 184 - 198.

④ Durkheim E. *Emile Durkheim on Morality and Society* [M]. University of Chicago Press, 1973.

⑤ Tanggaard L. The Research Interview as Discourses Crossing Swords: The Researcher and Apprentice on Crossing Roads [J]. *Qualitative Inquiry*, 2007, 13 (1): 160 - 176.

试与经验积累过程中，能够解决稍微复杂的工作情境，在多项考核和技能竞赛中取得了一定的成果，得到技术方面的初步认可，这为他们后来的职业发展奠定基础，这个阶段的学徒不再关注他们的成员资格，而是更加关注技术方面的突破。第三阶段是行业较为认可的产品完成，在此阶段学徒实现了学徒经历过程与职业生涯成功的整合以及学徒的职业能力和师徒关系的发展[①]。

从本质上说，学习是通过个人自身的经历而发生的，也就是说，学习是个人通过对身处环境所产生的反应而发生的。因此，教育的方式就是个人拥有的教育经验。教育目标的实现取决于我们决定提供哪些特定教育经验，因为只有通过这些教育经验，个人才会产生相应的学习行为，从而实现教育目标。产业工人在进入工厂之前都会在技工学校有一段较长的学习经历，在此过程中他们主要是一边在学校学习专业技术理论知识，另一边是在工厂师傅的指导下学习相应的技能操作以及与技能操作相关的实践知识，这段学习经历有助于工人在进厂后快速地适应职业角色、确立职业目标，并为职业生涯发展打下基础。英国教育家洛克断言，人们之所以或好或坏，或有用或无用，“十分之九都是他们的教育所决定的”[②]。卢梭认为教育对象在教育过程中具有主动地位，他提出“我宁愿把这种知识的老师称为导师而不称为教师。因为问题不在于要他拿什么东西去教给孩子，而是要他指导孩子怎样做人”，“他的责任不是教给孩子行为准绳，他的责任是促使他们去发现这些准绳”[③]。学习活动的发生是通过个人的主动行为而发生的，个人学习的内容取决于他做了什么，而不是教师做了什么。教育的关键手段是其提供的经验，而不是展现学习者面前的东西[④]。

（二）教育的选拔筛选功能

个人获得某种社会地位的过程，在很大程度上是一种竞争和选拔的过程，而教育是这种竞争和选拔的重要途径。在现代社会中，一个人何时从学校教育过渡到职业教育，并采用何种方式，再如何从职业教育阶段过渡到社会职业阶段。此过程主要凭借其学历和所学的专业得以实现，这都有赖于教育。即使个人不是凭学历而是其本身具有的某一行业的技术本领获得某种社会职业，这也是与其所接受的教育密不可分的。层级分明的教育制度和教育机构具有教育筛选的职责。学

---

① Tinto V. *Leaving College: Rethinking the Causes and Cures of Student Attrition* [M]. Chicago: University of Chicago Press, 1993.

② 洛克：《教育漫话》，教育科学出版社 1999 年版，第 4 页。

③ 卢梭：《爱弥儿》，人民教育出版社 1985 年版，第 11 页。

④ 拉尔夫·泰勒著，罗康、张阅译：《课程与教学的基本原理》，中国轻工业出版社 2014 年版，第 66 ~ 70 页。

校教育的层层筛选形成人们受教育水平的差异，同时也造就了人的社会分层和社会职业的差异。从某种方面来说，教育的筛选功能是社会发展的需要。

学校教育是个人进入职业世界的敲门砖。罗森布姆认为，正式教育文凭对职业所起的作用和重要性，在缺乏信息的条件下更为显著。正式教育的文凭是一种“符号”，它的竞争力在于与人们的工作技术能力直接相关联。但是，教育文凭主要对个人进入职业有重要作用，而对于人们在内部劳动力市场中的提升则相对作用较小，当人们进入某一组织中，文凭的符号功能便不再像当初那么重要了[①]。学历和文凭是个人进入工作岗位的入门砖，而个体获得胜任工作岗位的职业能力才是关键。虽然学校职业教育曾经被认为是一种进步，因为具有制度化教育特征的学校教育能够促使学生系统和高效地获取与工作相关的知识和技能，但是随着现代产业升级以及工作世界对职业生涯发展理念的变化，学校职业教育的弊端逐渐显现。杜威认为，学校应该提供有意义和相关的学习活动，以满足社会需求。本质上，杜威提倡头脑与手的整合、思维和行动的整合以及学术与职业的整合。与杜威相似的是，维果斯基开发了一个社会机构、文化、活动和认知的理论框架。维果斯基将这一理论称之为“活动理论”，根据这一理论，学习只有在个人参与实践活动中并使用工具时才会产生效率。

对教育系统而言，教育的社会功能对人的培养主要在教育内容和教育结构方面产生调节作用。第一，教育要不断地回应生产技术变革对人才需求的挑战，更新教育内容，如职业知识、技能和职业态度等方面。如果教育系统无视外部产业发展需求变化，一味地向学生灌输陈旧的知识和技术，那么其所培养的人才不仅难为社会所用，还会影响个人的职业生涯发展[②]。第二，教育系统要根据现实的社会需要进行人才培养规格和数量的不断更新，科学制定合理的人才培养层次和类别。这样可以减少人才需求的结构性矛盾。相反，如果教育系统只是根据自身条件和利益确定人才培养数量和规格，而不考虑现实的社会需求，那么将不可避免地出现结构性人才供需矛盾的现象，从而造成教育资源的浪费。

因此，职业教育理想的模式是把学校职业教育和传统的师带徒学习方式相结合。系统化的学校职业教育和师带徒技能学习缺一不可。几乎每个人都认为在未来的几十年中，中等技能和高等技能的职业所需要的是至少两年的高等教育。例如在美国，对学徒来说，与当地社区学院建立伙伴关系，除了可以获得相关教

① Rosenbaum J. E. Institutional Career Structures and the Social Construction of Ability [C]. *Handbook of Theory and Research for the Sociology of Education*. Greenwood Press, 1986: 139 - 172.

② 王筱宁、李忠：《现代中国职业教育办学主体的审视与前瞻》，载《高等工程教育研究》2019 年第 5 期。

育，还能取得两年制大学学位、职业资格证书和毕业证书，而学徒所获得的知识和技能将为其个人和企业带来加倍的回报。

第二节　学徒经历对个人职业生涯发展影响的三个阶段

学徒在不同的职业生涯发展阶段的任务塑造了学徒经历的发展，学徒的职业能力需求和职业期望也会影响学徒经历中的师徒关系构建。个人在职业生涯发展初期，学徒希望尽快确立职业身份，因此学徒就会比较关注如何提升工作相关的职业能力，并渴望与师傅建立指导关系，获取更多的与职业知识和技能相关的能力。学徒将师傅视为职业生涯发展的榜样，学徒跟随师傅学习职业知识技能、观察师傅的工作日常，接受师傅的职业价值的影响，并在此过程中逐渐确立职业目标、职业期待和职业认同等。随着职业生涯发展阶段的变化，个人的职业诉求也会发生变化，当学徒获得一定的职业能力以及职业晋升之后，他们对职业知识和技能等方面的关注逐渐减少，而是开始关注组织内部的职业支持机会和师傅的行业资源等。本节将详细介绍个人的职业生涯发展阶段以及学徒经历对个人不同职业生涯发展阶段的影响。

职业生涯（career）一词来自 20 世纪 50 年代的职业生涯心理咨询理论。在职业生涯发展中，个人的职业目标可能在从学校过渡到工作过程中发生变化。学界对职业生涯发展的研究与时代发展分不开，在 20 世纪 90 年代以前，技术和经济发展相对较为缓慢，个人职业生涯发展渠道相对比较稳定，通常是个人在组织内按照职业生涯发展阶梯向上发展。舒伯提出职业生涯是个人在其一生当中，准备工作、工作以及退休期间所担任及追求的一系列的职位、工作及职业。他认为准备工作、工作以及退休都是个人职业生涯发展中不可或缺且相互连接的环节。职业生涯发展的重心和关注点在个人身上。

亚瑟、霍尔和劳伦斯（1989）将职业生涯广义地界定为“一个人随着时间推移的工作经历的演变序列”[①]。茅斯（1991）列举三种职业生涯类型的上升轨迹，即行政官僚类、专业类型和企业家类型。行政官僚类型的职业生涯的特点是在既定等级内的成长和进步；专业类型的职业生涯是由工艺和技能定义，即不断提高的社会地位、荣誉和接受不断的任务挑战；企业家类型的职业生涯是通过形

---

① Arthur Michael B.，Douglas T. Hall，Barbara S. Lawrence. *Handbook of Career Theory* [M]. Cambridge: Cambridge University Press，1989.

成新的价值或组织能力[①]。尽管这些研究者所得出的结论存在某些差异，但是他们对职业生涯的本质内容基本达成一致的观点。他们都认为，职业是由具有某些特殊技能的行业群体构成的。这些技能通常是抽象的，需要进行多方面的训练。

广义的职业生涯（career）是个人在其一生中所承担的以职业发展过程为主的工作历程。有研究者认为“职业生涯”和“生涯”的概念是等同的，因为人在进入工作场所以前的学习实践，可以理解为做职业（生涯）准备，退出职业活动后，他的生活也与之前的职业有关。即职业生涯和生涯之间没有明确的界限，因此二者可以混淆使用。然而冯大奎（2012）认为职业生涯是一个人的职业经历，即个人从入职开始，到离职结束。[②] 沈和赫尔（2004）认为职业的概念是一生中扮演的角色的整体[③]。而从狭义上来看，西尔斯（1982）将职业生涯定义为一生的全部工作。因此我们认为，严格意义上的职业生涯是狭义的，即个人从入职到离职的人生经历，而不是人的整个生命历程。

克诺（2007）认为职业生涯可以划分为四种类型，分别是线型、专业型、螺旋型和短暂型四种。线型职业生涯是指个人在科层组织中，按照既定的职业路径进行发展；专业型职业生涯是指个人在某一工作领域中，长时间追求知识和技能最大化的提升；螺旋型职业生涯是指个人按一定的周期和频率在工作领域之间的工作变换，在不同的工作过程中积累相关的工作技能和经验；短暂型职业生涯是指个人在工作不相关的职业领域中不停地进行工作更换和变更[④]。

职业生涯发展是人的职业活动、职业生涯内容、职业收获由低级到高级、由简单到复杂、由少到多正向演化的过程。个体的职业目标是以职业生涯发展为前提条件，无论是客观职业成就还是主观职业成就都必须通过职业活动和职业行为获得保障。职业生涯发展建立在个体做出职业结果的基础上，它是职业结果的一个重要方面。舒伯的生涯发展阶段理论包含人一生的完整发展过程，并将生涯发展分为五个阶段。本研究在此基础上，认为职业生涯发展（career development）是指个体在工作中所经历的职业、工作以及职位之间相互关联的序列。职业生涯发展理论认为职业生涯中的人的主体活动是与职业相关的内容，职业生涯的演化过程遵循产生、发展和衰退的规律。

因此，本研究将个人的职业生涯发展过程划分为职业生涯发展早期、职业生

---

① Gabor S. C. , Petersen P. B. When Giants Learn to Dance: Mastering the Challenge of Strategy, Management, and Careers in the 1990 [J]. *Executive*, 1991, 5 (1): 97 - 99.

② 冯大奎:《生涯发展导论》，新华出版社 2012 年版，第 42 ~ 50 页。

③ Shen Y. J. , Herr E. L. Career Placement Concerns of International Graduate Students: A Qualitative Study [J]. *Journal of Career Development*, 2004, 31 (1): 15 - 29.

④ Kerno S. Continual Career Change: Tomorrow's Engineers Will Need to be Adaptable [J]. *Mechanical Engineering*, 2007, 129 (7): 30 - 33.

涯发展中期和职业生涯发展后期。职业生涯发展早期是指个人刚结束学习生涯进入劳动力市场，谋取可能成为一种职业基础的第一项工作，个体在此期间的年龄可能在 15～25 岁；职业生涯发展中期是指个人已经成为工作组织中的正式成员，一般年龄在 30～45 岁；职业生涯发展后期是指个人从 45 岁开始直到退休，或继续在行业内的兼职工作，可以说是处于职业生涯后期阶段。需要指出的是，本研究虽然基本依照年龄增大顺序划分职业生涯发展阶段，但并未囿于此，其阶段划分更多地根据职业状态、职业行为和发展过程的重要性，又因为每人经历某一职业阶段的年龄有别，所以，这只是大致的年龄跨度，职业阶段上所示的年龄有所交叉。在职业生涯发展研究中通常会用到职业生涯成功的指标进行结果的测量。因此本研究涉及的“职业生涯发展”一词更多指向基于个人产生工作绩效的结果。

一、职业生涯发展早期——学徒职业身份形成伊始

职业生涯发展早期是个人职业生涯的探索和初创时期。个人面临的职业任务包括从学校到工作的职业身份转换、职业技能与心理适应状态的挑战，个人需要快速适应新的工作环境和要求。列文森认为学徒职业身份期间，个人面临的主要任务包括：确立职业目标、根据目标进行职业生涯规划、建立师徒指导关系、适应岗位工作以及社会生活角色的初步建立等。舒伯也认为学徒期间的主要任务是胜任岗位工作，同时他还认为“职业选择是一个过程，而不是一个事件”。个人职业生涯发展早期的职业兴趣、职业目标以及职业认同将会决定学徒选择进入职业的时间长短和行业类型等。因此，师徒关系的形成对个人职业生涯发展早期具有重要的作用，师徒关系的职业发展指导能够帮助个人处理职业生涯发展早期的任务和挑战，例如，增加学徒的组织知识和认知策略、基于技能的学习，包括人际关系、组织、沟通、解决问题和监督技能。列文森的研究认为，师傅对个人学徒期间的指导包括：帮助学徒建立职业身份、明确自己在成人工作世界的职业身份、学徒逐渐获得独立工作和自主工作的完满感、帮助学徒获得专业权威人士的人际资源。师傅在工作组织中的职位和行业权威将会影响师徒指导的质量，进而影响学徒在职业生涯发展中与职业发展相关方面的提高。

（一）职业生涯发展早期的迷茫和不确定

学徒在刚进入工作场所时经常遇到的挑战是很难融入工作环境中，表现为学徒对刚刚接触的工作环境非常迷茫，技术操作不熟练，不能使用专业术语准确表述与工作环境相关的对象或过程。露丝（1998）对高等教育中刚进入大学工作的职工研究中发现，新员工刚进入工作场所时，他们心理上感到非常的孤僻和隔离

感，同时也会因为不明确的职业期望和较为繁重的工作负荷经常感到手足无措①。这是因为学徒对工作场所实践的概念、程序和倾向性知识处于职业生涯发展的早期阶段，个人还不能够制定适合其职业生涯发展需求的“专业愿景”（professional vision）。因此，个人在职业生涯发展早期，存在大量有意识的、认知的、探索性的行为。此时，学徒的探索性行为主要是为了使自己尽快适应工作岗位的要求、成为合格的工作者。学徒主要的任务是逐渐减少职业探索性行为，增加工作任务的习惯和定式思维。

（二）职业生涯发展早期的外部职业期望

在职业生涯发展早期，个人尚未形成职业目标和职业预期，他们的职业期望主要来自家庭背景。学徒开始进行职业探索并为追求工作满意做出一些职业决定。学徒开始产生他想成为什么样的人的概念，这种概念的产生以职业目标和职业期望的形成为标志，例如学徒想成为专业从业者或管理者等。在确定了职业目标之后，学徒开始思考自身的知识和能力是否能够符合工作组织的要求。在学徒工作的第一年，学徒主要关注自己是否能够顺利完成岗位工作任务，此时，学徒几乎不会将注意力放在自身未来的职业发展提高方面，而是更关注眼前的工作挑战。瑞斯（2000）等通过对350位新进教师的质性访谈研究发现，个人在初入职业生涯时主要对三个方面比较关注：整体上的职位聘用和转换空间、工作组织中的社会团体支持以及工作与家庭生活之间的平衡②。

在此阶段，职业身份的转变和职业认同是学徒职业生涯发展早期的主要关注点。学徒进入工作场所开始逐渐接触职业并为谋生做准备。例如，“进入企业后，我就是这个企业的职工了，开始融入职业的氛围中，我当时感觉很轻松，因为我认为能胜任这份工作，因为我之前也做过学徒。但是如果刚从技校毕业去企业的话，可能还要通过半年或一年时间适应岗位任务，会有一个转变的过程”（I2K10）。学徒刚进入工作场所的主要关注点还在于自己能否适应工作任务的强度和难度，而无暇顾及职业收入、职业待遇或职业晋升等方面的内容，“你找到一个工作对吧，你心里不会多想什么，特别是在工资待遇什么都不会想太多，你进了一个单位，你就安安心心地做好它，你努力去做，看你能不能适合这个工作，你首先去做了再说”（S2A10）。学徒在完成此阶段的突破性工作任务后，可

① Luce J. A., Murray J. P. New Faculty's Perceptions of the Academic Work Life [J]. Journal of Staff, Program & Organization Development, 1998, 15 (3): 103-108.

② Rice R. E., Sorcinelli M. D., Austin A. E. Heeding New Voices: Academic Careers for a New Generation. Inquiry #7. Working Paper Series. New Pathways: Faculty Careers and Employment for the 21st Century [R]. American Association for Higher Education, 2000, 7-12.

以获得职业晋升的机会，与此同时也会带入更多的职业态度和情感。因此，学徒职业生涯发展早期，更多的要依赖师傅对他们的直接引导和建议，学徒从师傅那里获得职业能力的提高以及职业目标的确立，能够促进他们职业生涯发展的结果。

（三）职业生涯发展早期的内部信息获取

个人在职业生涯发展早期不仅要向师傅学习相关职业知识和技能，还要学习工作组织中的惯例和管理系统知识。师傅通过赞助学徒、辅导学徒、保护学徒、提高学徒技术曝光以及向学徒布置挑战性工作任务等方式，帮助学徒了解和获取工作组织的内部信息并为其提供职业晋升的机会。在学徒经历中，师傅对学徒提供的工作组织中的“政治功能”或“权威观点”有时比技术传授更为重要，因为这些内部规则可能是个人职业生涯成功的必要条件。此外，师傅为学徒提供如何获取内部特权的信息、职业生涯发展的保护措施，以及如何驾驭组织政治体系和人脉资源。例如，师傅向学徒介绍有影响力的“决策网络”。一位企业专家表示，“我在学习技术的过程中，认识了很多行业专家，这是大家有共同语言的技术交流的圈子。很多都是师傅带领我认识的，大家能相互交流，认识很多人，这也是相互学习的领域”。

二、职业生涯发展中期——学徒向独立员工的发展

职业生涯发展中期是指个人在职业生涯角色工作期间的一段时间，在个人感觉到已经建立并且已经达到专业化的阶段。不同于职业生涯发展早期，学徒在职业生涯发展中期更加关注职业贡献，职业提升机会以及工作组织中的人际关系，学徒在这个阶段已经形成了长期的职业规划和目标，开始出现一些工作发展机会，并形成了一定的组织管理关系，如学徒与师傅、与上下级领导以及与同事之间的关系。一方面，在此阶段，学徒与师傅的互动可以通过加强职业反思和职业体悟来促进职业能力提高。另一方面，师傅帮助学徒获得行业资源和人际关系。从职业生涯发展中期开始，学徒逐渐掌握行业中的关键职业知识和技能，可以进行工作任务的独立操作，只是在出现个别问题和突发情况时，再由企业师傅进行点拨和沟通。总体看来，由于现代产业中等技能类工作对技能操作的精细化和复杂化要求较高，因此，学徒在此阶段往往能够出现技能水平开始超过师傅的现象。但是也有企业专家表示，个人职业生涯发展中期是技术技能类人才职业生涯发展的关键期，如果在此阶段不能达到一定的职业能力要求，那么在之后的职业生涯发展阶段基本上再无职业晋升和职业生涯获得成功的可能。

（一）从独立工作者向学徒指导者的角色转变

个人从之前的角色（如从学校或之前的职业角色）进入新的职业角色，个人已经形成职业知识、价值或态度，以及新的角色中的技能获取。路易斯（1980）认为，个人在这个阶段能够感受到职业角色的形成，在角色中确立了自己的经验，并且进入了一个工作更加脚本化、习惯性、日常化和无意识化的时期①。个人从职业生涯发展中期开始，其在组织中的职业角色变化逐渐走向特殊性和内部性。相反，个人在组织的早期职业生涯发展是以一系列社会化过程为特征的，或者说是一组新员工的集体社会化过程，这种改变通常来自组织对个人职业身份变化的外部要求。例如，企业新产品的开发、技术水平的不断提高以及客户需求的不断变化等。同时，职业身份的变化也可能来源于个人本身，即个人职业价值、职业需求、职业兴趣和职业技能的等方面的重新认识，或是个人对工作和个人参与之间的不平衡的渴望。

在职业生涯发展中期，个人掌握职业领域内的核心职业能力并且开始指导其他员工。从学徒到独立工作者的角色转变，扩大了个人的职业兴趣和能力，并将此前在学徒经历中接受的技术传承分享给下一代学徒工。此外，个人通过早期的技术积累和实践，能够摸索出行业的诀窍和精髓，在工作规范的基础上，创造自己的操作风格并开发新的方法解决特定问题。例如，“我们这个行业，前面十年、二十年都是在按葫芦画瓢，不懂得其中的原理和诀窍就照搬，那我到现在的话，我的每一幅刺绣的画都是活的，都是我自己的设计感觉在做，用自己的思想在画画，这样做出来的作品就是一幅画的再创作，虽然我们不是用笔画的，而是用丝线来做的，就是这个感觉”（J2K10）。在此职业生涯发展阶段，由于学徒职业能力的提高以及行业资源的扩大，个人开始承担更多的工作职责。

（二）个人更为关注客观层面的职业生涯成功

人力资本理论认为，在金字塔形的组织结构中，个人的职业晋升渠道会越来越狭窄，个人面对的竞争更加激烈。此外，大多数组织存在一个隐含的或明确的职业晋升时间，即如果一个人在一定的工作年限内没有晋升到一定的职位，那么他下一步的晋升机会将大幅减少。这就好像个人参加比赛的“高原期”，他必须在每轮比赛中都要通关，以保证获得进入下一轮比赛的资格，如果个人失去了一

---

① Louis M. R. Surprise and Sense Making：What Newcomers Experience in Entering Unfamiliar Organizational Settings［J］. *Administrative Science Quarterly*，1980，25：226 -251.

轮比赛，那很有可能意味着他将输掉所有比赛[①]。例如，“你不知道你明年的竞争对手是谁，你这个再落下来以后，你就不知道结果怎么样，这是很关键的！就是人啊，每个起跑线上面，你多跑一步和你每次落下来是不一样的，跟我一起进来的有个人，学的是电子专业，相对来讲可能比我更有理论，但是我们两个人走的路截然不同了。就是你每一步走上去，可能人就是不一样的”（I2K10）。

（三）职业关键期对个人职业生涯成功的重要性

职业关键期是指学徒职业发展过程中对职业成就结果起到决定作用的时间段，学徒处在不同的职业发展期要完成相应的工作任务，并达到一定程度的职业能力，否则将会影响下一个阶段的职业发展和能力的提高。例如，学徒认为师傅从行业和职业发展全局的角度，会为学徒制定全面的人生和职业规划。对于大部分缺乏一定专业理论知识的学徒，“比较负责的师傅可能还会盯住你，让你业余时间多多接触理论，师傅让小组的学徒相互配对，一起去读书，晚上别人下了班打牌，我们下了班一起去参加初级工、中级工资格培训，最后整个厂里面，我们组的中级工和高级工数量最多”。企业专家在访谈中表示，师傅对自己职业生涯发展的规划和点拨将会对自己的职业生涯发展和职业生涯成功产生决定性作用。“就是因为师傅在当时给我定下的这个职业目标，我时刻记在心里。如果我当时没有这个压力的话，那我肯定到不了现在这样”（U3G10）。

三、职业生涯发展后期——员工到企业专家的迈向

职业生涯发展后期是指个体从 40 岁以后直到退休，可以说是处于职业后期阶段。此时的职业状况或任务：（1）成为一名良师，学会发挥影响，指导、指挥别人、对他人承担责任；（2）扩大、发展、深化技能，或者提高才干，以担负更大范围、更重大的责任；（3）如果求安稳，就此停滞，则要接受和正视自己影响力和挑战能力的下降。个人职业生涯发展后期的主要职业目标是个人维持其在组织内的职业地位和职业成就。在此过程中，个体获得了一定的职业生涯成功，并且开始从企业师傅的职业身份向行业核心技术专家转变，个体逐渐成为企业内的核心技术支撑，并形成自己的技术团队和行业内人脉资源。

---

① Rosenbaum J. E. Tournament Mobility: Career Patterns in a Corporation [J]. *Administrative Science Quarterly*, 1979, 24: 220 - 241.

（一）从企业师傅向行业核心技术专家的身份转变

从职业生涯发展早期到中期，个人完成了从学徒工到独立的工作者的职业角色转变。在职业生涯发展后期，个人职业角色从独立的工作者向企业专家转变，承担师傅的角色，指导其他的学徒。一方面，个人从独立工作者向学徒指导者的身份转变，开始担负起技术传承的责任。在职业生涯后期，从业者获得了一定的职业成就和职业威望，开始从独立从业者角色转变为企业师傅。另一方面，个人从执行者向管理者的职业身份转变，因为具有学徒经历的企业专家大多是从实践基层晋升到现有岗位，而不同于企业内只接受学历教育而没有学徒经历的本科生。这些企业专家对工作实践的理解比较深入，他们能够从实践的角度处理问题，而不是从上到下的理论指引，因此在进行工作管理时能够从实际出发，从实践中寻找解决问题和处理困境的对策，例如，企业专家认为管理层中很多只有学历但没有经验的人，经常会因为经验缺失造成管理方式和方法出现失误。“厂里有很多管理层，他们经常做一些判断错误的决定时，我们（作为企业专家）看着就觉得心里很难受。我就在想，你问我一下你就不会犯这个错误。比如厂里经常有从来没用过的焊接材料，他们拿过来了之后也不来问我，我说这个我最知道了，你要做的这个东西，用什么焊接方式最适合，最不容易出问题，我最清楚，结果也不问我，自己在那里做，最后做坏了。这些大学生进来，来了就在那个岗位上做，之前没好好去接地气，接了地气，他就不会这样。毕竟他还是有专业知识的，但是为什么会出现这种问题，就是因为他不懂如何应用”（H2P15）。

（二）个人成为企业发展的核心技术支柱

在职业生涯发展后期，个人基本实现职业目标、职业任务以及职业成果，并形成一系列独特的发展任务。企业专家塑造了他们在本行业的职业知识和技能的生产方式，即我们平时所说的“独门绝技”。达特提出个人在职业生涯发展的后期成为企业专家的身份角色时，他们将成为工作组织中的“核心人物”，在此阶段企业专家的责任和义务不仅满足于个人层面的技术传承，而是具有帮助工作组织胜任行业竞争，促进企业发展繁荣以及传承技术的责任和使命。此外，职业生涯发展后期的关注点逐渐从外部的客观职业生涯成功转向主观的职业生涯成功，如从关注职业收入和职业晋升，逐渐关注职业威望和行业认可度，关注社会责任、工作满意度以及职业与家庭之间的平衡等。

第三节　学徒经历对个人职业生涯发展影响的结果分析

在本研究中，以参与学徒制的直接受益者——学徒的职业生涯发展作为线索分析学徒指导在现代职业教育人才培养中的价值，并以此分析作为学徒制复兴的前提条件。正如前文所述，学徒的职业身份、职业能力以及社会关系是学徒经历对促进个人职业生涯成功和职业生涯发展产生的直接要素。同时，在编码分析过程中产生的核心类属能够充分证明和诠释学徒经历中的关键要素对个人职业生涯成功的影响。首先，学徒的职业伦理、职业知觉和职业适应力是其职业身份形成的主要表现。其次，学徒的职业知识、实践技能以及职业态度是构成个人职业能力形成的因素。最后，学徒的师徒关系、同辈群体关系和重要他人关系是个人社会关系形成的主要因素。其中，学徒的社会关系也是其职业行动发展的内部推动力，这些因素之间不是相互孤立的，而是相互影响的。随着个人职业生涯发展进程的展开，这些影响因素之间也会贯穿个人职业生涯发展的始终，并在个人的职业生涯发展阶段发挥着不同的作用。

本研究通过将从原始资料中得出的开放编码和现有文献、理论之间进行反复比较的基础上，形成核心类属，再将核心类属的结果与新的文献进行不断的分析比较，不断补充已有概念和类属。在此循环往复的比较和分析过程中，本研究最终以职业生涯发展理论作为研究基础，构建核心类属之间的关系。在选择编码阶段，我们发现“社会关系”这个类属比较重要，能够统括其他类属。不论是学徒的“职业身份”还是“职业能力”的形成以及学徒经历对职业生涯成功的影响，均与此有关。因此，我们将其作为核心类属，并将“职业身份”和“职业能力”作为支援类属。

一、学徒经历对个人职业生涯发展影响的理论分析框架

个人职业生涯发展阶段划分的标准是以个人体验为社会期望的职业发展任务，通过成长、探索、建立、维持以及衰退五个阶段的时间顺序进行推演。从前一个职业发展阶段向后一个阶段过渡过程中，个人往往会经历社会经济和个人事件等方面的影响。职业生涯发展理论被广泛用于解释个人在其工作生涯中的各种态度和工作行为。舒伯的职业生涯发展理论认为，个人经历了四个职业发展阶段，即探索期、

建立期、稳定期和衰退期[①]。施洛斯堡（1981）认为职业生涯发展的过程是终身学习的过程，包括职业价值、职业身份、职业机会以及职业规划的变动和形成[②]。道尔顿等（1977）区分了个人在职业生涯发展过程中所经历的四个角色：学徒、同事、师傅和企业专家，个人处于不同职业角色的过程中都会有具体的工作任务和目标[③]。克朗（1984）对销售人员的职业生涯发展进行研究，他认为个人的早期职业生涯阶段包括进入劳动力市场、建立和发展技能等方面，探索个人认为其自身可能成功的不同机会和工作活动。职业生涯发展中期阶段包括职业承诺因素。这时，个人逐渐形成职业身份，并且个人能够掌握核心职业技能，取得职业生涯成功[④]。

根据舒伯与列维森的职业生涯发展阶段划分以及道尔顿的职业身份四个阶段，可以清晰地看出个人职业身份所属的不同职业生涯发展阶段，从而能够具体分析每个职业生涯发展阶段应达到的不同职业任务和目标（见表6－1）。本研究主要关注舒伯职业生涯发展理论划分的前三个阶段，即职业生涯探索期、职业生涯建立期和职业生涯稳定期。因为这三个阶段主要发生在个人的职业生涯发展的活跃时期，下面的研究中将这些阶段分别描述为职业生涯发展早期、职业生涯发展中期和职业生涯发展后期。

表6－1　个人的职业生涯阶段与专业身份发展阶段的划分

年龄	职业生涯阶段	职业身份发展阶段
17～22岁	早期职业身份转换	学徒工
22～28岁	进入成人工作世界	
28～33岁	从学徒到从业者的身份转换	独立工作者
33～40岁	趋于职业稳定	
40～45岁	职业生涯发展中期	企业师傅
45～50岁	进入中年期	
50～55岁	从员工到师傅的身份转换	
55～60岁	职业生涯后期的经验积累	企业专家
60岁以上	从师傅到企业专家的转变	

① Super D. E. The psychology of careers: an introduction to vocational development [J]. *Industrial and Labor Relations Review*, 1957.

② Schlossberg N. K. A Model for Analyzing Human Adaptation to Transition [J]. *The Counseling Psychologist*, 1981, 9 (2): 2－18.

③ Dalton G. W., Thompson P. H., Price R. L. The Four Stages of Professional Careers—A New Look at Performance by Professionals [J]. *Organizational Dynamics*, 1977, 6 (1): 19－42.

④ Cron W. L. Industrial Salesperson Development: A Career Stages Perspective [J]. *Journal of Marketing*, 1984, 48 (4): 41－52.

本研究对职业生涯发展阶段的界定来自以下几方面。一是从“生涯发展”的时间序列出发，强调在人的职业生涯中个人感知与职业相关的经历和态度的顺序。例如，职业生涯发展中期是指在这个时间序列的中间阶段。按照传统职业生涯发展模式，人们在 20 岁左右进入职业，一直到 65 岁退休；职业生涯发展中期大概在 35～50 岁之间，如果个体没有持续进行与职业相关的活动，中途选择继续学习或更换其他职业，可以根据人们在职业领域从事工作的时间进行职业生涯阶段的划分。二是关注职业角色的感知特征，个人通过特定的职业角色感知其职业生涯发展历程，并根据个人职业角色定义职业生涯发展阶段。例如，个人在出现重大职业转换的情况下，通常会根据职业角色感知特征进行职业生涯发展阶段的划分，即个人认为从其职业角色形成开始，他们不再是职场新人，而是成为组织发展中的“内部人”。

分析学徒经历对个人职业生涯发展的影响结果，需要我们建立基于学徒职业生涯发展的分析框架（见图 6－2），虽然不同职业中的学徒指导存在细微的差别，但是总体而言学徒指导都指向促进学徒个人职业生涯发展的工作结果，由于每个职业的背景和内容以及个人所处的环境和观点有所不同，很难针将具体的职业发展过程展开，而是要从个人不同的职业生涯发展背景下，提取和建立共同的分析框架。

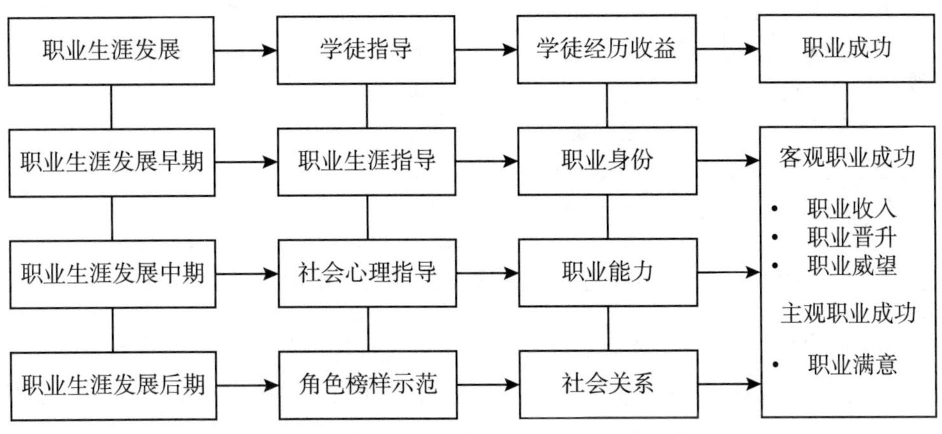

图 6－2　学徒经历对个人职业生涯发展的影响结果分析

学徒经历帮助个人建立和发展职业兴趣、做出职业决定，以及促进个体达到不同程度的职业生涯成功及职业稳定性的过程。社会认知生涯理论假定个人认知和经验历程是加强或延伸个人职业生涯发展的重要层面。在职业生涯发展过程中，人们经历不同的职业行为变化，这些变化将会产生影响个人职业生涯发展结果的机制和途径。人们可以指引自己的职业行为，即人的自主性。社会认知生涯理论认为个人经历对职业生涯发展起到关键作用的三个变量为自我效能感、结果预期和个人目标，个人可以通过这三个变量调整自己的职业生涯行为。如个体指导其职业行为以实现职业目的。个体通过预见性的和有意识的行动，以及自我反思和自我反应的能力，能够使替代行为成为可能。个体具有职业选择和职业发展的能力，例如进行职业探索和职业规划，进行个人与职业环境的反思，以及职业目标的制定。因此，人们在工作世界中将会不断受他人的影响并影响他人。

从学徒经历来看，个人在职业身份、职业能力和社会关系形成的过程中伴随着自我效能感和职业预期的产生。自我效能感和职业预期有助于个人职业目标的建立，促进个体职业行动和职业生涯成功的实现。个人学习经验和经历对职业生涯成功产生影响，学徒经历对个人的职业身份、职业能力和社会关系产生积极作用。学徒经历对个人职业生涯成功的意义在于它为学徒指导在职业教育人才培养过程中发挥的作用提供了理论性解释依据。学徒经历对个人职业生涯成功影响的具体结构见图 6－3。

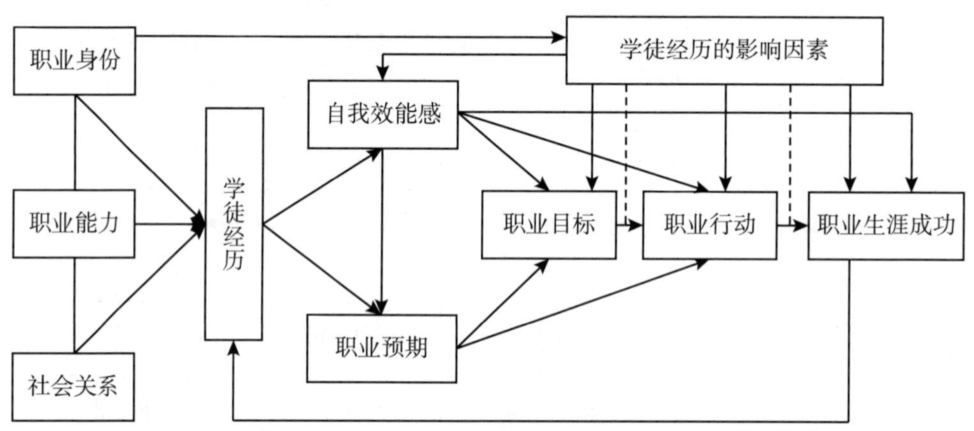

图 6－3　学徒经历对个人职业生涯成功影响的理论模型

目前，职业生涯成功这一概念尚未在学界获得统一的和令人满意的定义。大多数经典研究都认为职业生涯成功是一种客观的、可衡量的概念，但是舒伯（1954）将职业生涯成功视为个人和主观建构，而不是社会和客观建构①。同样地，查治等（1999）将职业生涯成功定义为“个人因工作经历而积累的真实或感知成就”②。史密斯（2012）将职业生涯成功定义为个人的、主观的、可感知

① Super D. E. Career Patterns as a Basis for Vocational Counseling [J]. *Journal of Counseling Psychology*, 1954, 1 (1): 12.

② Judge T. A., Higgins C. A., Thoresen C. J., et al. The Big Five Personality Traits, General Mental Ability, and Career Success across the Life Span [J]. *Personnel Psychology*, 1999, 52 (3): 621－652.

的概念，即将职业生涯成功的概念视为一种取决于个人经验的主观观点[①]。目前，大量的学术研究中，研究者确定了职业生涯成功的客观和主观测量的属性，他们比较倾向于将职业生涯成功定义为“个人因工作经历而积累的真实或感知成就”。因此，职业生涯成功一方面包括可用外部标准衡量的客观特征；另一方面，职业生涯成功也是主观的，因为它取决于个人定义的观点。具体而言，薪资增长和职业晋升数量是客观衡量标准，职业满意度或个人对其职业发展的满意度是职业生涯成功的主观测量标准。

然而，这些薪资增长、职业晋升和职业声望的共同标准对不同职业生涯成功的评定将会产生偏颇。比如，学徒大多从事的蓝领职业，这类职业的工作组织内部具有等级性并且缺少职业晋升机会，因为蓝领工人的薪酬与白领工人并不具备一定的可比性，而且薪资水平在不同的行业中也有较大的差距。亨内金（2007）认为传统上职业生涯成功的建模和衡量标准不一定代表蓝领工人的看法。因此，他对蓝领职业中取得成功的含义、定义和衡量标准进行研究[②]。此外，比较蓝领职业群体中的工资和晋升在衡量个人成就方面可能无效，因为企业工会以统一的法定工资结构形式进行保护，并支持基于资历而非个人贡献或独特技能的晋升机会。因此，尽管蓝领工人确实经历了加薪，但他们仍有机会在工资或晋升方面与同龄人区分开来。

管理学将职业生涯成功界定为客观与主观两个主要维度，客观层面的职业生涯成功是指外显的、可测量的客观指标，例如个人的薪资水平、社会地位，主观的职业生涯成功是指个人对自身职业生涯成功的评估，这种评估一般是与他人的比较，或是与个人自身制定的职业目标的比较。有关学徒指导的研究都证明了学徒指导对主观和客观职业生涯成功的影响，制定的学徒指导问卷包括五个子量表：支持与人际沟通、职业发展规划、指导、情感支持与榜样示范。从主观职业层面来看，职业生涯成功对不同人来说意义不同，而且职业生涯成功的意义会随着环境的变化而变化，因此很多研究机构为了减少数据的外界干扰，采用客观职业生涯成功指标和主观职业生涯成功的综合测评。客观职业生涯成功指标，如职业等级、职业收入、职业晋升次数等；主观职业生涯成功指标（如个人职业成就感、价值观和工作满意度等）。主观职业生涯成功通常与个人、专业和组织目标相互关联，因为每个人活动的社会环境受多方面的因素影响，所以每个人的职业生涯成功各不相同。职业生涯成功的评估标准可以是个人是否实现职业目标，也

---

① Smith P. Connections between Women's Glass Ceiling Beliefs, Explanatory Style, Self-efficacy, Career Levels and Subjective Success [D]. University of Wollongong, 2012: 112 – 115.

② Hennequin E. What "Career Success" Means to Blue-collar Workers [J]. *Career Development International*, 2007, 12 (6): 565 – 581.

可以是工作需求的满足。例如，个人获取梦寐以求的职业、组织或特定工作并不意味着个人的工作满足感，如某些高离职率的职业。

德尔（1986）的框架提出职业生涯成功的五项度量标准，与职业生涯成功的传统度量标准不同，这五项内容是进步、安全、激励、自由和平衡①。格林华斯等（1990）认为职业生涯成功可以分成主观指标和客观指标。因为职业生涯成功往往是通过有形的、外在的结果和更主观的结果进行研究②。客观职业生涯成就主要是指职业生涯改进的外部指标，如工资、工资涨幅水平以及晋升等，这几个因素是研究客观职业生涯常用的主要指标。除此之外，客观职业生涯成就的指标还包括受教育水平、个人所处的社会等级、职业等级、最高工资、晋升概率以及职业荣誉等方面。迈乐梅（1995）研究发现雇员和环境因素相互作用可以用来预测职业生涯成功。在个人职业发展过程当中，职业生涯成功分为主观职业生涯成功和客观职业生涯成功两个维度。客观职业生涯成功是指那些可观察、可证实的成果和价值，如职业晋升的次数以及薪酬水平，这些指标是以他人的评价标准为依托③。尼科尔森（2005）提出了六个用于衡量客观成功的指标，分别为物质成功、社会声誉、职业威望、影响力、地位和头衔④。

衡量主观职业生涯成就主要是态度、情绪以及个人对自身工作实现的期许，而不是客观完成量，即职业满意度。常见的指标为工作满意度、组织承诺以及职业认同等，以及身份认同、目标以及工作与生活平衡等。安德鲁斯将主观职业成就指标总结为自我效能感、内在工作满意度。然而，职业生涯成功的内容要比简单的识别指标复杂得多。基于上述对职业生涯成功和职业生涯发展的文献综述，本研究主要关注学徒经历对个人职业生涯成功的影响，强调个人职业生涯发展的结果。在职业生涯成功的指标选取方面，主要采用管理学界比较认可的主客观两维度指标划分，即客观职业生涯成功和主观职业生涯成功。客观职业生涯成功包括职业收入、职业晋升、职业地位和职业威望等；主观职业生涯成功主要是指个人对自身职业成就的主观感受，即职业满意度。

事实上，个人主观职业生涯成功的判定是以个人客观职业生涯成功为基础

---

① Arthur M. B. , Hall D. T. , Lawrence B. S. *Handbook of Career Theory* [M]. Cambridge University Press, 1989.

② Greenhaus J. H. , Parasuraman S. , Wormley W. M. Effects of Race on Organizational Experiences, Job Performance Evaluations, and Career Outcomes [J]. *Academy of Management Journal*, 1990, 33 (1): 64 – 86.

③ Melamed T. Career success: The Moderating Effect of Gender [J]. *Journal of Vocational Behavior*, 1995, 47 (1): 35 – 60.

④ Nicholson N. , de Waal – Andrews W. Playing to Win: Biological Imperatives, Self-regulation, and Trade-offs in the Game of Career Success [J]. *Journal of Organizational Behavior: The International Journal of Industrial, Occupational and Organizational Psychology and Behavior*, 2005, 26 (2): 137 – 154.

的。但是，也有部分研究表明，很多拥有较高职业地位的成功人士，即使他们获得令人羡慕的职业收入和行业威望，但是他们却不觉得自己在职业上是成功的，即职业满意度水平较低、职业期望较高。这也从侧面反映出客观职业生涯成功和主观职业生涯成功的评价是相互独立的，所以，本研究对职业生涯成功的定义应该是兼顾主观和客观的职业生涯成功标准。

二、职业身份形成是促进个人职业生涯成功的基础要素

学徒在刚进入工作场所中时正处于职业不确定性和职业迷茫阶段，还会经常遇到一些工作困难。学徒经历能够为个人在面对职业选择和职业迷茫时提供参考。学徒在师傅的指导下逐渐掌握职业相关的技能和知识，并随着师徒关系的深入开始习得师傅的诀窍知识、快速适应岗位和提高工作完成的速度，这时，学徒也处于一种矛盾的职业心理状态，一方面，他们渴求从师傅那里获得技术操作的监督和方向的指导；另一方面他们希望能够独立地、创造性地从事技能任务。研究表明，相比没有学徒经历的员工，雇主更加倾向选择那些接受过学徒培训的员工，他们具有更高阶的技能以及沟通能力等，而这些能力是处理行业关键问题的必要条件，如面对技术不断更新、市场环境以及客户需求的不断变化等。

个人的职业身份描述了员工关于工作环境中的努力工作、较高的职业目标、职业自我效能感和职业生涯成功所表现出的内在特征。表现出这些特质的从业者总是无意识地根据其心理活动发展相应的职业行为，即“总是低于意识的门槛”。对新老员工的研究表明，这种潜意识的职业知觉思想和行动与进入职业生涯的时间长短无关。个人的职业身份认同的形成能够促进个人自我效能感、职业结果预期、职业认同以及职业目标的形成，从而有助于职业生涯成功。布朗认为更高的自我效能和职业预期的积极成果促进了更高的职业目标，这有助于激励和维持职业绩效行为。自我效能感与特定情境相关，并为个人是否能够胜任具体任务的可能性提供答案。例如，我是否能够完成这项任务？我是否能够胜任这个工作岗位？个人对其自身能力的预测在个人职业生涯决策和职业生涯发展中占有重要作用。个人倾向于选择那些自己能够胜任的工作岗位，即使目前的能力尚不能满足工作所需，他们也会努力尝试和获得，相反，人们不会选择那些自认为达不到或缺乏相关能力的职业。学徒经历中师傅对学徒的榜样示范以及言语劝说是影响学徒自我效能感的重要因素。

结果预期是对执行具体行为操作结果的想法。结果预期包括个人对“外在强化”的想法，例如，获得成功表现的赞许、自我导向的结果（为掌握一项具有挑战性的任务感到自豪），以及从执行特定活动的过程中得出的结果。个人目标也

以重要方式影响职业行为。个人目标与参与活动以产生特定结果有关，职业目标有助于长期组织和指导我们的行为，例如，学徒在师傅榜样示范和指导下，将会对未来的职业发展做准备，并设定相应的职业目标。

图 6 - 4 反映了三种核心概念：（1）个体职业认知要素；（2）个体职业能力要素；（3）外部支持要素。这个三角模型综合了个体在工作环境的情境化中的个体独特性。这一核心概念适用于不同个人的各种经历和情境成长。

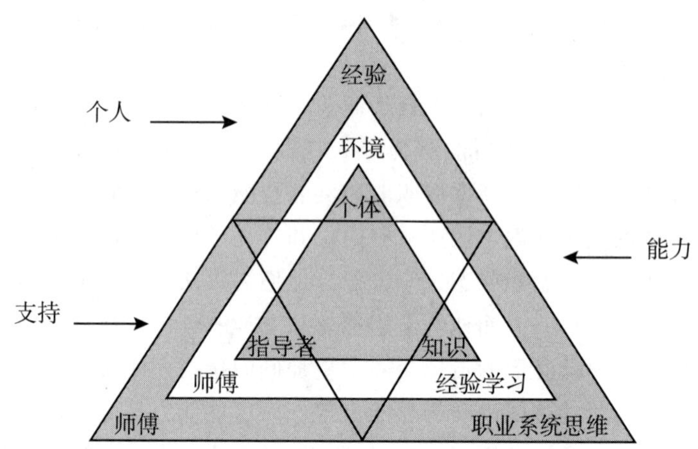

图 6 - 4　学徒经历对职业生涯成功的三角模型

学徒经历对职业生涯成功的三角模型说明了个体通过学徒经历学习产生的工作思维方式的变化，从学校职业教育对知识的识记、工作过程中师傅指导下的技能操作经验学习，再到最后形成先进的职业系统思维，这种系统思维帮助学徒面对新的工作任务时，能够从整体上思考问题的解决方式，而不是局限在某一处的具体技能操作。

三、职业能力提升是促进个人职业生涯成功的核心要素

学徒能够在职业生涯发展过程中获得师傅对其工作相关的职业技术技能的帮助和支持。例如，首先，学徒可以从师傅那里获得与工作相关的言语或陈述性知识，即了解有关做什么的工作步骤；随后，学徒开始掌握程序性知识，有关如何做某事的职业知识；最终学徒将提高执行一系列有组织行为的能力。在职业生涯发展中期，学徒的职业身份发生根本变化。学徒从跟随“师傅”的学习者转变为独立的工作者。在此阶段，个人实现其职业身份转变的核心要素是个人职业能力的形成。

（一）学徒职业能力的形成过程

学徒职业生涯指导是指学徒在师傅的指导下，学徒获得的与职业相关的知识、技能和情感态度的学习，学徒在接受这些职业相关学习后，能够提高职业能力，并有机会获得职位晋升。例如学徒在职业生涯发展早期，师傅为学徒提供职业支持、指导学徒的职业知识和技能操作，以及提高学徒在工作组织中的职业曝光度。此外，师傅能够帮助学徒在工作组织内部建立人际关系和积累人脉资源，梳理组织内部的复杂情况。克拉姆将学徒的职业生涯指导总结为能够促进学徒职业生涯发展提高的所有学习内容。职业生涯指导能够促进学徒职业能力的发展，其中包括“知识层面”“技能层面”“情感态度”三个方面，与职业知识相关的学徒指导包括言语知识、知识组织和认知策略。基于职业技能的学徒指导包括技能完成和技能自动化。最后，情感态度和动机方面包括职业性格、自我效能感和职业目标设定等。

（二）学徒职业能力形成过程中各要素的组织方式

经验知识与个体的自主性具有重要的联结和意义。尤其是处在职业生涯发展中期的从业者，对他们来讲技能操作已经较为熟练，并形成了习惯性的思维和动作，他们的经验知识对于提高企业工作绩效和促进个人职业技术水平都具有重要意义。克朗伯兹（1979）认为，学习经验产生了自我认知、职业偏好、职业兴趣以及职业价值观，这一切都可以称为自我观察类化，这些加上学习经验发展出来的技能，引发个人职业生涯相关的行动①。

1. 个人职业能力的初步形成

盖尔（2014）认为职业知识是一种需要获得支持实践行动的知识，职业知识和行动之间存在不可分割的关系，职业知识的学习应该在具有特定情境的不同知识集团中完成。职业知识不仅是指与职业相关的特定知识，更多的是强调在这一行业内存在的，以工作任务的难易程度和工作流程展开的多种知识类型和知识之间的组织策略②。例如，学徒在师傅的指导下，学习车辆维修相关的原理知识、进行车辆检查与维护采用的方法知识，以及汽车故障诊断所使用的判断性知识等。

---

① Krumboltz J. D. A Social Learning Theory of Career Decision Making ［J］. *Social Learning and Career Decision Making*, 1979: 19 – 49.

② Guile D. Professional Knowledge and Professional Practice as Continuous Recontextualisation: A Social Practice Perspective ［C］. *Knowledge*, *Expertise and the Professions*. London: Routledge, 2014: 88 – 102.

学徒经历与学校职业教育学习的根本不同在于职业隐性技能和隐性知识的学习，这类技能和知识领域会超出学校职业教育中师生之间口头解释的能力范围，而主要通过观察模仿与反复操作的方式习得。同时，学徒必须要学习这些行业内的隐性知识和技能，以此作为学徒成为组织内合法工人和进入实践的一部分。因此，学徒不仅要参与日常工作，还要吸收与成为组织成员相关的专业信息和技能。简而言之，学徒在工作过程中的学习将转化为其职业能力和职业身份之间的结合，这些活动都围绕学徒经历和职业生涯进程展开。学徒在职业生涯发展中期，逐渐从学徒身份过渡为独立的工作者。在此期间，学徒将接受师傅、同辈群体或重要他人的指导，通过榜样示范、职业鼓励以及职业认可等方式获得更为深入的职业能力。此外，学徒还要学习与工作相关的职业态度和职业规范，例如，人际沟通、思考和解决问题的方法。哈钦斯和克劳森（1996）将这一过程称为获得主体间的理解。此外，学习主体间的理解还可以包括“具体认知”的各个方面，其中工艺知识是通过观察并与师傅之间的互动来进行的，个人通过专家和新手之间有限的口头表达和非言语形式的交流获得职业态度相关内容的学习①。

2. 个人知识库的形成

知识库是知识工程中结构化、易于操作和利用、全面有组织的知识集群。他是对某一行业领域问题求解的需要，采用某种知识表示方式在专家头脑中储存、组织、管理和使用的互相联系的知识片集合。这些知识片包括与领域相关的理论知识、事实数据，由专家经验得到的启发式知识，如领域内有关的定义、工作原理以及常识性知识等。学徒在与一位固定的企业师傅学习相关技能并“出徒”后，便不再与专门和固定的师傅学习，学徒会与不同的师傅在一起工作和学习。因此，不同的师傅在不同岗位和技术方面的造诣将会整合成为学徒个人知识积累的主要来源。学徒从这些不同的知识来源和积累过程中，可以形成自己的方式进行工艺操作。学徒个人的学习策略和行动路线将是师傅或他人的技能与个人技能条件相结合，形成个人的“知识库”。当学徒达到这种工作方式时，他们已经由新手学徒转变为企业专家，他们在面对工作过程中的任务和问题时，能够做出微妙和凝练的选择。

3. 个人职业技能风格的形成

职业技能风格是指习惯化的技能操作方式所表现出来的特点。习惯化的技能操作方式是在长期的个人经历、操作实践中逐步形成的，并在技能操作实践中起

① Hutchins E., Klausen T. Distributed Cognition in an Airline Cockpit [J]. *Cognition and Communication at Work*, 1996: 15-34.

作用，具有较强的个性化色彩。德雷福斯（1986）等认为从新手到专家的过程经历了五个阶段，分别是新手、业余、能干、熟练和专家①。在此基础上，布兰特（1993）根据每个阶段对学徒技能形成分析，将个人的技能水平划分为两个阶段，即认知模式和行为模式。例如，学徒在职业生涯发展早期，主要通过观察和模仿师傅的行为进行技能操作，然后他们进入工作中出现较小失误的阶段，并开始在组织中显露。学徒经历能够为他们提供职业自信心，首先，学徒通过参与和完成任务实现技能进步，从而获得实践技能和知识，学徒通过指导参与的过程从师傅、主管和高级学徒等处学习技能。随后，学徒在掌握一定的工作技能后，师傅逐渐增加学徒工作自主权，通过委派不同的工作锻炼他们获得多样化的职业能力和职业职责。其次，学徒学习中可以获得更多的隐性技能、知识和态度。学徒通过主体间理解和具体的认知，在工作场所的互动中获得参与的意义，不断参与和解决问题活动中获得师傅的诀窍知识，以及在工作交流和专业术语的应用过程中获得隐性知识。通过时间的积累，不断地练习和重复训练来学习工艺的默会知识和技能细节。

4. 个人职业判断力的形成

判断类型的职业知识是指在没有确定或产生正确答案的情况下，从业人员根据情境进行评估和选择的知识，判断问题是所有职业的基础。在职业知识中最重要的方面是整合和应用“判断”，以实现以工艺为重点的商品和服务生产。能够评估产品和工作流程的质量组件，可以被认为是行业的“门槛概念”（threshold concept）。因此，学徒要想真正成为该行业的合格工作者，其中一个方面是应用“技术诀窍”或隐性知识，以形成切实可行的基于工作场所的判断。例如，汽修行业专家能够根据气味、感觉和声音进行汽车故障诊断；烹饪中如何能够呈现食物的美感以及营养价值；服务行业工作者要为客户提供舒适和愉快的服务体验，不同的审美欣赏和服务倾向对不同职业和工作场所具有一定的特殊性。

四、社会关系构建是促进个人职业生涯成功的关键要素

社会关系是促进个人职业身份和职业能力提高的核心要素。学徒通过榜样示范和观察模仿等方式向师傅、同事以及合作伙伴学习，这种工作场所中的“师徒关系”能够促进职业能力和职业身份认同的发展。奥罗昆（2008）研究表明，师傅对学徒在职业生涯发展中所需要学习的内容具有非常清晰的规划，如果学徒

① Dreyfus H. L.，Dreyfus S. E. *From Socrates to Expert Systems：The Limits of Calculative Rationality* [M]. Philosophy and Technology II. Springer，Dordrecht，1986：111 - 130.

的行为方式符合师傅的要求和认同，即师徒关系相处融洽，那么师傅将会把个人知识传递给学徒，否则师傅将不会传递给学徒其个人知识和技能[①]。从访谈资料来看，师徒关系的发生可能建立在两个条件之上，即师徒之间具有共同的价值观和双方的“舒适度”水平到达一定程度。一旦师徒之间建立了共同的价值观和认同度，代表着师徒关系的建立，师傅会将个人知识经验、职业知觉行为以及行业资源传递给学徒，促进学徒自我效能感、职业预期、职业目标以及职业生涯成功的发展。

（一）社会关系对个人职业生涯发展早期的影响

职业生涯发展早期是个人刚开始职业生涯发展的探索期，这将会决定个人今后的职业选择和职业贡献等，这在学徒成为企业专家的职业发展道路上也得到了完全的体现。对于在行业内的技术骨干和企业专家，人们首先想到的就是他们经历的学徒学习过程，在此过程中，他们表现出超越常人的技术天赋和职业性格特征。事实上，很多学徒后来能够成为企业专家的原因得益于此。一位企业专家表示他刚刚学习电焊时，由于自己的成绩不错，对这个行业产生了职业兴趣。“随着电焊学习的不断深入，我在师傅们的带领下，逐渐发现我对电焊专业好像有自己的一些体会，那么每次小考中考，测试什么东西的，我都能比较拔尖，而且我学这个还是有点儿天赋的，我就对这个有点儿兴趣了”，学徒因为在工作过程中的优异表现，开始对这个行业产生了一定的职业兴趣，“这个兴趣来源于工作，你要有一份工作；还有一个就是来源于你的好奇心，因为在没有进单位之前，我其实对乐器（包括中国乐器）根本就不了解。我只是知道有二胡这个名字，有琵琶，有古筝”（J2K10）。学徒只有职业兴趣很难保证他能够取得职业生涯成功，更需要的是刻苦的练习和持之以恒的工作态度。“熟练工人都是平时用焊材焊丝堆出来的，不是说你想好了就好了，你要有基础，学好一个技术肯定是要有基础的，基础从哪里来？就是你平时用量堆出来，用量转变成质变，所以一个好的技术工人不是说你一天两天、一年两年能出来的”（H2P10）。在此过程中，师傅对学徒工作态度和职业生涯规划的指引具有重要作用。

在职业生涯发展早期，学徒在进行职业操作的过程中，与师傅形影不离，主要通过观察模仿、试误和纠正的方式学习职业诀窍技能和组织决断力。学徒根据操作说明和师傅的细节指点进行反复的操作，如果学徒在技能学习初始阶段完成得较好，他们将给予更多的职业责任和承担更加复杂的职业任务，如果学徒不能

① Oluokun C. O. A Grounded Theory Study of Younger and Older Construction Workers' Perceptions of Each Other in the Work Place [D]. The George Washington University, 2008.

较好地完成任务，那他们还要继续在师傅的指导下从事常规的重复技能操作，继续提高技能的准确性和熟练度，以达到组织要求。例如，“我刚做的时候有师傅带我做琴筒，后面还有一个师傅带我学做京桶、琴杆，包括装配、鞔皮这一整套的东西，师傅会一个个教你。我刚开始做的时候，我什么方向都没有，怎么做都不知道，都是一点点学过来，琴桶会做了，那么做琴杆、琴杆会做了，然后再做装配”（H2K10）。二胡工艺大师的学徒经历表明，学徒在职业生涯早期接受一个好的师傅指导的重要性，师傅了解技术的整个形成过程、采用循序渐进的方式指导学徒制作二胡，在单个技能操作熟练的基础上完成整个二胡配件，只有这样做出的产品才能够达到最终的产品质量规格，学徒如果一味地寻求速度，不重视质量和细节，很难实现关键技术的飞跃，“在制作工艺上的每个步骤都要认真、细细地做，一步一步不要偷懒，你要把它当成艺术，那你就会精益求精。还有最主要的就是要有声音、音质要好，你这个产品做得再好再到位，你拉不出声音，那也白搭”（I2J10）。此外，师傅了解企业组织中的合适资源并向学徒展示组织运行机制、如何获得生产资料的资金、如何获取必要的生产设备以及如何与企业其他生产部门进行沟通，师傅在提供复杂的企业内部关系信息方面发挥重要作用。

对于学徒来说，好的师傅也是他们职业生涯发展的榜样，当学徒步入新的行业时，对未来行业发展非常不确定并处于职业心理的迷茫时期。这时，学徒将作为师傅的助手，在师傅的指导和提供的机会下，逐渐克服挑战性的工作任务，师傅的保护也可以避免学徒出现重大工作安全失误。此外，师傅与学徒相似的学徒经历也会激发学徒以师傅为榜样设置个人职业目标。

学徒经历中师傅对学徒的主要影响体现在：其一，师傅对学徒职业生涯发展早期的职业态度和行为习惯的影响；其二，学徒在接受学徒学习的过程中形成了一定的职业兴趣和职业目标，为确定今后的职业生涯发展做好准备；其三，师傅对学徒的影响不仅在行业技术方面，包括训练学徒的技能操作熟练度，为其今后提高职业技术水平打下基础，还为学徒在独门绝技等方面提供行业“诀窍”，对学徒进行激励鼓舞，包括榜样示范和为人处世方面的影响。

学徒制应该如何为高技能人才的培养贡献力量，近年来对高技能人才培养的讨论不少，但是学徒经历究竟能够对高技能人才的职业生涯发展起到什么作用却研究甚少，从企业专家的学徒经历看，学徒制对人才培养确实起到了不可替代的作用，从上述分析中，个人的天才禀赋、刻苦的训练和师傅对学徒职业兴趣、职业目标等的早期树立，这些的确对高技能人才的职业生涯发展提供帮助，但这不是唯一起作用的要素。相比之下，个人的刻苦训练可以弥补外部条件的不足，而在众多的外部要素中，师傅对学徒的指导作用可以说是最重要的条件之一。师傅与学徒类似的成长经历可以激发学徒的榜样示范作用，为学徒成功转入社会和工作世界提供引领。

（二）社会关系对个人职业生涯发展中期的影响

尽管学徒在职业生涯发展中期已经掌握了一定的职业能力，并且能够独立从事工作任务，但是从访谈的原始资料和文献资料的分析来看，企业专家在职业生涯发展中期的师傅对他们的职业发展仍然产生了一定的影响，并且这些影响主要表现为“人才引荐”和行业资源介绍等方面，例如，师傅能够提高学徒在行业内的技术水平曝光度，为学徒介绍“圈内人脉”，帮助学徒快速融入行业圈子，“你的圈子决定你很多，最后成不成，能不能凸显出来，这个很重要，资源很重要。你现在到岗位上去，有人推荐肯定是不一样的”，“第二个我在学习技术的过程当中，认识了很多行业的、有共同语言的这么一个技术的圈子，很多都是师傅带领我，大家能相互交流认识，能够认识很多人，这种圈子也是相互学习的地方”（F2K10）。

此外，师傅的行业口碑也会对学徒职业生涯发展产生一定的影响，例如，“所有的行业其实既是学徒制又是帮派制，因为我们说圈子嘛，餐饮有餐饮自己的圈子，那你被一个圈子认可了以后，就等于你进入这个社团了。就等于入帮会了，入帮会以后，然后就跟着你的师傅，就一路上去，那你哪天成为一方的霸主就可以了，那就是这么简单”，师傅在行业内的技术水平也会影响学徒今后的技术水平和职业发展的平台，“因为我的师傅是班组长，那么他干四个小时以后，还有四个小时就不工作了，那么他的这个工具、焊板啊，我跟着他，我就可以拿着他的工具干活了。但是像其他人，跟在普通员工后面工作的话，就只是做一些重复琐碎的简单的工作。跟在班组长后面肯定就是比较‘高级’啦，那我就是拿着面罩去看，他（师傅）走了以后，其他的师傅就说，反正这个焊板空着呢，你去试试，我就试试，结果一看。我多练习练习，焊得还可以”（I2K10）。尽管师傅对学徒在职业生涯发展中期的指导似乎“有限”，但是从职业生涯发展的选择和规划来看，这一阶段发生的不少“关键事件”将会决定个体的职业生涯成功，如职业晋升和职业荣誉等方面。在访谈中很多企业专家感叹到在学徒经历中师傅对职业生涯发展的重要影响，“师傅可以说是起到了一个决定性和革命性的作用，你跟到一个好师傅还是‘差的’师傅，就会（对你的影响）差很多”（P1H10）。

从以上师傅对企业专家的影响以及发生的关键事件来看，学徒在职业生涯发展中期，师傅对其职业生涯成功有着不容忽视的作用，主要表现为：一是师傅对学徒起到行业内“伯乐”的作用，即师傅对学徒技术潜质的发现与认可，以及帮助学徒在行业内适当进行职业曝光与职业引荐。学徒在职业生涯发展早期刚刚接触行业，对自己胜任工作要求和未来职业生涯规划比较迷茫，即使学徒身处实践工作共同体中，但对今后职业生涯发展的规划也比较茫然，因此师傅对学徒的技术挖掘和鼓励是十分重要的。二是“奠基”的作用，学徒如果有幸得到行业内技术水平高并且要求严格的“大师”的指点，可以帮助学徒打下较好的职业习惯和熟练的技术基础，能够培养学徒对某一领域的职业兴趣和思考，这对学徒日后胜任工作岗位要求和技术创新具有重要价值。

（三）社会关系对个人职业生涯发展后期的影响

相比之下，学徒能够成为行业内的企业专家通常在学徒期间师从名师、很少有独自起家的。本研究综合利用访谈原始资料和文献，通过搜寻企业专家的个人简历和职业生涯成长经历，确定了6位接受访谈的企业专家的师傅姓名，之后再对师傅的个人简历进行检索，收集到其技术职称和获得荣誉的相关信息，见表6－2。

表6－2　　不同行业专家的师傅信息表举例

行业名称	企业专家	师傅	师傅身份
玉石雕刻	陈益晶	林炳生	寿山石雕著名的“东门派”传承人
紫砂雕刻	邵立平	徐秀棠	中国工艺美术大师，从师紫砂陶刻名艺人任淦庭学习陶刻
二胡制作	曹荣	龚耀宗	上海民族乐器一厂二胡质量总监、非物质文化遗产二胡制作代表性传承人
古籍修复	张品芳	赵嘉福	中国古籍修复大师，先后拜国内刻碑名手黄怀觉先生、修复名家曹有福先生为师
焊接	张东伟	张翼飞	全国技术能手、上海市劳动模范、上海市技术能手、上海市优秀技师等荣誉称号和中华技能大奖，有着“焊神”美誉
中医	朱幼春	朱良春	历任南通市中医院首任院长，早年拜孟河御医世家马惠卿先生为师，师从章次公先生，深得其传，从医已逾70载

从表6－2很清晰地发现，在能够找到相关资料的6位不同行业专家中，一些师傅自身也是名师之后，包括林炳生师徒、徐秀棠师徒、赵嘉福师徒等；即使师傅不是出自名师之后，但往往也是行业内比较有名气的技术专家。关于企业专家学徒成长经历中的“名师出高徒”现象，在高等教育中的导师与博士生关系中

也有研究发现。如在高等教育“学缘关系”研究领域中发现，学术界的精英们有着类似于联姻的亲密关系网，形成庞大的学术家族族谱①。

为什么师徒之间的传承如此重要？学徒师从行业杰出的企业专家，这对学徒职业生涯发展能够产生哪些积极影响呢？首先，这能够为学徒在本行业的快速适应起到引领作用。获得“大国工匠”荣誉的秦师傅表示，当初他作为学徒进入电焊行业，正是师傅的技术指点以及师傅的行业资源为秦师傅提高电焊技术起到突飞猛进的助力和支持，他回忆道“跟着师傅，一般来说更容易把学徒带进技术的门槛，这样学徒起步会比其他人更高一点，像我跟师傅学到很多东西，在做人做事上面，师傅经常会给我更好的指点；在厂里办什么事情会更加方便一点，因为他们（厂里员工）跟师傅嘛，大家都比较熟一点；生产上面跟着师傅，我更容易更快地融入生产实践中，对我的成长起到推波助澜的作用”（I2K10）。

其次，学徒能够学到师傅的“独门”技术方法。学徒在进行技术操作的时候可以得到师傅手把手的技术示范和技巧点拨，这能够快速提高学徒胜任岗位技术的时效性，同时为学徒今后提高技术水平打下基础。“师傅会教你什么？这个就是好多好多技巧方面的，师傅会教你，你的手势不对，纠正好了，你做的东西马上就对了。打一个泥片，不均匀，师傅就会教你从哪里开始用力、敲几下。这个就完全靠师傅，你碰到这类问题，如果要靠你悟的话，你可能就是事倍功半，师傅教你的话，就会事半功倍，这个就是师傅的作用”（S2J9）。

最后，学徒能够获得良好的工作习惯和职业态度。通常学徒在刚进门时，师傅都会对学徒的行为进行严加管教，有时甚至“过于苛责”，很多学徒都有过被师傅训斥的经历，但同时却表示跟师傅学习受益匪浅。企业专家回忆学徒经历时表示，“对你印象最深刻的永远是最严厉的老师。睁一只眼睛闭一只眼睛的，你不会对他有印象的，当初对于我们最严厉的，是对我们非常有帮助”。

还有一点让学徒印象深刻的是，师傅能够为学徒在行业内的长远的职业生涯发展进行规划和指点，大国工匠秦师傅的师傅对他的指导就充分地说明了这一点。他说当时在工厂做学徒的时候，下了班别的同事都在打牌，但是我们师门的学徒下班后都去夜校学习，师傅督促我们早日考取等级工证书。结果若干年之后，厂里政策对应了，高级工和技师都有相应的补助了。那个时候，别的班组有的人想考技师了，却发现自己还是个初级工，但是在师傅的带领下，我们班组里，根据相应的年龄所应该有的职称，符合高级工考核年龄的全部都是高级工，符合中级工考核年龄的都是中级工，也就是使得曾经厂里有一段时间高级工和技师都在我们班组里。这种能够从学徒职业生涯发展的角度考虑的眼界令人确实敬

① 高芳祎：《华人精英科学家成长过程特征及影响因素研究》，华东师范大学博士学位论文，2015 年。

佩，学徒在师傅的“保护”下能够取得职业成就也就在情理之中，在此过程中师傅对学徒的指导不仅旨在提高学徒的职业能力发展，而是对于学徒所从事的作为一种社会建制的职业技术晋升路径，早已不是一个纯粹的技术水平提高的过程，更是一种社会身份建构的过程。

第四节　本章小结

学徒经历对个人不同职业生涯发展阶段的影响，可以从职业生涯发展早期、职业生涯发展中期和职业生涯发展后期三个阶段进行分析，包括指导者、师傅、同辈群体和重要他人的支持，以便学徒在工作世界中取得职业生涯成功，如快速胜任职业晋升到执行级别。在职业生涯发展早期，新手学徒通过师傅的监督获得额外的知识。在职业生涯发展中期，学徒在师傅的指导下，通过体验学习在支持的环境中扩展知识。在职业生涯发展后期，学徒个人经验和先进的系统思维技能得到了师傅的支持，并成为指导其他学徒的师傅。在此过程中，学徒经历中的职业身份、职业能力和社会关系对个人不同职业生涯发展阶段产生交互影响，在不同职业生涯发展时期对个人职业生涯成功发挥促进作用。

第七章

基于职业生涯发展的职业教育现代学徒制实施价值

职业教育现代学徒制既可以是一种传统学徒学习方式与学校职业教育相结合的人才培养模式，也是一种技术技能人才的实践学习方式。无论从学校职业教育创新人才培养模式，还是从个人的技能学习方式来看，现代学徒制的研究都离不开对人的关注。因此，学徒制作为一种技能实践学习方式能否促进个人的职业生涯发展是本研究的重点。本研究在前面几章分析的企业专家学徒经历对其职业生涯成功影响基础上，将分析结果与现代学徒制的要素和运行机制进行比较分析，以剖析现代学徒制是否或在多大程度上具备育人价值。此外，本章基于现代学徒制实施过程中的现状和问题，对职业教育现代学徒制的进一步实施提出有效的改进对策。

第一节　职业生涯视角下个体学徒经历的价值表征

从前面对50位具有学徒经历的企业专家职业生涯成功和职业生涯发展历程的分析，我们可以看出学徒成长为企业专家的周期一般在10～20年之间。总体来看，学徒经历对个人职业生涯成功产生重要作用，但这也是一个长期的、循序渐进的过程。研究结果表明，学徒经历中职业身份、职业能力以及社会关系形成对个人职业生涯成功具有重要影响。同时，学徒指导作为一种技术技能的实践学习方式，为职业教育现代学徒制人才培养模式在现代社会的复兴提供了实践价值。

一、职业身份形成促进个体快速适应工作真实情境

学徒指导作为一种实践技能学习方式，在培育技术技能人才的过程中表现出重要的价值。结合前面企业专家的职业生涯成功分析结果，我们可以在职业身份、职业能力、社会关系形成方面得出结论。职业身份是指个人对职业具有清晰稳定的目标、兴趣和才能。从个人职业生涯发展角度而言，现代学徒制的首要价值就是能够帮助学生在工作场所中获得职业身份的认同和职业理念的转变，使学生顺利实现从学校的“学生”到工作场所中的“员工”的过渡。

（一）职业身份形成促进个体快速适应工作环境

职业学校的学生常常对他们如何进行职业选择感到困惑，他们不清楚完成课程、就业或继续教育中的哪个是通往职业生涯成功的最佳途径。许多学生没有走上职业生涯的最佳道路，选修了不符合其预期学位的课程，或者选修的课程无法获得他们所期许专业的预期成绩。学生在就业之前的学徒经历对未来的就业前景和收入产生非常积极的影响。获得相关工作经验的青少年更有可能受到启发、快速确定职业生涯目标、对毕业后选择继续深造或就业具有明确的决断和目标。因为企业需要员工快速而准确地学习工艺技术。尽管职业学校对传授知识和基础工艺技术理论很在行，但是职业学校无法复制工作场景中的真实岗位，无法拥有企业所有的设备设施，无法具有与时俱进的工艺技术。学校职业教育中的专业课教师因为脱离行业企业时间较长，有些甚至没有企业工作经验，很难将目前产业发展最新的技术、当前生产所需的技术技能和企业信息等传授给学生。

学徒制能够使青年获得职业目标感和幸福感，学徒获得的工资使他们成年后可以享有一定的经济独立性。即使是那些中等水平的学生，在完成了一些扎实的培训后，他们也可以获得相应的职业或高等教育学习的机会。学徒制和持续实习对于满足年轻人的发展需求特别有效，因为学徒制能够促进青年人快速实现从学校到工作的过渡。学徒制在代际工作环境中提供了越来越严格的责任和挑战，以及帮助年轻人学会在工作过程中建立成人关系，如师傅对学徒的支持、问责制和监督等方面。与沉寂的学校环境不同，学徒作为工作组织的成员，不断地为组织、为自己的生计进行奋斗和努力。学徒在工作场所真实情景中，在个体与环境的不断互动过程中，个体通过人际交往、交流沟通、团队合作以及问题解决等一系列实践活动，进一步提高自身的知识、技能、态度等能力水平和学习动机（见图7－1）。

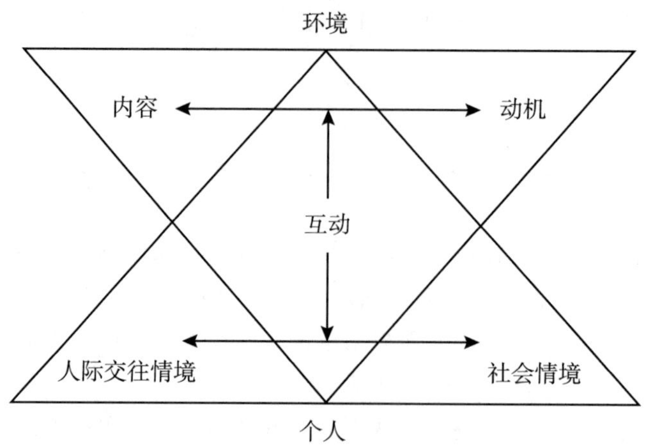

图 7－1　复杂学习模型

学徒经历中的职业身份确立始于学徒与工作环境之间的互动。从心理学的观点来看，这种互动是从学徒的职业感知开始的，这也是互动的最简单形式。对于学徒而言，工作环境是陌生的、完整的和没有任何中介作用的感觉印象。当个体进入工作环境中，个体是被动的，但是这种印象逐渐被个体保留下来。之后，学徒与环境的互动进入传递阶段，这时，学徒会被安排一名带教师傅，师傅和学徒由于某些共同的特质、兴趣或契机形成师徒关系，师傅对学徒的知识、技能和态度的传授能够影响学徒。师傅向学徒传递某种感觉印象或信息，学徒或多或少会对这种传递感兴趣，从被动的转变为主动的环境互动。学徒不仅在接受师傅的经验，也成为行动者，从而能够从互动中获益。

（二）职业身份形成促进个体获得企业文化理念

在工作世界中，企业文化也颇为重要。学徒经历为从业者提供了历练和掌握企业独特文化的机会，有助于他们对企业形成长期的职业忠诚，这对企业来说具有无限的价值。例如，美国纽波特纽斯造船厂于 1919 年在美国应用学徒制。该公司认为，企业主办正式培训项目培养自己的员工就是价值所在。现在，公司拥有 22 000 名员工。其中，在 25 个不同岗位上有 800 人是学徒，占公司劳动力总量的 13%，他们是公司未来规划和发展的宝贵资产。完成学徒制培训的工人，有 8% 已经在公司工作 10 年以上。学徒制为从业者提供了教育和培训的机会。所有工人都在发挥个体的作用，在提升和指导新工人的过程中获得职业成长。所有工人都把教育和培训作为一种收益。总体上，与其他类型的培训相比，参加学徒制培训学生的毕业率非常高。

相较于学校职业教育，现代学徒制在人才培养过程中的突出价值表现在对个人职业精神、职业态度以及职业素养等方面的潜移默化的影响。个人的职业态度和职业素养也会间接影响产品生产的质量和服务水平，所以职业态度在现代企业生产中甚至具有与专业技能知识同等重要的地位。只有在具体的[①]、真实的工作情境中才会更好地获得个人的职业精神和职业态度等软技能的培养，失去具体情境支撑，泛泛而谈的课堂教学形式很难使个人真正获得职业精神和职业态度。

二、职业能力形成促进个体获得行业关键技术要点

我国现代学徒制的发展能够培养产业所需的高水平技术技能人才。在人才培养的意义上来讲，我国职业教育现代学徒制人才培养模式改革在新时代具有重要意义，职业学校将校企合作机制深化到师徒关系的构建，并促进个人在工作本位场所的学习。虽然对于很多西方国家而言，学徒制是为青年提供工作经验并促进其就业的良好手段之一[②]，但是对我国而言，我国并不存在其他国家的高失业率问题，目前我国劳动力市场的主要问题在于技术技能人才的短缺。因此，职业教育应充分利用现代学徒制育人模式，充分发挥高水平技术技能人才培养的优势，为产业升级提供技术精湛的人才。

（一）职业能力形成促进个体技术创新水平的提高

企业技术创新的过程并不是简单的科学知识和理论应用于生产实际的过程，工艺知识在理论知识向实践技能转化的过程中起到重要中介作用。个人工艺知识的掌握需要技术技能人才在科学理论的基础上，长期专注于某一技术问题并进行反复的技能练习，甚至是师徒几代人持续对某个技术问题的关注和改进，才能取得重大突破。很多人通过直接应用与知识有关的技能，能够更好地、更快地掌握新技术。模仿师傅操作是最直接和快速的学习方式。学徒的模仿需要有经验的师傅进行示范，同时模仿的内容要具有职业目标导向。学徒观看师傅的操作，然后自己去完成任务。如果有需要，师傅会给予一些纠正，对于那些不善于在课堂中进行“书本学习”的学生，动手练习更容易使他们掌握实践技能和有关理论[③]，进行与所做工作直接相关的课堂学习，也能让学生更容易地掌握相关知识，这就

① 庄西真：《多维视角下的工匠精神：内涵剖析与解读》，载《中国高教研究》2017 年第 5 期。

② 欧盟委员会发布，孙玉直译：《欧洲现代学徒制》，中国劳动社会保障出版社 2016 年版，第 5 ~ 6 页。

③ 邢媛：《德国双元制职业教育中的企业参与培训模式对我国职业教育的启示》，东北师范大学硕士学位论文，2005 年。

是为什么要实施学徒制的原因。

学徒制通常被定义为“及时培训”，它的培训动机特别明确。因此，研究表明学徒毕业后成为熟练工人的概率也非常高，学徒制是中等技能职业学习的最佳方式。1999 年，通过对爱尔兰学徒跟踪研究发现，通过结构化教学学习的 7 500 名学徒中，有 74% 的学徒完成了学业。现代学徒制培训能够开发和复制最优秀工人的技术经验①。从现代学徒制实施的效果来看，学徒向企业技术经验成熟的高级技师和企业师傅学习可以增强员工的职业自信、提升对企业的职业忠诚度、提高工作生产效率②。学徒从本行业大师的口头指导和技能示范中获得知识和技能，能够扩大自身职业知识和技能的深度和广度，这些知识和技能也可以被企业采用。学徒可以快速获得师傅的个人诀窍知识并应用于实际生产，在不断实践的过程中结合自己的认知特点和工作习惯，积累自身的经验知识和技能。

（二）职业能力形成促进个人获得直接的工作经验

企业员工职业能力中的知识与技能成分偏向于“程序性”“实践性”“情境性”的特点，这部分内容的教学很难通过学校职业教育课堂教学来实现。莱尔曼（2009）认为相比学校职业教育，学徒制为个人提供了就业优势。这主要是因为学徒制直接与企业对接，因此降低了学生技能学习与工作场所之间的不匹配性③。恩肯贝格（2001）批评学校教育是因为学习往往和实践相分离，但是实践是学生未来面对真实生涯发展的表征，并且通过讲座或简单的讲授很难完成实践知识的教学。对大多数学生来讲，技能和知识是以抽象的方式教授的，这使得他们很难在具体的现实工作世界中应用这些知识。

在学徒制中，师傅首先向学徒提供技能示范，然后师傅通过观察学徒的技能模仿操作对学徒的技能问题进行纠正。如果学徒能够完成大部分的工作任务，那么师傅将会不断地提高和增加学徒的任务工作量和难度水平，直到学徒能够完全独立胜任工作任务。个人在学徒经历中主要关注的是对特定工作任务中的技能操作方法训练，而这些技能对完成有意义的现实工作任务具有至关重要的作用，学习被嵌入社会和功能情境中——不同于学校职业教育，后者通常是从现实工作世界的使用中抽象出技能和知识。在学徒制中，个人执行和完成工作任务的过程通

① 赵鹤：《传承与重塑：英国现代学徒制研究》，华中师范大学硕士学位论文，2017 年。

② 托马斯·雷明顿、杨钋：《中、美、俄职业教育中的校企合作》，载《北京大学教育评论》2019 年第 2 期。

③ Lerman R. I. Training tomorrow's workforce: Community college and apprenticeship as collaborative routes to rewarding careers [R]. Center for American Progress, 2009.

常是一个易于观察的过程。技能学习完全发生在工作场所，要学习的技能是工作任务本身所固有的。莱尔曼还表示，现代学徒制通过师傅的监督、基于工作本位的学习和师徒指导来培训学徒，以提高他们获得熟练的技能水平。学徒将生产性工作与学习经验相结合，在不断完成工作任务的过程中达到技能熟练水平。美国教育经济学研究中心负责人表示，学徒制不是‘傻瓜教育’，恰恰相反，它吸引了最有才华的学生，因此当企业雇用以前做过学徒的员工时，企业认为它所雇用的是具备一定合格技术水平的员工”。

三、社会关系形成促进个体建立行业相关人脉资源

在学徒指导过程中，师傅对学徒的职业生涯指导和社会心理指导之间不是孤立存在的，学徒在专业方面的提升和进步会影响个人职业角色中的自我效能感和工作能力。例如，师傅的技术和资源支持能够对学徒提供一种认可和肯定。而学徒与师傅之间有关社会心理的对话也涉及学徒未来职业生涯规划的内容。学徒指导的各个方面都包含职业生涯和社会心理的内容，这种相互作用效应增加了学徒指导对个人职业生涯发展产生的影响。

（一）社会关系形成促进个体获得行业相关的人脉资源

学徒指导作为一种强调工作情境的实践技能学习方式。学徒有机会观察其他具有不同技能水平的学习者在工作情境中的表现。更为重要的是，学徒经历培养了企业专家坚韧执着与吃苦耐劳的作风，学徒在接受不断的技能训练与心智磨炼的过程中，逐渐从行业的门外汉转变为对技能的熟练掌握，甚至是通过自己的体悟与摸索总结出不同于别人的独门技术，学徒在综合了多位师傅的经验与个人知识之后，能通过个人的理解与反复实践，形成自己的认识与新的技能创造。同时，学徒经历培养了企业专家特有的学徒精神与匠人精神，他们能够对工作技能做到精益求精、沉下心来，不断突破技术难题，这种坚持不懈的精神正是企业专家职业生涯成功的关键，并且能够在行业内出类拔萃。通常情况下，学徒跟师傅学习工作相关的专业知识和技能将会持续 1 ~ 2 年。学徒在学习期满之后，他们还会继续拜师学习行业内的其他技能。在学徒学习期间，他们积累了扎实全面的技能技术，为后面应对各种技术难题与复杂化的工作情境打下基础。学徒在师傅和行业大师的影响下，潜移默化地形成敬业精神与职业道德，并且收获了行业内的社会资源和人脉关系。

（二）社会关系形成促进个体获得真正的工作收益

当今劳动力市场竞争激烈，通过工作本位学习获得的经验能够为劳动者打开未来工作世界的大门。现代学徒制能够帮助学徒降低接受教育的成本，学徒获得的最直接的收益体现在经济回报方面，相比于同期接受学校教育的学生，学徒不论是在学期间，还是毕业后都能够获得一定的职业收入。根据莱尔曼的研究，学徒制培训远远超过了其他类型培训的回报，包括两年社区大学课程。学徒培训结束后就业 2～3 年内，学徒的现值增加的收入（扣除培训期间放弃就业的任何收入）超过 50 000 美元。例如，在学徒制实施的 6 年后，平均学徒参加者的收入（在平均学徒时间之后）是具有相同学徒制历史的非参加者的收入的 1.4 倍。此外，如图 7－2 所示，学徒制可使学徒获得专业知识、技术和关键能力以及与就业相关的信息。通常情况下，在学徒期间，学徒与企业师傅和企业雇主相处，有足够的时间相互了解，这就为学徒提供了留在企业工作的可能性或减少他们去找第一份工作的时间。早期就业成果对学徒来说获益匪浅①。与那些工作本位学习发展不太好的国家相比，有较长工作本位学习发展的欧洲国家，如奥地利、丹麦、德国和瑞士，毕业生找工作所用时间相对较短②。

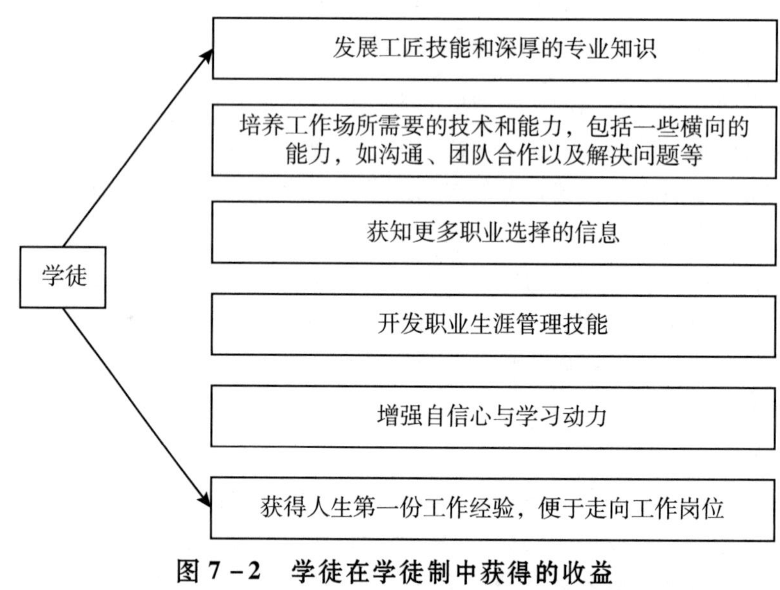

图 7－2　学徒在学徒制中获得的收益

① 刘涛：《“学徒制”的现代价值及其实现之研究》，苏州大学硕士学位论文，2011 年。

② 王宇东：《德国双元制职业教育研究》，辽宁师范大学硕士学位论文，2010 年。

欧洲职业培训发展中心的研究报告显示，对劳动力市场研究的结果可知，从短期和中期来看，参加过学徒制的从业者比接受普通教育的从业者更容易找到工作①。此外，个体在工作场所中接受学徒训练的经历越丰富，那么他未来的职业生涯发展机会就越多。因为，个体在学徒经历中获得了多样化的职业技能训练和轮岗的机会，个体在接受不同的岗位训练和技能练习的过程中，逐渐了解自己的职业兴趣、职业目标和能力水平，从而使他们在面对复杂和多变的工作情境时，能够游刃有余地解决问题。个体从学徒到独立从业者的职业身份变化中，逐渐从技能新手转变为岗位技术专家，而这些由工作挑战激发出来的职业能力是很难在纯粹的学校本位学习环境中实现的②。国际劳工组织在 2012 年审议 20 国集团（G20）国家学徒制培训情况时发现，学徒制对一个国家和该国经济所带来的好处远不只是明显增加该国公民的就业机会。“学徒制能够有效地把技能供给与用人单位所需技能对接，比学校全日制职业教育体系更有效”。国际劳工组织也发现，当一名学习动机明确的学徒与一个熟练工人师傅一起工作并培养自身的相关现代技术时，他的技能就会显著提高，同时又能够获取相应的职业收入和职业晋升等，从而促进个人职业生涯成功。

第二节　职业生涯视角下职业教育现代学徒制实施现状

2014 年，教育部出台《教育部关于开展现代学徒制试点工作的意见》，开启我国职业教育人才培养模式再度深化的历程③。从 2015 年起，教育部分三批启动这项改革，布局了 558 个现代学徒制试点，覆盖 1000 余个专业点。在近 6 年的现代学徒制实施过程中，已有不少高职院校在不断探索的过程中取得了较为成功的案例，形成了可总结的宝贵经验，每年 9 万多名学生学徒直接受益。但是由于我国关于现代学徒制的理论研究还不是很深入，因此院校普遍认为在现代学徒制人才培养方面很难形成持续和稳定的机制④。本节将基于以上各章的研究结论和成果，将理论分析转化为实践工作开展的指导，结合我国实际情况，探讨如下问题：职业教育现代学徒制有哪些特点？目前现代学徒制的实施情况和实施效果如

① Training E. From Education to Working Life: The Labour Market Outcomes of Vocational Education and Training [J]. *Publications Office of the European Union*, 2012.

② 祝伟：《澳大利亚新学徒制研究》，华中师范大学硕士学位论文，2008 年。

③ 张瑶祥、何杨勇：《我国职业教育现代学徒制构建中的关键问题分析》，载《中国高教研究》2018 年第 7 期。

④ 陈俊兰：《职业教育现代学徒制研究》，湖南大学出版社 2016 年版。

何？从学徒职业生涯视角来看，目前我国职业教育现代学徒制的人才培养模式在设计层面还存在哪些问题？

一、学徒职业生涯视角下现代学徒制实施的特点

我国现代学徒制的概念是从西方发达国家借鉴和学习的舶来品。西方发达国家对现代学徒制的表述也不尽相同[①]，例如，英国在1996年发起现代学徒制改革项目、澳大利亚的“新学徒制”、德国的“双元制”、美国的“注册学徒制”，等等。我国现代学徒制实施模式较为关注德国的“双元制”人才培养模式。目前为止，学界普遍认为现代学徒制是将传统的学徒训练与现代学校教育相结合的一种企业与学校合作的职业教育制度[②]。但是随着实践活动的不断深化，产生了很多新的问题，如有些职业院校将行业师傅直接聘请到学校，在学校开设大师工作室，以师徒关系为基础，对学生进行技能训练，这是否是现代学徒制？再比如，有些大型企业或传统手工业自身具有完备的师带徒基础，一直采取基于师徒关系的技能培训，这种是否属于现代学徒制？本研究认为无论实践形式是哪种，只要能够把握现代学徒制的内涵和特点，就可以称得上是现代学徒制。

（一）面向现代产业中高技能人才的培养

随着人工智能在制造业生产比重的不断增加，低端技能类中小企业濒临淘汰。我国要想在产业竞争中存有一席之地，就必须要增加生产队伍中高技能人才的比重，增加技能操作中的技术含量和操作精湛性。从国际上来看，英国和澳大利亚学徒制实施的主要目的是提高青年的工作经验，促进青年就业率的提升。而德国双元制实施的主要原因是为了培养技术精湛的工匠，这与我国目前经济发展和产业需求不谋而合，所以说，现代学徒制在培养高水平技术技能人才方面具有特殊价值[③]。在现代职业教育体系中保留传统学徒学习形式，同时将其与学校职业教育相互结合[④]，这也是德国双元制模式的核心。西方发达国家学徒制保留或复兴的根本原因也是因为人们认识到专业理论知识学习对现代产业技术技能型人

① 赵志群、陈俊兰：《我国职业教育学徒制——历史、现状与展望》，载《北京社会科学》2013年第18期。

② 马陆亭、宋晓欣：《新时代高等职业教育的模式改革》，载《高等工程教育研究》2019年第2期。

③ 赵春来：《论现代学徒制实践层面的困境及解决途径》，载《吉首大学学报》（社会科学版）2019年第S1期。

④ 徐国庆：《智能化时代职业教育人才培养模式的根本转型》，载《教育研究》2016年第3期。

才职业能力形成的重要，但是学徒在师傅指导下进行的经验学习和师傅个人知识的获取可能对提高生产效率和质量更为重要。德国职业教育专家劳耐尔教授认为，专业知识是个人掌握和理解工作世界中岗位任务的前提条件，而工作过程中专业知识的内部结构复杂性和外部表现形式多样性更需要通过学徒制人才培养模式来实现。

（二）基于“双导师”的技术技能学习方式

纵观产业变革的发展，从传统手工业到现代产业，学徒制在技术技能人才培养过程中经历了从兴盛到衰败再到复兴的起伏发展过程。在以手工作坊为代表的私人经济时期，师傅带徒弟学习是这一时期主要的技术传递方式，表现为师徒之间较强的依附性，同时师徒关系中还夹杂着亲属血缘关系和生产等级关系。虽然后来行会制度的兴起对学徒制产生一定的约束和控制[①]，但是总体而言，师徒关系传承和联系紧密，甚至在现代工业时期，很多相对保守的大型国家级企业也会多少保留些许学徒对师傅的敬畏。我国在新中国成立初期至改革开放时期实施计划经济模式，学徒制是这种经济模式下企业训练新员工的主要方式[②]，也是当时进行技术技能传承的主要途径。学徒在企业和学校中建立的“双导师”关系作为组织支持的组成部分和重要内容，有助于加强学徒的组织支持感、激发学徒产生利他行为的动机和表现。

（三）以职业能力为核心的学徒学习与学校职业教育相结合

现代学徒制与全日制学校职业教育相比，更加强调短期工作经验，它具有基于工作场所学习的成分。瑞恩（2001）提出判断现代学徒制的两个维度。第一，根据个人在职学习的数量和内容可以有效区分现代学徒制、在职培训和劳动力市场计划之间的区别；第二，就工作经验和工作本位学习的数量而言，可以区分现代学徒制和学校职业教育（见图 7－3）[③]。例如，个人在生产一线从事 7～8 年的系统实践学习是学徒制，企业对新员工进行为期半年或一年的培训也是学徒制，但是这两者之间不仅存在着学徒学习时间长短的不同，同时在培养目的上也存在根本的差异。现代学徒制实施目标的差异将会直接影响实践路径的设计，比如师

① 马新星、朱德全：《现代学徒制培育新型职业农民的逻辑框架》，载《国家教育行政学院学报》2019 年第 9 期。

② 单文周、李忠：《现代学徒制试点中双导师制：内涵、瓶颈及路径》，载《社会科学家》2019 年第 8 期。

③ Ryan P. The School-to-work Transition：a Cross-national Perspective［J］. *Journal of Economic Literature*，2001，39（1）：34－92.

徒指导模式、学徒实践技能训练时间长短、师傅的指导水平要求、学徒技能考评标准等方面。

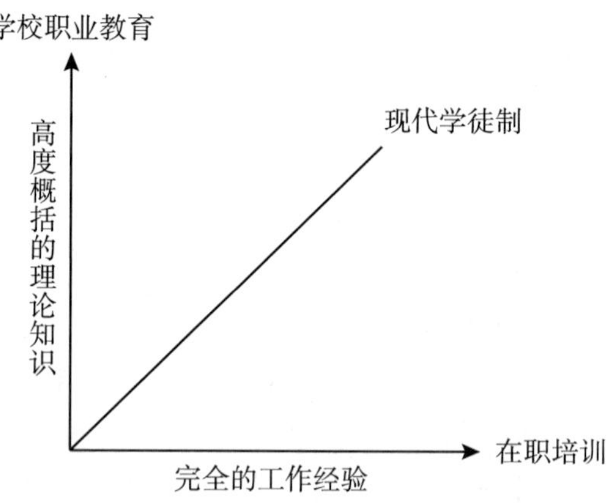

图 7-3 工作本位学习的划分程度

现代学徒制主要特征体现为教学方法、技能教学内容和学校到工作的过渡。第一，与一般的全日制学校教育相比，尤其是以学术为导向的课程相比，现代学徒制的“情境学习”能够激励学习者的学习动机，并且相对于讲授式的教学，这种技能学习方式更加通俗易懂，例如，从事汽车零部件生产与制造的学徒认为，相较于在学校教育中的数学学习，他更喜欢在工作场所中与职业相关的数学学习，他认为在工作情境中的数学知识学习更加清晰明确，并且他看到了数学在工作任务中发挥的作用。这种观点类似于杜威提出的“为职业学习”（learning for occupations）。第二，与全日制学校职业教育相比，学徒制产生的技能得益于学徒知识学习与技能生产的紧密性。学徒既要在生产过程中学习正确的技能操作方法，同时也要满足生产实际需求和生产经济成本，这是学校职业教育中的模拟情境所不能代替的。第三，学徒制能够促进个人实现从学校到工作的过渡。从发达国家学徒制实施的经验可以看出，学徒制的规模和质量与青年失业率（至少相对于成人失业率）成反比关系；而且，在早期的劳动力市场中，学徒制与职业收入、就业机会之间存在着积极联系。

（四）融合现代职业教育思想与理念

传统学徒制和企业学徒制虽然是学徒制培养的主要形式，但是由于这两种类型的学徒制只为满足企业自身所需要的技术技能，随之带来的突出问题是学徒培养内容非常狭隘和短视，学徒只掌握他所从事岗位的技能，甚至只是对某个工作环节非常的娴熟，这不仅会影响个人对岗位的迁移，而且阻碍其获得一定的技术创新能力和问题解决能力[①]。当前，职业在整个工作世界中持续和迅速发生变化，个人需要通过与工作的直接联系来持续发展职业能力。因此，现代学徒制要融合现代职业教育思想和理念。首先，从学徒制的教学理念上来看，师傅和学徒之间的关系类似现代教育中的教师和学生的关系，师傅作为一名教育者，要以身作则，不仅要具有扎实的专业知识和技能，还要具备科学的教育方法和师德；其次，在教育内容上，现代学徒制中学徒学习的内容要具有结构化和教育价值的特征，而不等同于日常工作流程；最后，现代学徒制中学徒学习发生的环境要通过系统性构建来实现。学徒学习发生在与工作履行的直接联系中，工作组织中设计的学习任务紧密联系工作目标。

二、学徒职业生涯视角下现代学徒制实施的现状

从学徒个人出发，现代学徒制是一种基于师徒关系的工作本位学习。实施现代学徒制的根本目的是改变个人的技能学习方式，即从学校职业教育基于学校本位的技能学习，转变为工作本位学习。但是现代学徒制是工作本位学习形式下的一种特殊的、具体的学习方式[②]。现代学徒制的显著特征是，学徒在师傅的指导下系统地进行技术技能的学习，从这个层面来说，学校开展职业教育现代学徒制实践需要关注：（1）师徒关系是如何构建的，构建的是怎样的师徒关系？（2）师傅选拔的标准有哪些？师傅指导的效果如何？（3）在师徒关系的基础上，学徒是如何进行技术技能学习的？（4）学徒的考核评价标准是什么？学徒后续的职业生涯发展是怎样的？

针对这些问题，笔者所在的课题组进行了全国范围的调研。本次调研主要从学徒、专业和学生层面进行调研，学校层面主要调研现代学徒制推进过程中学校层面的制度建构情况；专业层面重点调研的问题是现代学徒制作为一种人才培养模式的具体形态建构情况；学徒层面调研的问题是现代学徒制作为一种人才培养模式对学习方式的影响情况[③]。调研对象主要选取教育部所确立的现代学徒制试点区域的院校为主要依据，有些学校虽然没有完全正式纳入教育部所确立的试点院校，却一直在进行现代学徒制实践改革，因此也纳入本次调研范围。调研涉及 13 个省份，72

① 杨红荃、李萌仕：《从“双一流”视角审视我国高职院校建设的价值追求、核心内容与路径选择》，载《教育与职业》2019 年第 7 期。

② 汤霓、王亚南、石伟平：《我国现代学徒制实施的或然症结与路径选择》，载《教育科学》2015 年第 5 期。

③ 《现代学徒制需破学历教育瓶颈》，人民网，http://opinion.people.com.cn/n/2015/0826/c159301-27516167.html。

所中职学校和高职学院，124 个专业点，1 241 位学生。具体分布情况见表 7－1。

表 7－1　　调研学校、专业与学生基本情况

区域	省份	学校数	专业数	学生数
东部	山东	4	7	84
	江苏	6	9	103
	浙江	11	20	198
	广东	9	20	196
中部	山西	8	14	160
	陕西	1	1	13
	安徽	3	4	50
	湖南	3	7	68
西部	重庆	6	8	85
	四川	13	20	190
	广西	3	4	34
东北	吉林	3	8	30
	辽宁	2	2	30
总计		72	124	1 241

（一）师徒关系的构建

现代学徒制与一般校企合作的区别在于，它要确立师傅在人才培养中的主体责任，构建起师徒关系。调研结果显示：(1) 在师傅选拔方面，仅有 35.85% 的院校参与了企业师傅的选拔，而大多数学校没有参与师傅的选拔，这一情况反映了校企合作中学校的弱势状态，但它不利于人才培养质量的保障。而在师傅选拔中专业负责人最为看重的是师傅的技能等级、道德素质和从业年限等方面（见表 7－2），这一取向是合理的。从企业师傅的年龄结构来看，目前企业师傅多数集中在 30～40 岁，占比 51.9%；其次是 40～50 岁的企业师傅，占比在 27.8%，还有部分行业的从业人员年龄结构整体偏年轻，因此 20～30 岁的企业师傅，也占比 17.8%，而 50～60 岁的师傅占比最少，约为 9.3%。企业师傅的从业年限集中在 20 年以下，占总数的 88.8%，10 年以下从业年龄的也占了 44.4% 的比例，而师傅从业年限在 20 年以上的占比 11.1%。部分行业的师傅的年龄偏低，从业年限偏短。师傅的技能或职称等级多数为高级工或技师以上。

表7-2 师傅选拔的条件

选项	平均综合得分
师傅技能等级	7.85
师傅道德素质	7.38
师傅从业年限	6.32
师傅意愿	5.02
师傅业内评价	4.00
师傅先前指导学徒的经历	2.91
师傅所在企业的意愿	2.87
其他条件	1.68
师傅与学校的先前的合作关系	1.58
师傅性格	0.92
师傅年龄	0.68
师傅性别	0

（2）在学徒选拔方面，最看重的要素则是学徒意愿（平均综合得分7.85），同时会兼顾家长意愿（4.32）和学生的在校表现（3.21）（见表7-3）。同时，学徒主要采取志愿填报的方式进行选拔，这种方式占比69.8%，相比之下大多数院校会采用这种方式，还有部分试点院校会采用测试的方式，如职业倾向测试和专业技能测试等，占比49%。这说明院校和企业在进行学徒选拔时，首先比较尊重学徒本身的意愿，其后才会选取相对较为客观的方式进行测评和分配。另外，院校中参与学徒制的学生数占专业学生总数的比例约在20%。

表7-3 学徒选拔条件

选项	平均综合得分
学徒意愿	7.85
学徒家长意愿	4.32
学徒在校素质表现	3.21
专业对口	3.08
学徒在校学习成绩	1.91
其他条件	1.51
学徒籍贯	0.64
学徒性格	0.55
学徒性别	0.28
学徒年龄	0.28

（3）在师徒关系确立的权力分配上，企业指派师傅占比较大的比重，约为83%，学校指派仅占20.75%，学生与师傅进行互选，占比11.32%。师傅和学校在师徒关系确立方面的作用都比较弱，再一次说明了企业在现代学徒制构建中的强势地位。在师徒关系确立的方式上，大多数试点院校要求签订师徒协议，占比56%，也有相当部分试点院校还采取了传统的拜师仪式，约占43.4%。大多数试点院校师徒协议的内容，主要涉及师傅与学徒的职责、师傅带徒的内容、指导目标、师傅带徒的期限以及学徒考核等①（见表7－4）。相对来说，师徒协议涵盖的内容比较基本，在师傅带徒的数量方面未做具体要求。

表7－4　　　　师徒协议的内容

选项	小计	比例（%）
师傅职责	32	60.38
带徒内容	30	56.60
学徒职责	25	47.17
学习目标	23	43.40
带徒期限	22	41.51
考核方式与标准	22	41.51
工资分配细则	6	11.32
其他	3	5.66
无效问卷	16	30.19

（二）师傅培训

在现代学徒制人才培养模式中，师傅与教师各为学徒培养主体中的一员，师傅对教育理念与方法的掌握水平对现代学徒制实施的质量有很大的影响。学徒制从传统走向现代，首先要求师傅掌握现代教育理念与方法。由于我国还没有建立起完善的师傅职业资格管理体系，虽然有些师傅在企业内部带过学徒，有一些带徒经验，但他们的这些经验相对现代学徒制的实施要求来说还有较大的差距，因此师傅培训应当是现代学徒制人才培养模式实施的重要环节。调研结果显示：仅有22.64%的试点院校能够系统地对师傅进行培训，39%的试点院校制订了明确的师傅培训计划，这表明即使是对师傅进行培训的为数不多的试点院校，其培训内容也主要是学徒管理，而对教育教学理论和教学方法的培训较少（见表7－5）。师傅培训的这种情况，与有些试点院校没有充分意识到师傅培训的重要性有关，但

① 杨劲松：《高职院校主导下的“现代学徒制”分析》，载《中国高校科技》2015年第8期。

也从侧面反映出国家层面缺乏对企业师傅做出相应的制度安排，以保证企业师傅的授课质量。

表 7－5　　师傅培训内容

选项	小计	比例（%）
学徒管理	22	41.51
教学方法	16	30.19
教育理论	11	20.75
法律法规	2	3.77
无效问卷	24	45.28

（三）学徒学习情况

1. 工作本位学习时间和师傅指导时间

学校仅仅将企业真实岗位、企业内培训中心纳入学习场所，并不意味着就构建了现代学徒制人才培养模式，要构建现代学徒制人才培养模式还需要明确学徒接受师傅指导的时间，学徒在企业学习的时间要达到一个最低限度，这一限度目前并没有统一的标准。传统学徒制的学习时间通常在 3 年以上，有的甚至需要 7～8 年。但是从目前的调查结果来看，45% 的调研对象在企业停留时间不超过 3 个月，73.8% 的对象不超过 6 个月（见图 7－4）。学徒在企业学习时间总体上偏短，离完全意义上的现代学徒制还有一定的差距。

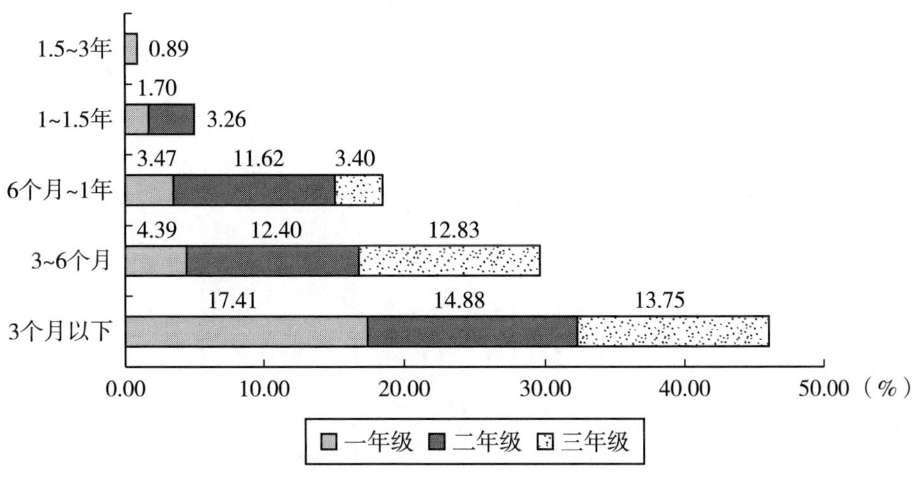

图 7－4　学徒工作本位学习持续时间

2. 师傅指导内容和方法

学徒在企业学习时，师傅对学徒传授的学习内容以及用哪种方式指导学徒学习也是师徒指导的重要构成因素。表7-6显示，师傅传授最多的内容还是岗位技能，同时还有经验和诀窍知识、职业品质与职业精神，工作设备使用传授的可能性也比较高，其他各项内容传授的概率则要小得多，得分均在5分以下，尤其是工作技能涉及的原理性知识，师傅很少进行传授，这种学习内容结构符合一般学徒制的特征，但从现代学徒制的角度来看还有待进一步深化，后续将在政策建议中进一步讨论。表7-7显示的师傅的指导方式也是具备一般学徒制的特征，即以观察模仿为主，同时根据学徒的技能操作进行相关的技能讲解，但研讨法的使用概率很低。

表7-6　　　　师傅指导内容排序

选项	平均综合得分
岗位操作技能	8.34
工作过程中的经验与诀窍（如有，请举例）	6.53
工作中要求的基本品质和精神	6.04
工作中各种设备的使用，调试与简单维修方法	5.34
工作中遇到实际问题时如何快速决策和处理	4.58
企业生产的各类产品与提供的各类服务（如产品规格、服务对象）	4.34
个人职业生涯发展规划	3.43
企业的基本概况（如企业的基本信息、薪资待遇、企业领导架构等）	2.91
企业中各生产服务岗位及其相互之间的关系	2.74
面对不同的客户需求时如何设计和选择最优的生产或服务方案	2.15
工作中涉及的原理性知识（如有，请举例）	1.4
其他	0.53

表7-7　　　　师傅指导方式排序

选项	平均综合得分
观摩法（师傅完成工作任务，学徒在旁边观察学习）	4.68
讲解法（师傅利用一段时间专门讲解与工作任务相关的理论知识）	3.62
合作法（师傅与学徒围绕一个具体的生产任务进行合作）	2.11
试误法（学徒自主完成任务，师傅根据完成结果进行点评并修正）	1.85
研讨法（师傅与学徒就某一个项目或问题进行集中研讨）	1.21
其他	0.21

（四）学徒的考核标准

1. 现代学徒制中的学徒学习效果

根据专业负责人的评估，现代学徒制中的学生提升的总体情况是技能与知识的效果要明显高于品质与精神等方面的效果，见表7－8。这一结果与学校本位学习的效果是一致的，即尽管非常重视对学生品质与精神的培养，但往往知识与技能培养的效果要明显高于品质和精神培养的效果。现代学徒制在学生职业品质与精神培养中的优势尚未充分开发出来。

表7－8　现代学徒制中的学习效果

选项	平均综合得分
提升实践操作技能	13.51
增强对专业知识的理解与应用	9.45
增强职业认同	6.17
增强团队合作	5.98
增强专业学习主动性	5.96
履行职业规范	5.28
坚定从业信心	4.94
强化安全意识	4.25
遵守行业、企业规范	3.89
养成认真负责的工作习惯	3.77
提升爱岗敬业态度	3.53
强化质量意识	2.96
明确职业底线和要求	1.45
追求精益求精	1.30
追求创新改进	0.83
其他	0.79

2. 学徒培训质量监控

现代学徒制是一种多个主体合作进行的技术技能人才培养模式，因而加强人才培养质量的监控，对确保人才培养质量非常重要；现代学徒制是一种以工作本位学习为主要学习方式的人才培养模式，因而其人才培训质量评价要采取有别于学校本位学习的方式。调研结果显示：84.91%的试点院校对现代学徒制人才培养质量实施了不同形式的监控，同时，超过半数的试点院校建立了学徒评价统一标准，约占调研院校总数的64.15%；从评价方式上来看，企业对学徒的评价主要采取终结性评价，主要依据是学徒对工作任务的完成情况（见表7-9），而学校对学徒的评价则主要采取过程考核的方式（见表7-10）。

表7-9　　企业对学徒的评价方式

选项	小计	比例（%）
独立完成岗位任务（出师评价）	42	79.25
能力等级评价	18	33.96
理论考核	20	37.74
行业技能大赛	11	20.75
考取相关技能证书	14	26.42
其他	3	5.66
无效问卷	7	13.21

表7-10　　学校对学徒培训质量的监控方式

选项	小计	比例（%）
定期过程考核	35	66.04
随堂听课	16	30.19
师傅带徒评比	14	26.42
学徒评教	12	22.64
其他	6	11.32
无效问卷	5	9.43

从目前现代学徒制的阶段性成果来看，院校都根据自身实际情况设计了学徒人才培养方案，但是培训方案都是学校和企业之间的对标行为，缺乏国家层面高质量高标准的设计，而且不同院校与企业合作的程度参差不齐，比如有些学校在原来校企合作的基础上，逐渐形成了与企业之间进行人才培养的长效机制，还有些院校处在订单班的旧模式。不同院校在工学交替的时间长短、教学内容设计安排、企业师傅的选拔与聘任以及学徒培训质量的考评等方面都存在不同的设计。通过对目前我国职业教育现代学徒制试点成果中学徒和师傅层面的分析，我们可以总结出一些试点工作积累的基本经验：

一是全方位加强学徒学习效果评价。现代学徒制的根本受益者是学徒，因此在实施职业教育现代学徒制人才培养模式改革的过程中要特别重视对学徒在工作场所中学习的规范。虽然学徒在工作场所中的职业身份发生变化，但从本质上来说，他们还是学校的在校生，特别是对于一些刚踏入社会的青少年来说，还处于职业规范和意识的启蒙阶段，极易沾染上不良的社会行为，这就需要学校和企业合力规范学徒在工作本位学习中的职业态度和行为准则，重视学徒在参与学徒制过程中和项目结束后的评价。加强校企“双主体”管理团队、教学“双导师制”以及多种评价方式的有效结合。

二是学校和企业共同制定相关制度。我国职业教育现代学徒制与西方国家学徒制的不同区别和特点在于我国强大的职业教育系统的保障，职业教育院校应当发挥育人优势，与企业共同围绕人才培养开展实践活动，这其中将会涉及利益主体之间的权利和义务的协调和平衡。从不同利益主体的视角来看，政府希望通过职业教育现代学徒制的发展，带动区域经济发展；企业希望获得人力资源储备，提高企业生产效益；学校希望通过现代学徒制人才培养模式的改革提高技术技能人才培养的质量，满足经济发展需求；学徒参与现代学徒制是为了提高技术技能水平，为将来的职业生涯发展做准备，获得稳定的职业岗位和职业收入等。这其中学校和企业作为实施现代学徒制的重要主体，各自分别需要承担一定的人才培养责任，学校作为学生接受教育的主要场所，应当保护学生的就业安全和相应的法律责任，在课时计划、人员安排以及考评等方面制定相关协议，而企业则要承担学徒在工作场所学习中的责任包括对学徒的师傅安排、设备使用、劳动保障等方面。在此基础上，政府和行业要发挥一定的宏观调控作用保证现代学徒制的有序实施。只有将现代学徒制各方权利和义务上升到制度的层面，才能改变以往松散的校企合作状态，提高技术人才培养的效率，使得现代学徒制的直接受益者——学徒真正从中获益。

三是利用已有的校企合作基础提高区域技术人才培养。职业教育主要应当服务当地区域经济发展，为满足当地经济发展提供所需的高水平技术技能人才。职业院校利用多年校企合作的基础，促进现代学徒制的实施，更加聚焦对学徒技术技能的培养。面对复杂的现代工艺技术和灵活多变的工作情境，个人需要在掌握学校专业基础理论的前提下，在工作环境的实际操作中转变职业认识和身份，并在反复的技能操作中获得可用于实践生产的职业能力。学徒职业身份和职业能力的获得能够促进其职业生涯成功，而师徒关系的建立反过来能够促进学徒职业身份和职业能力的形成。其次，学校利用项目课程改革的基础，采用模块式课程，更适合现代学徒制教学安排，满足企业生产、学校教学以及学生就业需求。

三、学徒职业生涯视角下现代学徒制实施的问题

我国职业教育现代学徒制从开始试点到现在已经取得了一些阶段性成果，从这些成果中来看，虽然部分院校在校企合作方式、人才培养模式、教学培训标准以及学徒评价标准等方面进行了一些开创性和特色性的尝试，但是从职业教育现代学徒制围绕学徒职业生涯发展的价值探索来看，目前现代学徒制的实施效果还存在一定的问题和疏漏的情况①。

（一）难以确保校企合作育人的长效机制

企业专家的职业生涯发展是一个漫长的发展过程，如果学徒想要顺利实现职业生涯发展阶段的跨越，关键在于个人职业能力水平的高低。现代学徒制作为一种培育高水平技术技能人才的培养模式，学徒在企业师傅的指导下能够快速获取个人职业诀窍，并学会在工作世界中灵活自如地应对复杂多变的职业任务。从学徒经历来看，学徒在职业生涯发展早期，职业身份认同对学徒确立职业目标具有重要作用；学徒在职业生涯发展中期，学徒的知识、技能以及态度等相关职业能力是决定学徒能否胜任工作岗位、取得职业生涯成功的重要因素；学徒职业生涯发展整个时期，师徒关系对促进学徒职业身份认同、职业能力形成都具有间接影响，特别在职业生涯发展中后期，师徒关系也是个人职业生涯发展中的重要行业资源。可以看出，学徒经历中很多内容的学习不仅发生在学校职业教育阶段，并且延伸到在职和职后教育阶段②。因此，仅仅将现代学徒制实施停留在职前教育阶段无法满足从业人员职业生涯发展的需求。由于从业人员在不同职业生涯发展阶段都会面临新的机遇和挑战，如随着工作任务难易程度、工作环境变化、生产组织方式以及自身发展需求的变化③，现代学徒制也要从此前的人才培养模式设计转变为着眼于技术技能人才职业生涯发展各阶段的培养模式发展，建构具有渐进性、终身性的技术技能人才培养模式。

（二）缺少国家层面的学徒培养质量认证

从学徒的角度出发，现代学徒制的产出是市场化私人收益，学徒经过现代学

① 郑永进、操太圣：《现代学徒制试点实施路径审思》，载《教育研究》2019 年第 8 期。

② 黄亚宇：《新时代产教融合模式下受教育权的多维关系审视》，载《湖南社会科学》2019 年第 6 期。

③ 孙佳鹏、石伟平：《现代学徒制：破解职业教育校企合作难题的良药》，载《中国职业技术教育》2014 年第 27 期。

徒制的培训应该能够获取职业所需的知识与技能，使得学徒在工作岗位中具有更高的岗位胜任能力和竞争力，并获得更高的职业收入，甚至是职业荣誉和职业地位的提升。现代学徒制不仅要关注学徒对目前工作岗位能力的胜任，还要重视学徒职业迁移能力和综合素养的提高[①]，如学徒的职业核心素养、问题解决能力、职业抗压能力等方面。特别是如今工作情境的快速变化，学徒的职业生涯可持续发展能力比专业技能学习更为重要。但是目前我国缺乏能够将个人综合职业能力进行认证的评价系统，从英国、澳大利亚等发达国家的经验来看，这些国家针对学徒培训制定不同的等级并将其与国家职业资格框架进行整合[②]，学徒获得相应的职业能力可以与不同等级水平的国家职业资格框架进行对应，同时为学徒设计统一灵活的课程体系，从过程和结果不同角度对学徒的培养质量进行认证[③]。此外，国家针对学徒培训质量的制度设计也从侧面保证了学徒的权益，防止企业在学徒培训的过程中产生不当的投机行为。

（三）缺乏完整的学徒利益保障体制

学徒作为现代学徒制的重要参与主体，学徒的合法利益诉求是职业教育现代学徒制实施的根本出发点，也是职业教育的教育本质体现。但是，目前我国尚未对现代学徒制中的学徒权利和义务进行制度层面的清晰规定，同时缺乏对学徒在工作本位学习中的学习内容、学习期限以及学习质量等方面的有效监管，这极易导致学徒异化[④]，特别是在一些缺乏育人理念的中小企业和传统手工业中，学徒成为企业获得廉价劳动力的经济工具，并且学徒作为初入社会的青年人，在面对经济诱惑时，很难进行自我判断和职业决断。例如，职业教育早期实施的订单班和目前普遍存在的顶岗实习等[⑤]，如果没有外界相关监察和管理，学徒很容易成为企业的廉价劳动力。虽然学徒制具有一定的经济属性，但对于职业教育现代学徒制而言，教育属性应当成为职业教育人才培养模式改革的主要特征，现代学徒制不仅能够为我国经济发展提供所需的高技术技能人才，同时学徒在工作本位学习中的技术技能知识和实践的获取，能够促进其职业生涯发展。因此，我国实施

---

① 刘晓明、朱向楠：《高职院校转型发展背景下现代学徒制推行的困境与路径》，载《现代教育管理》2016 年第 8 期。

② 吴雪萍、杨莉萍：《英国的学徒制经费投入：演变、方式及特点》，载《中国职业技术教育》2019 年第 33 期。

③ 欧阳忠明、韩晶晶：《雇主参与现代学徒制的利益与权力诉求——基于英国学徒制项目调查报告的分析》，载《教育发展研究》2014 年第 11 期。

④ 贾文胜、潘建峰、梁宁森：《高职院校现代学徒制构建的制度瓶颈及实践探索》，载《华东师范大学学报》2017 年第 1 期。

⑤ 黄文伟：《企业充分参与现代学徒培养的制度设计研究》，载《高教探索》2019 年第 7 期。

现代学徒制要借鉴西方发达国家双元制的教育经验，进一步完善现代学徒制实施的相关法律法规，为学徒参与现代学徒制提供必要的制度支持和权益保障。

（四）缺少对企业师傅的劳动安全保护

企业师傅作为现代学徒制实施过程中的主要参与者，无论从教育层面还是社会劳动层面都缺乏一定的政策话语权，虽然企业师傅是向学徒进行技能传递的主体，但是他们在现代学徒制实施过程中主要扮演执行者的角色，政策制定过程中很难听到企业师傅的声音。同时，企业师傅作为社会阶层中的技能工人，他们相对缺乏社会地位认可度，并且在薪资待遇上也不具备优势。面对这样的情况，企业师傅很难获得相应的职业认同感，甚至在个别企业中师傅之间还存在着一定的内部竞争，师傅很可能将“带徒”“传教”作为企业安排的临时任务。企业师傅出于对自身劳动安全问题的担忧，很难将个人的技术诀窍知识传授给学徒。相比之下，德国和日本作为协调性市场经济的代表，两国在进行企业治理时主要采取“抑制过度竞争”和“摒弃企业课利动机”的原则，以此避免工人暴露在自由性经济市场中，并利用企业年薪序列制度和终身雇佣制度保护工人的薪资安全，为企业内部的技能传承提供了合适的制度环境。

第三节　职业生涯视角下职业教育现代学徒制实践价值

基于学徒职业生涯的视角分析表明，学徒指导作为一种实践性学习方式在现代学徒制人才培养中发挥重要作用。面对现代学徒制“后试点时代”实施所面临的问题，启发我们应该从职业生涯的角度出发，对我国职业教育现代学徒制的设计模式与实施过程进行改革，实现学徒制在现代社会复兴的实践价值。

一、确定现代学徒制促进个体职业生涯发展的理念

面对产业发展变革对高水平技术技能人才的需求，以及创新、终身学习、自我雇佣等职业生涯发展理念和现代教育理念的变化，学徒指导作为一种实践技能学习成分能够在现代学徒制实施过程中发挥育人价值，如个人参与学徒学习的经历能够改变学徒的合法职业身份，使其成为企业员工，提高学生解决工作现场专业问题的综合职业能力，并且加强个人在工作场所中的社会关系，最终促进个人职业生涯成功。由此可见，职业教育人才培养过程的设计是非常重要的。因此，

职业教育人才培养模式在进行设计的过程中要促进个体的职业生涯发展。职业教育作为一种旨在培养技术技能人才的培养模式，应该充分整合不同要素促进个体职业相关的知识、技能和态度的学习。正如杜威所说，学习者要有一种“经验的真实情境”，在这种“情境”里，要有促进个体去思考的“真实的问题”，以促进个体生成一定的职业知识、技能以及处理问题的能力。而单靠“传统教育”的课堂教学很难获得符合现代社会需求的技术技能人才，个体职业能力的培养要从经验中学习，或者是“做中学”，即强调个体的直接的主观经验，提倡个体自我摸索，重视实用的知识。在职业生涯发展的过程中，个体的职业身份逐渐形成，职业能力逐渐提高，职业社会关系逐渐庞大，最终走向适合其职业生涯发展的道路，获得职业生涯成功。

二、关注现代学徒制促进从业人员职业身份的形成

职业身份形成可以使个体有意识地将自己的职业兴趣、职业动机和职业能力与可以接受的职业角色联系起来，并且这种联系将会贯穿职业生涯始终。对于个体来说，职业身份建立是一个关键的职业生涯发展过程。职业身份形成是幸福感、职业和生活进步的重要标志。现代学徒制是存在于现代职业教育中的一种人才培养模式，而传统学徒制或企业学徒制只是一种培训方式，这种培训方式旨在为师傅或企业雇主的生产需要服务的，而不是为了促进个人的职业生涯发展。因此，学徒指导学习方式作用于现代职业教育人才培养模式的过程中，要注意学徒指导各个环节的规范与制度政策的支撑，如学徒指导的内容标准、学徒指导的过程安排、学徒指导的学习方式以及学徒指导的评价等方面。只有不断加强学徒指导过程中各环节的科学化和规范化，才能够有效地发挥学徒制在人才培养过程中传递技术诀窍知识与技术创新能力的作用。此外，学校与企业发展和维持工作关系的好坏程度是确保高质量现代学徒制取得成功的决定因素①。

因此，学徒制要作为一种人才培养模式固化下来，需要完成一系列的制度建设②，这是现代学徒制建设的高级阶段。这些制度包括两个层面，即用于协调各方行为，确保人才培养过程顺利进行的制度和用于激发相关主体积极性的制度。前一种制度的构建主要由试点院校完成，后一种制度则应主要由政府有关部门来完成；同时，后一种制度的构建比前一种制度复杂得多、重要得多。学徒指导过

① 李金：《我国现代学徒制发展的历史轨迹及未来趋向——基于政策分析的视角》，载《职教论坛》2019 年第 2 期。

② 徐国庆：《我国职业教育现代学徒制构建中的关键问题》，载《华东师范大学学报》2017 年第 1 期。

程中相关制度的支撑和完善能够使得现代学徒制超越传统学徒制的狭隘性，即防止学徒培养内容的狭窄和片面，使学徒指导学习成为一种职业教育技术技能人才培养制度。

三、重视现代学徒制促进个体岗位核心能力的培养

学徒制实施的主要目标是促进个体所要发展的知识、技能和能力的提高。不论是传统学徒制还是现代学徒制都颇为重视学徒的技术悟性和能力水平。学徒作为学徒制实施的主要受益者，企业和师傅要重视学徒的选拔和学徒学习的质量监控[①]。不论是传统学徒制还是现代学徒制，企业师傅作为引导学徒学习的主要承担者发挥着重要的作用。企业师傅的指导意愿和资历水平是否达到学徒指导的要求是影响学徒指导效果的主要因素。例如，企业师傅在支持和引导学徒进入工作场所，并帮助学徒成功实现角色转换具有重要作用。企业师傅在培训过程中需要有正确的职业价值观，才能帮助学徒履行好自己的岗位职责，并达到良好的职业标准。为保证企业师傅带徒过程中的效果和质量，现代学徒制实施过程中要建立企业师傅制度，明确企业师傅的资格、权责、待遇和培训考评标准。企业师傅较高的职业能力水平、职业道德水平和职业态度是影响学徒人才培养质量的关键。

与此同时，企业师傅从事的带徒工作应该在其岗位能力和工作描述中有所体现[②]。从师傅的角度看，带徒工作需要耗费他们很大的精力，有时可能还要承担学徒技能不娴熟带来的生产效益下降，甚至是废品率提高等问题。能够激发他们带徒兴趣的主要诱因还是相应的工资报酬和职业晋升。企业要给予带徒师傅一定的带徒奖励，因为如果熟练工人以他们工作的生产能力来获得补偿，那么他们被派去指导学徒就必须根据其指导学徒而丧失时间的多少给予补偿。否则，对企业师傅而言是不公平的，同时面对市场经济背景下，现代学徒制人才培养模式也很难成功地开展。

四、加强现代学徒制促进师徒关系稳定发展的设计

学徒指导作为一种传统的师带徒学习方式，其中最为核心的内容是学徒与师

① 何蓓蓓、谢莉花：《我国职业教育现代学徒制课程体系实施的现状、问题及对策》，载《职教论坛》2019 年第 5 期。

② 李政：《职业教育现代学徒制的价值审视——基于技术技能人才知识结构变迁的分析》，载《华东师范大学学报》2017 年第 1 期。

傅之间指导关系的建立、维护与发展。师徒关系作为学徒制最根本的要素，是其区别于其他实践学习方式的主要内容。立足于现代社会，现代学徒制与传统学徒制相比，师徒关系的形式发生了变化，但是学徒指导的内容却基本相同。摒除传统学徒制中师徒之间的人身依附关系，现代学徒制在深度的企业师徒关系基础上促进个体技术实践能力的学习不断精深。传统学徒制中师徒关系的指导时间长短、师徒关系的亲密程度、师徒关系的指导内容与方式在学徒技术实践能力学习中发挥关键作用，因此，稳定的师徒关系是进行技术实践能力学习的人才培养模式的基础。

随着我国市场经济模式的推广，参与现代学徒制的很多企业都是民营企业，即使是国营企业，其员工与企业的关系与过去的国营企业相比，也有了较多的市场关系成分[①]。企业与学徒师傅之间的关系与学校和教师之间的关系具有截然不同的性质[②]。介于企业环境的复杂性，师徒之间的关系会面临许多管理上的难题，只有这些复杂问题有效解决才能使现代学徒制作为一种人才培养模式确立起来，这需要企业充分的管理制度作为保障。例如，德国专门颁布《企业教师资质条例》对企业教师的资历要求进行专门的界定，并规定企业教师取得相应的证书后才能进行学徒培训。为此院校和企业可以根据不同专业群组建“校企双导师教研室”，教研室由学校专业教师、企业师傅和企业人力培训师共同组成[③]，学校主要进行理论知识的教学，企业师傅负责实践部分的指导，采取双导师联合授课，学校和企业共同制订学徒人才培养计划[④]。

第四节　本章小结

自 2014 年，教育部在全国开展职业教育现代学徒制的试点工作开始，许多地区取得了阶段性成果。但是，由于部分学校和企业在实施过程中对现代学徒制存在不同的认识，以至于造成一定的偏差，致使现代学徒制的人才培养价值尚未完全发挥作用，其中表现为，地方政府、企业和学校作为现代学徒制实施的主体缺乏一定的组织保障；企业主管、企业师傅和学校教师作为直接参与现代学徒制

① 吴建设：《高职教育推行现代学徒制亟待解决的五大难题》，载《高等教育研究》2014 年第 7 期。

② 和震、谢良才：《论学徒制与职业教育的技能精英人才培养》，载《江苏高教》2016 年第 5 期。

③ 刘晓、路荣平：《文化互动视域下高职校企合作的内容与方式》，载《中国高等教育》2012 年第 9 期。

④ 徐国庆：《高职教育发展现代学徒制的策略：基于现代性的分析》，载《江苏高教》2017 年第 1 期。

教学的主体缺乏一定的资格水平；学徒作为参与现代学徒制的受益者缺乏一定的规范标准等。从职业生涯理论的视角下，我国现代学徒制的试点与普及工作应从以下几个方面进行变革：（1）建立符合个人职业生涯发展的现代学徒制师徒关系确定标准和教学设计；（2）建立促进个人学徒学习与职业资格考评体系；（3）建立企业师傅作为现代学徒制主要培训者的资格标准、培训标准和工资待遇标准；（4）建立包括政府、企业和学校之间的培训制度标准等。

第八章

结　语

学徒制这一概念是舶来品，国外对学徒制有不同的表述方式，英国称为现代学徒制，德国称为双元制，澳大利亚称其为新学徒制，美国称为工作本位学习。虽然学徒制在各个国家的表述方式不同，但是学徒制的核心是稳定的师徒关系，即师傅对学徒手把手的指导，以帮助学徒获得所在行业的知识、技能和态度等相关工作经验，快速适应职业生涯发展。为解决现代化生产所需要的高技术技能人才，现代学徒制在吸收传统学徒制思想和价值的基础上再次复兴。那么企业专家的学徒经历和职业生涯成功是怎样的？学徒经历如何促进企业专家的职业生涯成功和职业生涯发展？我国如何更好地实施现代学徒制的育人价值和实践策略？本研究以职业生涯为视角，采用扎根理论对具有学徒经历的企业专家职业生涯发展历程进行研究，来回答“职业生涯发展背景下现代学徒制复兴的价值”的问题。本研究的主要结论如下。

一、学徒经历中各要素对个人职业生涯成功的影响分析

学徒经历中的职业身份形成、职业能力形成和社会关系形成对个人主客观职业生涯成功的影响。职业身份是指个人对其所从事职业的目标、社会价值和其他因素的看法，以及个人对他人的有关职业方面的看法、认识或认可。学徒经历中的职业身份是指个人经历持续不断的结构性和态度性变化，最终形成的对自身作为职业领域中专业人士的自我概念。

学徒经历中的职业身份形成可以划分为职业伦理形成、职业知觉形成和职业

适应的形成。职业能力是从职业实践中总结出来的生产实践、劳动技能、操作技艺，职业能力与某一特定职业相关的知识和技能。学徒经历中的职业能力是指师傅对学徒进行的与职业相关的知识和技能等方面的指导，有助于学徒职业相关能力水平的提升。学徒经历中的职业能力形成可以划分为职业知识形成、实践技能形成和职业态度的形成。

社会关系是指人们在生产和生活过程中形成的人与人之间的关系。学徒经历中的社会关系是指个人在学徒经历中形成的人与人之间的各种关系。学徒经历中的社会关系形成可以划分为师徒关系形成、同辈群体形成和重要他人形成。

学徒经历中各要素对个人职业生涯成功的影响机制是通过个人职业生涯发展的不同阶段进行的，个人在学徒经历和职业生涯发展的同步进行中，逐渐形成职业身份、职业能力和社会关系，进而促进个人职业生涯成功。学徒经历中的职业身份能够促进个人主观职业生涯成功，如职业满意度和职业声望。具体表现为职业伦理对个人职业满意度的影响、职业知觉对个人职业晋升的影响和职业适应对个人职业生涯成功的影响。学徒经历中的职业能力能够促进个人客观职业生涯成功，如职业收入和职业晋升。具体表现为职业知识对个人职业收入和职业晋升的影响、职业态度对个人职业声望的影响。学徒经历中的社会关系能够促进个人主客观职业生涯成功，即行业资源对个人客观职业生涯成功的影响、行业信息对个人主观职业生涯成功的影响和职业赞助对个人主观职业生涯成功的影响。

二、学徒经历对个人职业生涯发展阶段的影响

学徒在不同的职业生涯发展阶段的任务塑造了学徒经历的发展，学徒的职业能力需求以及职业期望等也会影响其学徒经历中的社会关系构建。职业生涯发展初期是个人职业生涯的探索和初创时期，此阶段的年龄为 15 ~ 30 岁，个人取得组织新的正式成员资格。个人面临的职业任务包括从学校到工作的职业身份转换。具体表现为：（1）个人承担职业伦理，个人成功履行第一次工作任务；（2）发展和展示个人的职业技能和专长；（3）职业心理适应状态的挑战。个人需要快速适应新的工作环境和要求建立职业身份，进而影响个人的职业目标建立和职业生涯成功。师傅对个人职业生涯发展早期的影响主要体现为社会心理指导和初步的职业知识指导，从而促进个人职业身份的建立，实现职业生涯成功。

职业生涯发展中期是指个人在职业生涯角色工作期间的一段时间，在个人感觉到已经建立并且已经达到专业化的阶段，具体表现为：（1）个人已经选定一

项技术专长或进入组织管理部门；（2）个人职业能力的获得，保持技术竞争力，逐渐争取成为所在行业的技术专家或职业能手；（3）随着个人职业能力的提高，开始承担较大的职业责任；（4）形成个人长期的职业规划和目标，个人出现更多的职业生涯发展机会，获得职业能力并实现职业生涯成功。个人在此阶段已经获得一定的职业收入和职业晋升，开始关注职业贡献和职业心理等方面的发展，师傅对学徒的指导主要体现为职业生涯指导和社会心理的指导。

职业生涯发展后期一般是从40岁直到退休。从业者的职业情况表现为：（1）从业者获得了一定的职业成就和职业威望；（2）从独立从业者角色转变为企业师傅，开始影响和指导他人，对他人承担责任；（3）从执行者向管理者的职业身份转变，并积累了大量的行业相关的社会关系与资本。在此阶段，从业者基本实现了个人职业生涯成功，获得了一定的职业收入、职业晋升水平、职业声望和职业满意。

三、职业教育现代学徒制复兴的理论和实践价值探索

2014年，教育部启动了现代学徒制第一批试点工作，随后又在2017年和2018年分别启动第二、第三批试点工作。截至目前，共有410所高职院校、94所中职院校、20个试点地区、19个行业组织和17家企业参与现代学徒制实施试点工作。经过将近6年的试点工作，各院校、企业和地区政府针对现代学徒制的人才培养模式、制度建设、评价体系和利益协调机制等方面探索出很多有价值和可推广的宝贵经验，但是在实施的过程中也遇到一些难以突破的瓶颈和缺陷。目前，职业院校实施现代学徒制的主要目的是为院校学生的实践教学与就业提供支持和保障，然而在发展的过程中院校也普遍感到在人才培养方面很难与企业之间形成新的明显特色。在此期间，也有部分试点院校尝试与企业合作进行产品和技术研发，但没有形成一定的规模和有影响的成果。现代学徒制实施的根本受益者是学生或学徒本人，如何推动职业教育现代学徒制人才培养进一步的发展，我们应该从职业生涯的角度出发，改革我国职业教育现代学徒制的模式设计与实施过程。

（一）重视技术技能人才职业生涯发展的理念

学徒制人才培养与学校职业教育的主要区别在于，学徒制能够更好地关注个人的职业生涯发展，个人在真实的工作场所中通过师傅一对一的指导，获得职业身份、职业能力和社会关系的发展，进而促进个人职业生涯成功。在此过程中，现代学徒制更为关注个人的职业相关的经验的进步和提高，而不仅关注知识灌输

和技能训练等问题。这与职业教育提倡生涯教育和终身学习的理念不谋而合，职业教育人才培养模式改革要关注个体职业生涯发展的教育理念，促进个人走向职业生涯成功。为此，职业教育要为学徒的升学路径或就业提供畅通的路径设计。一方面，为想要继续从事本行业工作的学徒继续就业准备；另一方面，为有升学意愿的学徒搭建明确的升学路径。可以从两个方面进行设计，一是院校与企业建立人才储备计划，为输送到企业的学徒提供相应的岗位安排和绿色通道，如果学徒学习期满后继续留在本企业工作，可以在短时间内优先考虑其职业晋升以及提高职业收入。二是为接受学徒学习的学生开设专门的层次学历，学徒获得的高层次学历可以是面向其职业发展的专业学位，并实现部分职业资格与学历互认机制。

（二）加强技术技能人才岗位核心能力的培养设计

企业要重视高技能人才培养的投入，完善企业“学徒指导”人才培养制度，激发企业人才培养活力，提升高水平技术技能人才的培养成效。同时，不断完善学徒培养标准和考评体系，激发学徒职业知识与技能学习的积极性，使学徒明确自身需要努力的职业方向和应达到的职业目标，以及对个人未来职业生涯发展的规划。目前，虽然我国在职业教育国家专业教学标准与认证体系方面开展一些建设工作，但是这些工作还不足以支持现代学徒制的标准化和整体运行。因此，职业教育要按照专业设置与产业需求对接、课程内容与职业标准对接、教学过程与生产过程对接的要求，院校和企业共同开发现代学徒制专业教学标准及其认证体系，明确区分职业院校人才培养标准和企业的人才培养标准。此外，要在开展现代学徒制的专业中首先尝试“学历证书 + 若干职业技能等级证书”，即“1 + X”证书制度的试点工作。只有以标准建设为提升人才培养质量的抓手，深度开发以职业能力清单和学习水平为核心内容的专业教学标准，为职业院校人才培养过程建设提供专业依据，为教学质量整体提升与监测提供基本制度保障，使人才培养更为深入地体现职业教育特色。

（三）加强技术技能人才的稳定师徒关系发展设计

企业要重视吸收工作场所中的知识丰富、技艺精湛和工作效率高的企业专家作为学徒指导的师资。同时要加强与职业院校之间的合作与交流，加强院校与企业之间教师和师傅的互聘共用、双向挂职锻炼、横向联合技术研发和专业建设的力度，打造专兼结合的双导师团队①。提升企业师傅的带徒能力，尤其是要重视

① 谢莉花、尚美华、余小娟：《现代学徒制背景下我国企业师傅队伍建设需求及策略研究——基于德国经验的分析》，载《中国职业技术教育》2019 年第 9 期。

企业师傅的聘任、选拔以及培训。鼓励行业名师带徒，充分发挥企业技能大师或知名企业专家在职业生涯发展、人才培养和技艺传承等方面的独特作用。根据教师能力形成规律和企业师傅技能形成轨迹，建立院校在职教师和企业师傅培养齐头并进的双轨制师资队伍，继续完善关键岗位的“首席技师”“技术总监”或企业专家聘任制度，加强以技能大师为核心的学徒指导学习方式，并尝试在各级技能大师工作室中率先探索有效的现代学徒制人才培养模式。

（四）重视技术技能人才成长的社会评价环境

目前，职业教育现代学徒制对学徒和家长等受益者的吸引力相对较低，其主要原因是促进技术技能人才成长的社会评价体系尚不健全。2019 年 8 月人力资源和社会保障部《关于改革完善技能人才评价制度的意见》提出健全完善技能人才评价体系，形成科学化、社会化和多元化的技能人才评价机制。因此，政府要建立严格的、具有社会公信力的技能水平社会评价体系，吸引更多优秀人才进入职业教育体系，激发学习者学习技术技能、苦练技能的职业目标，促进高技能劳动者的就业流动。高技能人才的培养是职业院校的主要任务，探索高技能人才培养和评价是人才建设的重要环节，构建科学的社会评价体系对于高技能人才队伍建设和提高职业教育吸引力具有重要意义。同时社会要尊重和重视高技能人才的社会地位，营造良好的社会舆论环境，进一步完善高技能人才表彰奖励制度，搭建更多技术技能人才发展的平台，拓展其职业生涯发展的路径和空间。

四、研究局限与展望

（一）研究局限

1. 研究理论本身的局限性

正如每个硬币有正反面，现代学徒制人才培养制度本身存在一定的局限性。首先，学徒制的教学优势是选择性的，即对于那些具有理论和实践学习倾向的学习者，在面对非局限性抽象学习时会更加乐于参与，更有效地学习。对于其他人来说，学习方法的区别对其学习动机和效果没有实质区别。劳耐尔（2010）认为，“虽然对上述群体的统计规模尚不清楚，尽管有关其扩张的假设通常隐含在政府扩大高等教育的政策中①。但是无论如何，这些群体的存在是毋庸置疑的”。

① Rauner F., Wittig W. Differences in the Organisation of Apprenticeship in Europe: Findings of a Comparative Evaluation Study [J]. *Research in Comparative and International Education*, 2010, 5 (3): 237-250.

其次，并不是所有的学徒经历都会涉及学习机会。企业雇主培训的技能应该面向未来的生产技术手段，这样学徒经历中完全与生产过程紧密联系的内容就成为个人发展的弊端而不是优势，甚至很容易将学徒视为剥削性的企业廉价劳动力。例如，这样类似的批评导致瑞典在20世纪70年代初期几乎完全抛弃学徒制，继而转向全日制学校职业教育①。这也从侧面提醒我国在实施职业教育现代学徒制的过程中要重视加强外部指定的培训标准，企业实施现代学徒制的认证标准以及执行标准的配套政策与规定。最后，作为技能学习来源的学徒制面临的挑战是如何在实践中真正将理论和实践融合为一个连贯的整体。在德国，职业学院与工作场所之间互相推诿的投诉是学徒制实施的普遍现象。职业学院的教师经常因过于偏向学术化而鄙视学徒学习中基于工作场所的实践技能操作部分而受到批评。反过来，一些企业雇主因对学徒所接受的学校职业教育兴趣不大而受到批评。双方通常很难进行有效的合作以协调学徒的学习，处理这些问题仍然是现代学徒制面临的一项重要政策挑战。

2. 研究方法本身的局限性

扎根理论研究方法需要研究者完全将自身置于研究现象之外，研究者尽可能地不掺杂任何主观感受，只有这样才能生成具有分析性和实证性的理论。尽管质性研究本身具有不断发展的归纳性质，但如果研究者采用科尔宾和施特劳斯的扎根理论分析方法则会发现，这是一种系统的研究方法，它在编码资料分析的特定步骤上进行了研究。此外，研究者在确定类别何时饱和或理论何时足够详细时将会面临一定的挑战。本研究在处理这种挑战时采取的解决策略为使用判别抽样(discriminant sampling)，即研究人员从与最初采访的人不同的人那里收集额外信息，以确定是否这些额外的参与者都适用这一理论。研究人员需要认识到，这项研究的主要成果是具有特定成分的理论：中心现象、因果条件、策略、条件和背景以及后果。因此，施特劳斯和科尔宾的扎根理论研究方法可能没有某些定性研究所希望的灵活性。

3. 研究实践和研究范围的局限性

由于研究对象的复杂性和职业生涯的不确定性，很难找到完全从事学徒经历而不参与任何学校教育经历的研究对象。因此，本研究所提到的“学徒经历”和“学历教育”都是相对的概念。尽管本研究的样本数量已经充分地反映了扎根理论研究的完整性和连续性的原则，但是企业专家的学徒经历和职业生涯发展较为复杂，并且具有一定的个性特征，即使是相同行业、相同企业或相同工种的企业

① Nilsson, A. Vocational Education and Training in Sweden 1850 - 2008: a Brief Presentation [J]. *Bulletin of Institute of Vocational and Technical Education*, 2008: 78 - 91.

专家，他们的职业生涯发展历程也会出现差异和变化。鉴于这种变化性和复杂性，只能选取扎根理论研究方法获得相对真实和完整的研究资料，而不是采用定量研究进行理论模型的大规模验证。此外，由于该研究时间和研究范围的局限性，本研究所涉及的研究对象大多分布在东部沿海地区和中部地区，西部地区人数相对较少，因此研究结论仅可以代表中东部区域的真实情况。

（二）研究展望

1. 研究方法的丰富

职业生涯视角下现代学徒制的研究可以采用定量研究或质性研究的方式，但是定量研究更多的是从效率的角度进行，或者是验证某个现有模型。本研究选取质性研究方法的主要原因是为了探究企业专家的学徒经历和职业生涯成功历程是怎样的，以及学徒经历是如何对个人职业生涯成功进行影响的。因此，笔者希望将来把本研究结果作为理论基础，通过定量研究，重点验证现代学徒制能否促进个人的职业生涯成功。

2. 研究视角的拓展

由于研究时间和精力的限制，本研究只是重点探讨了职业生涯视角下现代学徒制实施的价值。这在理论上没有错误，但是忽视了有关院校和企业管理方面、甚至是国家教育制度和背景的问题。在未来的研究中，将会考虑将不同主体、不同结构和不同过程探究职业教育现代学徒制人才培养实施效果评价的问题。

3. 研究结果的应用

本研究为了解学徒经历及其对个人职业生涯成功影响提供了经验基础。为了充分开发和测试学徒经历对个人职业生涯成功影响模型的实践应用，有必要进行进一步的研究。具体来说，本研究希望通过对职业生涯视角下现代学徒制人才培养的理论解释能够引领实践，将学徒经历中的有益要素与学校职业教育相互补充，促进职业教育人才培养的质量，并满足经济发展需求。

附　录

访谈提纲

一、调研目的

本次调研重在了解企业学徒学习经历对个人职业生涯成长的影响因素以及作用机制，为我国职业教育现代学徒制的构建和推广工作提供学徒职业生涯维度的现实依据。

二、调研方式

企业访谈，重点与具有学徒学习经历的企业专家（年龄在 45 ~ 50 岁以上，达到一定的技术职称，如项目经理或技术总监等在行业中取得一定职业成就的企业专家）等进行访谈，行业领域不限（如制造业、餐饮服务业、传统文化行业）。学徒学习经历可以是在校期间学徒在师傅指导下的学习，也可以是在工作中师傅指导学习。

三、调研时间地点

访谈的时长为 1 ~ 2 小时，访谈地点为办公室或企业一线员工工作场所。

四、访谈对象具体要求

访谈对象具体要求见附表1。

附表1　　访谈对象具体要求

访谈对象	访谈内容	访谈地点	访谈方式及其他
具有学徒经历的企业一线技术专家A（工龄在8～10年以上）	企业技术人员的成长经历与职业生涯发展，包括对企业部分技术人员学徒学习经历的了解以及学徒学习经历对其职业生涯成功的影响	办公室或会议室	一对一访谈

五、访谈提纲（见附表2）

附表2　　访谈提纲

访谈主题	主要内容提纲
基本信息	1. 性别（男/女） 2. 年龄（21～30岁，31～40岁，41～50岁，51岁以上） 3. 职位（一线员工，基层管理者，中层管理者，高层管理者） 4. 学历（高中及以下，大专，大学本科，研究生） 5. 月收入（3 000～4 500元，4 501～6 000元，6 001～7 500元，7 501元以上） 6. 企业性质（国有独资，中外合资，外商独资，私营企业） 7. 求学历程、职业历程

主题一：学徒经历

（1）您参与的学徒学习的基本情况是怎样的？师傅是如何指导您进行学习的？对您的学习在哪些方面影响比较深刻？您能不能再详细地描述一下发生了什么？

（2）在您的学徒学习过程曾遇到什么困难吗？是否在处理比较复杂的情境时遇到问题，或是产生挫败感，您是如何克服的？师傅对您产生了哪些影响？能否尽可能详细地描述一下您在学徒学习时的一个情境？

（3）师傅的个性特征对您职业态度产生哪些影响？您能否再多说一点关于师傅指导您的事情？

（4）师傅在这个行业的从业资源以及师傅的职位与声誉对您后来从事这个职业产生了哪些影响？

（5）师傅掌握的相关专业知识与技能水平对您的学习有哪些帮助？

（6）师傅对您的职业生涯规划有哪些帮助与指导？关于这个还有没有其他的例子？

（7）除了我们谈的这些之外，师傅对您还有哪些帮助和影响？

（8）在您学徒学习期间，发生了哪些让您感到比较有意义和有收获的事情？请举例说明？这个事情对您之后的职业生涯成长产生了怎样的影响？

主题二：教育形态与人的能力发展

（9）请您结合自身谈一谈，您认为学校教育和学徒制的区别有哪些？

（10）学校教育培养了您什么样的能力，学徒制又培养了您什么样的能力？

（11）您认为这两种人才培养方式，哪一种更好？

（12）学徒经历过程中的学习带给您的哪些内容是您在接受学校教育制度中无法代替的？

（13）您原来的学徒学习与现在的学徒学习，您认为有什么区别吗？体现在什么地方？

（14）目前您在指导学生时会沿用之前学徒学习的方法吗？您会有其他改进吗？

（15）您认为，与自己钻研相比，师傅指导学习，对您会产生哪些帮助？

（16）您认为在您的行业中有过学徒学习经历的员工与没有参与过的员工相比有什么区别？体现在哪些方面？

主题三：学徒学习对个人职业生涯成功的影响

（17）您认为您目前成功吗？您认为您的职业生涯成功吗？

（18）您如何定义职业生涯成功，它包含哪些方面？

（19）您认为学徒学习经历对您目前职业生涯成功有影响吗？有哪些影响？是如何影响的？比如职业收入、职业晋升、工作满意度和留任意向等？怎样评价自己的学徒学习？

（20）您能否简述一下您的职业发展经历，其中您认为影响（包括积极和消极影响两个层面）职业生涯发展的重要事件是哪几件?

（21）您目前工作遇到问题时，还会找师傅进行帮助吗？有哪些方面?

（22）学徒学习对您目前职业最大的帮助与启发有哪些?

参考文献

[1] 阿·赫胥黎:《自由教育论》，商务印书馆1946年版。

[2] 波兰尼:《个人知识：迈向后批判哲学》，贵州人民出版社2000年版。

[3] 陈桂生:《学校教育原理》，湖南教育出版社2000年版。

[4] 陈桂生:《教育原理》，华东师范大学出版社2016年版。

[5] 陈俊兰:《职业教育现代学徒制研究》，湖南大学出版社2016年版。

[6] 陈向明:《质的研究方法与社会科学研究》，教育科学出版社2000年版。

[7] 杜威:《哲学的改造》，商务印书馆1958年版。

[8] 杜威著，王承绪译:《民主主义与教育》，人民教育出版社2001年版。

[9] 冯大奎:《生涯发展导论》，新华出版社2012年版。

[10] 韩翼:《师徒关系结构维度、决定机制及多层次效应机制研究》，武汉大学出版社2016年版。

[11] 胡森:《国际教育百科全书》(第6卷)，贵州教育出版社1990年版。

[12] 胡谊:《专长心理学：解开人才及其成长的密码》，华东师范大学出版社2006年版。

[13] 顾明远:《教育大辞典：增订合编本》，上海教育出版社1998年版。

[14] 怀特海著，庄连平等译:《教育的目的》，文汇出版社2012年版。

[15] 杰弗里·A. 康托著，孙玉直译:《美国21世纪学徒制——培养一流劳动力的秘密》，中国劳动社会保障出版社2016年版。

[16] 克里斯托弗著，杨明光等译:《职业教育的技能积累》，北京师范大学出版社2016年版。

[17] 莱夫、温格著，王文静等译:《情境学习：合法的边缘性参与》，华东师范大学出版社2004年版。

[18] 卢梭:《爱弥儿》，人民教育出版社1985年版。

[19] 洛克:《教育漫话》，教育科学出版社1999年版。

[20]《资本论》，人民出版社2018年版。

[21] 欧盟委员会发布，孙玉直译：《欧洲现代学徒制》，中国劳动社会保障出版社2016年版。

[22] 彭南生：《行会制度的近代命运》，人民出版社2003年版。

[23] 泰勒著，罗康、张阅译：《课程与教学的基本原理》，中国轻工业出版社2014年版。

[24] 陶行知：《陶行知文集》，江苏人民出版社1981年版。

[25] 涂尔干：《教育及其性质与作用》，华东师范大学出版社1989年版。

[26] 温特贝尔特大学认知与技术小组等著，王文静等译：《美国课程与教学案例透视——贾斯珀系列》，华东师范大学出版社2002年版。

[27] 王星：《技能形成的社会建构——中国工厂师徒制变迁历程的社会学分析》，社会科学文献出版社2014年版。

[28] 威廉·詹姆士著，李步楼译：《实用主义：某些旧思想方法的新名称》，商务印书馆2016年版。

[29] 沃尔特·G. 文森特：《工程师知道什么以及他们是如何知道的》，浙江大学出版社2015年版。

[30] 伊里奇：《学校教育的抉择》，人民教育出版社1989年版。

[31] 曹晔：《新形势下我国中等职业教育功能定位与推进策略》，载《教育发展研究》2016年第Z1期。

[32] 杜广平：《我国现代学徒制内涵解析和制度分析》，载《中国职业技术教育》2014年第30期。

[33] 杜启平、熊霞：《高等职业教育实施现代学徒制的瓶颈与对策》，载《高教探索》2015年第3期。

[34] 傅春晖、渠敬东：《单位制与师徒制——总体体制下企业组织的微观治理机制》，载《社会发展研究》2015年第2期。

[35] 龚小涛、赵鹏飞、石范锋：《“双高计划”背景下全面推行现代学徒制的路径研究》，载《中国职业技术教育》2019年第33期。

[36] 关晶：《英国学位学徒制：职业主义的高等教育新坐标》，载《高等教育研究》2019年第11期。

[37] 关晶：《政策目标与政策工具的匹配：英国学徒制改革进程透视》，载《教育发展研究》2019年第9期。

[38] 关晶：《现代学徒制之“现代性”辨析》，载《教育研究》2014年第10期。

[39] 关晶：《现代学徒制办学模式：内涵、现状与发展策略》，载《职教论

坛》2018 年第 6 期。

[40] 和震、谢良才：《论学徒制与职业教育的技能精英人才培养》，载《江苏高教》2016 年第 5 期。

[41] 何蓓蓓、谢莉花：《我国职业教育现代学徒制课程体系实施的现状、问题及对策》，载《职教论坛》2019 年第 5 期。

[42] 胡秀锦：《“现代学徒制”人才培养模式研究》，载《河北师范大学学报（教育科学版）》2009 年第 3 期。

[43] 黄培文：《工作适性的组织》群体及职务层次对工作满意的同时效果——以台湾旅馆业餐饮部员工为例》，载《中山管理评论》2007 年第 2 期。

[44] 黄蘋：《德国现代学徒制的制度分析及启示》，载《湖南师范大学教育科学学报》2016 年第 3 期。

[45] 黄亚宇：《新时代产教融合模式下受教育权的多维关系审视》，载《湖南社会科学》2019 年第 6 期。

[46] 黄文伟：《企业充分参与现代学徒培养的制度设计研究》，载《高教探索》2019 年第 7 期。

[47] 姜大源：《德国“双元制”职业教育再解读》，载《中国职业技术教育》2013 年第 33 期。

[48] 贾文胜、潘建峰、梁宁森：《高职院校现代学徒制构建的制度瓶颈及实践探索》，载《华东师范大学学报》2017 年第 1 期。

[49] 李金：《我国现代学徒制发展的历史轨迹及未来趋向——基于政策分析的视角》，载《职教论坛》2019 年第 2 期。

[50] 李俊：《德国职业培训市场的分析——兼谈对我国现代学徒制建设的启示》，载《德国研究》2015 年第 4 期。

[51] 李梦卿、杨秋月：《技能型人才培养与“工匠精神”培育的关联耦合研究》，载《职教论坛》2016 年第 16 期。

[52] 李天舒、王广慧、封军丽等：《代际职业流动及代际教育流动——对中国城乡家庭的比较研究》，载《统计与管理》2017 年第 5 期。

[53] 李政：《职业教育现代学徒制的价值审视——基于技术技能人才知识结构变迁的分析》，载《华东师范大学学报》2017 年第 1 期。

[54] 克努兹、孙玫璐：《我们如何学习——当代关于人类学习的综合性阐释》，载《职教通讯》2010 年第 6 期。

[55] 刘晓、路荣平：《文化互动视域下高职校企合作的内容与方式》，载《中国高等教育》2012 年第 9 期。

[56] 刘晓、徐珍珍：《基于现代学徒制的非遗传统手工技艺传承：内在机

理与功能价值》，载《中国职业技术教育》2017 年第 11 期。

［57］刘晓明、朱向楠：《高职院校转型发展背景下现代学徒制推行的困境与路径》，载《现代教育管理》2016 年第 8 期。

［58］刘育峰：《论学徒制的本质属性》，载《中国职业技术教育》2018 年第 36 期。

［59］刘育峰：《高职“双师型”师资建设的借鉴与启示》，载《教育与职业》2013 年第 15 期。

［60］马良：《英国“学位学徒制度”及“产教融合型企业”浅析》，载《中国高等教育》2019 年第 10 期。

［61］马陆亭、宋晓欣：《新时代高等职业教育的模式改革》，载《高等工程教育研究》2019 年第 2 期。

［62］马新星、朱德全：《现代学徒制培育新型职业农民的逻辑框架》，载《国家教育行政学院学报》2019 年第 9 期。

［63］马欣悦、石伟平：《高职现代学徒制学习者心理契约结构的实证研究》，载《职教论坛》2019 年第 4 期。

［64］宁本涛：《教育经济学研究方法的反思》，载《教育与经济》2006 年第 1 期。

［65］欧阳忠明、韩晶晶：《成本—收益视角下企业参与现代学徒制研究》，载《现代教育管理》2016 年第 6 期。

［66］欧阳忠明、韩晶晶：《雇主参与现代学徒制的利益与权力诉求——基于英国学徒制项目调查报告的分析》，载《教育发展研究》2014 年第 11 期。

［67］濮海慧、徐国庆：《我国产业形态与现代学徒制的互动关系研究——基于企业专家陈述的实证分析》，载《华东师范大学学报（教育科学版）》2018 年第 1 期。

［68］潘海生、田云云：《奥地利现代学徒制的模块化模式及其运行机制研究》，载《外国教育研究》2018 年第 10 期。

［69］潘海生、杨尚云：《新经济新技术背景下的职业教育战略选择：基于比较的视角》，载《高等工程教育研究》2018 年第 6 期。

［70］单文周、李忠：《现代学徒制试点中双导师制：内涵、瓶颈及路径》，载《社会科学家》2019 年第 8 期。

［71］石伟平：《我国职业教育课程改革中的问题与思路》，载《中国职业技术教育》2006 年第 1 期。

［72］宋培林、黄夏青：《员工指导关系对工作满意、组织承诺和离职倾向的影响——基于中国背景的实证分析》，载《经济管理》2008 年第 7 期。

[73] 孙佳鹏、石伟平：《现代学徒制：破解职业教育校企合作难题的良药》，载《中国职业技术教育》2014 年第 27 期。

[74] 托马斯·雷明顿、杨钋：《中、美、俄职业教育中的校企合作》，载《北京大学教育评论》2019 年第 2 期。

[75] 汤霓、王亚南、石伟平：《我国现代学徒制实施的或然症结与路径选择》，载《教育科学》2015 年第 5 期。

[76] 佟新：《职业生涯研究》，载《社会学研究》2001 年第 1 期。

[77] 吴建设：《高职教育推行现代学徒制亟待解决的五大难题》，载《高等教育研究》2014 年第 7 期。

[78] 吴康宁：《学生同辈群体的功能：社会学的考察》，载《上海教育科研》1997 年第 8 期。

[79] 吴晶：《我国现代学徒制的研究综述》，载《中国职业技术教育》2016 年第 31 期。

[80] 吴雪萍、杨莉萍：《英国的学徒制经费投入：演变、方式及特点》，载《中国职业技术教育》2019 年第 33 期。

[81] 吴岳军：《传统手工技艺“现代传承人”培养研究》，载《教育学术月刊》2019 年第 4 期。

[82] 王丹、赵文平：《现代学徒制中企业课程内容与教学过程分析——基于工作场所学习理论的视角》，载《职教论坛》2019 年第 4 期。

[83] 王洪斌、鲁婉玉：《“现代学徒制”——我国高职人才培养的新出路》，载《现代教育管理》2010 年第 11 期。

[84] 王建梁、赵鹤：《英国现代学徒制的发展历程、成效与挑战》，载《比较教育研究》2016 年第 8 期。

[85] 王筱宁、李忠：《现代中国职业教育办学主体的审视与前瞻》，载《高等工程教育研究》2019 年第 5 期。

[86] 王喜雪：《英国现代学徒制与我国工学结合的比较研究——基于政策分析的视角》，载《外国教育研究》2012 年第 9 期。

[87] 王永红：《现代学徒制下“工匠”精神与技能培养》，载《中国高校科技》2017 年第 3 期。

[88] 王振洪、成军：《现代学徒制：高技能人才培养新范式》，载《中国高教研究》2012 年第 8 期。

[89] 肖凤翔、付小倩：《职业能力标准演进的技术实践逻辑》，载《西南大学学报（社会科学版）》2018 年第 11 期。

[90] 肖凤翔、陶瑞雪：《现代学徒制的公共性、合作性和教育性之管见》，

载《职教论坛》2017 年第 27 期。

[91] 肖凤翔、王金羽：《“样式雷”世家工匠精神培养的现代教育意蕴》，载《河北师范大学学报（教育科学版）》2017 年第 9 期。

[92] 肖凤翔、张永林：《高等职业教育知识型技能人才培养目标的确立——企业生产组织方式变革的视角》，载《江苏高教》2014 年第 6 期。

[93] 肖化移、刘元：《层次化英国现代学徒制及其启示》，载《职教论坛》2018 年第 2 期。

[94] 肖化移、刘元：《职业教育现代化技术技能人才的特征与培养策略——〈2030 教育行动框架〉的视角》，载《职教论坛》2018 年第 12 期。

[95] 谢莉花、尚美华、余小娟：《现代学徒制背景下我国企业师傅队伍建设需求及策略研究——基于德国经验的分析》，载《中国职业技术教育》2019 年第 9 期。

[96] 徐国庆：《智能化时代职业教育人才培养模式的根本转型》，载《教育研究》2016 年第 3 期。

[97] 徐国庆：《高职教育发展现代学徒制的策略：基于现代性的分析》，载《江苏高教》2017 年第 1 期。

[98] 徐国庆：《我国职业教育现代学徒制构建中的关键问题》，载《华东师范大学学报》2017 年第 1 期。

[99] 闫广芬、张磊：《高等教育校际专业交往能力研究——基于社会网络结构洞理论》，载《教育发展研究》2017 年第 9 期。

[100] 谢霄男、李净：《现代学徒制下“工匠精神”的培育——以工科高校为例》，载《中国高校科技》2018 年第 4 期。

[101] 杨红荃、李萌仕：《从“双一流”视角审视我国高职院校建设的价值追求、核心内容与路径选择》，载《教育与职业》2019 年第 7 期。

[102] 杨红荃、苏维：《基于现代学徒制的当代“工匠精神”培育研究》，载《职教论坛》2016 年第 16 期。

[103] 杨劲松：《高职院校主导下的“现代学徒制”分析》，载《中国高校科技》2015 年第 8 期。

[104] 游蠡：《学徒制到院校制：19 世纪上半叶美国工程教育的大学化进程》，载《高等工程教育研究》2019 年第 3 期。

[105] 余鑑、于俊傑、廖珮妏：《連鎖餐飲業員工人格特質，工作特性，工作滿意度之研究——以美式星期五餐廳為例》，載《臺北科技大學學報》2008 年第 2 期。

[106] 张桂春、曹迪：《关注“教育性失业”问题的新视角》，载《辽宁教

育研究》2011 年第 11 期。

[107] 张启富:《高职院校试行现代学徒制:困境与实践策略》,载《教育发展研究》2015 年第 3 期。

[108] 张莉:《“现代学徒制”人才培养模式与“工匠精神”培育的耦合性研究》,载《江苏高教》2019 年第 2 期。

[109] 张瑶祥、何杨勇:《我国职业教育现代学徒制构建中的关键问题分析》,载《中国高教研究》2018 年第 7 期。

[110] 赵春来:《论现代学徒制实践层面的困境及解决途径》,载《吉首大学学报(社会科学版)》2019 年第 S1 期。

[111] 赵鹏飞:《现代学徒制人才培养的实践与认识》,载《中国职业技术教育》2014 年第 21 期。

[112] 赵鹏飞、陈秀虎:《“现代学徒制”的实践与思考》,载《中国职业技术教育》2013 年第 12 期。

[113] 赵昕、严璇:《欧盟学徒制治理基本框架、内涵与借鉴》,载《现代教育管理》2019 年第 5 期。

[114] 赵志群、陈俊兰:《现代学徒制建设——现代职业教育制度的重要补充》,载《北京社会科学》2014 年第 1 期。

[115] 赵志群、陈俊兰:《我国职业教育学徒制——历史、现状与展望》,载《北京社会科学》2013 年第 18 期。

[116] 赵志群:《职业教育工学结合课程的两个基本特征》,载《教育与职业》2007 年第 30 期。

[117] 庄西真:《多维视角下的工匠精神:内涵剖析与解读》,载《中国高教研究》2017 年第 5 期。

[118] 郑永进、操太圣:《现代学徒制试点实施路径审思》,载《教育研究》2019 年第 8 期。

[119] 朱德全、吴虑:《动因与理念:现代化语境下职业教育学习空间的变革》,载《社会科学战线》2020 年第 3 期。

[120] 朱永坤:《工匠精神:提出动因、构成要素及培育策略——以技术院校为例》,载《四川师范大学学报(社会科学版)》2019 年第 2 期。

[121] 祝士明、郭妍妍:《现代学徒制背景下的人才培养优势与途径》,载《中国高校科技》2016 年第 10 期。

[122] 樊星星:《当代教育的三种形态及比较研究》,上海师范大学硕士学位论文,2016 年。

[123] 高芳祎:《华人精英科学家成长过程特征及影响因素研究》,华东师

范大学博士学位论文，2015 年。

[124] 关晶:《西方学徒制研究——兼论对我国职业教育的借鉴》，华东师范大学博士学位论文，2010 年。

[125] 刘涛:《"学徒制"的现代价值及其实现之研究》，苏州大学硕士学位论文，2011 年。

[126] 王宇东:《德国双元制职业教育研究》，辽宁师范大学硕士学位论文，2010 年。

[127] 邢媛:《德国双元制职业教育中的企业参与培训模式对我国职业教育的启示》，东北师范大学硕士学位论文，2005 年。

[128] 熊苹:《走进现代学徒制》，华东师范大学硕士学位论文，2004 年。

[129] 徐小英:《校企合作教育对技能型人才创造力的影响研究》，武汉大学博士学位论文，2011 年。

[130] 吴旻瑜:《安身立命：中国近世以来营造匠人的学习生活研究》，华东师范大学博士学位论文，2017 年。

[131] 赵鹤:《传承与重塑：英国现代学徒制研究》，华中师范大学硕士学位论文，2017 年。

[132] 祝伟:《澳大利亚新学徒制研究》，华中师范大学硕士学位论文，2008 年。

[133]《德国"工业 4.0"及其影响》，中国社会科学院官网，http：//cass. cssn. cn/xueshuchengguo/jingjixuebu/201402/t20140224_971515. html。

[134]《全国城市调查失业率 4.99%》，观察者网，http：//www. guancha. cn/society/2016_02_16_351143. shtml。

[135] 国家统计局:《就业保持基本稳定结构出现较大调整——十八大以来我国就业状况》，http：//www. stats. gov. cn/tjsj/sjjd/201603/t20160308_1328215. html。

[136]《欧洲失业率普遍降低法国仍居高不下》，http：//world. huanqiu. com/hot/2015 -07/7131070. html。

[137]《学徒制缘何在美国企业兴起：动机及成本收益分析》，搜狐网，http：//mt. sohu. com/it/d20170301/127563327_468720. shtml。

[138]《现代学徒制需破学历教育瓶颈》，人民网，http：//opinion. people. com. cn/n/2015/0826/c159301 -27516167. html。

[139] Arthur，Michael B.，Douglas T. Hall，Barbara S. Lawrence. *Handbook of Career Theory* [M]. Cambridge University Press，1989.

[140] Bayazit N. *Designing：design knowledge：design research：related sciences* [M]. Design Methodology and Relationships with Science. Dordrecht：Springer，1993.

[141] Becker G. S. *Investment in human capital: effects on earnings* [M]. Human Capital: A Theoretical and Empirical Analysis, with Special Reference to Education, Second Edition. NBER, 1975.

[142] Becker G. S. *Human Capital* [M]. New York: Columbia University Press, 1964.

[143] Billett S. *Emerging Perspectives on Workplace Learning* [M]. Emerging perspectives of workplace learning. Brill Sense, 2008.

[144] Burt R. S. *Structural Holes: The Social Structure of Competition* [M]. Harvard University Press, 2009.

[145] Charmaz K. *Constructing Grounded Theory: A Practical Guide Through Qualitative Analysis* [M]. London, UK: Sage, 2006.

[146] Charmaz K. Grounded theory in the 21st century: Applications for advancing social justice studies [C]. *The Sage handbook of qualitative research.* Thousand Oaks, CA: Sage, 2005.

[147] Creswell J. W., Poth C. N. *Qualitative Inquiry and Research Design: Choosing among Five Approaches* [M]. Sage, 2016.

[148] Crotty M. *The Foundations of Social Research: Meaning and Perspective in the Research Process* [M]. London: Sage, 1998.

[149] Dawley L., Dede C. Situated Learning in Virtual worlds and immersive simulations [C]. *Handbook of Research on Educational Communications and Technology.* New York, Springer, NY, 2014.

[150] Daloz L. A. *Effective Teaching and Mentoring* [M]. San Francisco, CA: Jossey-Bass, 1986.

[151] Derr C. B. *Managing the New Careerists* [M]. San Francisco, CA: Jossey-Bass, 1986.

[152] Davenport T. H., Prusak L. *Working Knowledge: How Organizations Manage What They Know* [M]. Boston: Harvard Business School Press, 1998.

[153] Dreyfus H. *On the Internet: Thinking in Action.* [M]. Routledge Press, 2001.

[154] Glaser B. G. *Basics of Grounded Theory Analysis: Emergence vs Forcing* [M]. Sociology Press, 1992.

[155] Hegel G. W. F. *The Logic of Hegel* [M]. Clarendon Press, 1874.

[156] Holland J. L. *Vocational Preference Inventory* [M]. Consulting Psychologists Press, 1985.

[157] Levinson D. J. *The Seasons of a Man's life* [M]. Random House Digital, Inc., 1978.

[158] London M., Stumpf S. A. *Managing Careers* [M]. Addison Wesley Publishing Company, 1982.

[159] Lovitts B. E. *Leaving the Ivory Tower: The Causes and Consequences of Departure from Doctoral Study* [M]. Rowman & Littlefield Publishers, 2002.

[160] Mercer B. E., Covey H C. *Theoretical Frameworks in the Sociology of Education* [M]. Schenkman, Publishing Company, 1980.

[161] Miles M. B., Huberman A. M., Huberman M. A., et al. *Qualitative Data Analysis: An Expanded Sourcebook* [M]. Sage, 1994.

[162] Nettles M. T., Millett C. M., Millett C. M. Three Magic Letters: Getting to Ph. D [M]. JHU Press, 2006.

[163] Patton M. Q. *Qualitative Research & Evaluation Methods* [M]. Thousand Oaks, CA: Sage, 2002.

[164] Polanyi M. *The Tacit Dimension* [M]. University of Chicago press, 2009.

[165] Rosenbaum J. E. Institutional career structures and the social construction of ability [C]. *Handbook of Theory and Research for the Sociology of Education*. Greenwood Press, 1986.

[166] Ropohl G. *Knowledge Types in Technology* [M]. Shaping Concepts of Technology. Dordrecht: Springer, 1997.

[167] Ryan P. *Apprenticeship: Between Theory and Practice, School and Workplace* [M]. The future of Vocational Education and Training in a changing world. VS Verlag für Sozialwissenschaften, Wiesbaden, 2012.

[168] Schreier M. *The SAGE Handbook of Qualitative Data Analysis* [M]. London: Sage, 2013.

[169] Strauss A., Corbin J. *Basics of Qualitative Research: Grounded Theory Procedures and Techniques* [M]. Newbury Park, Ca: Sage, 1990.

[170] Wenger L. J. *Situated Learning: Legitimate Peripheral Participation* [M]. Cambridge: Cambridge University Press, 1991.

[171] Urquhart C. *Grounded Theory for Qualitative Research: A Practical Guide* [M]. London: Sage, 2012.

[172] Walter R. Heinz. *From Education to Work: Cross National Perspectives* [M]. Cambridge University Press, 1999.

[173] Watson, Tony J. *Sociology, Work and Industry* [M]. Routledge, 1995.

[174] Allen T. D. Mentoring relationships from the perspective of the mentor [C]. *The handbook of Mentoring at Work: Theory, Research, and Practice*, 2007: 123 - 147.

[175] Allen T. D., Eby L. T., Poteet M. L., et al. Career benefits associated with mentoring for protégés: A meta-analysis [J]. *Journal of Applied Psychology*, 2004, 89 (1): 127.

[176] Aryee S., Wyatt T., Stone R. Early career outcomes of graduate employees: The effect of mentoring and ingratiation [J]. *Journal of Management Studies*, 1996, 33 (1): 95 - 118.

[177] Armstrong S. J., Allinson C. W., Hayes J. Formal mentoring systems: An examination of the effects of mentor/protégé cognitive styles on the mentoring process [J]. *Journal of Management Studies*, 2002, 39 (8): 1111 - 1137.

[178] Axmann M., Hofmann C. Overcoming the workinexperience gap through quality apprenticeships-the ILO's contribution [EB/OL]. (2019 - 04 - 13) [2019 - 12 - 05], http://www.ilo.org/beirut/media-centre/fs/WCMS_214722/lang-en/index.htm, 2013.

[179] Brown R. Work histories, career strategies and the class structure [J]. *Social Class and the Division of Labour*, 1982: 119 - 136.

[180] Barker P., Monks K., Buckley F. The role of mentoring in the career progression of chartered accountants [J]. *The British Accounting Review*, 1999, 31 (3): 297 - 312.

[181] Bourdieu P., Richardson J. G. Handbook of Theory and Research for the Sociology of Education [J]. *The Forms of Capital*, 1986: 241 - 258.

[182] Bozionelos N. Mentoring provided: Relation to mentor's career success, personality, and mentoring received [J]. *Journal of Vocational Behavior*, 2004, 64 (1): 24 - 46.

[183] Carr - Chellman A. A., Gursoy H., Almeida L., et al. Research apprenticeships: A report on a model graduate programme in instructional systems [J]. *British Journal of Educational Technology*, 2007, 38 (4): 637 - 655.

[184] Chao G. T. Mentoring phases and outcomes [J]. *Journal of Vocational Behavior*, 1997, 51 (1): 15 - 28.

[185] Chao G. T., Walz P., Gardner P. D. Formal and informal mentorships: A comparison on mentoring functions and contrast with nonmentored counterparts [J]. *Personnel Psychology*, 1992, 45 (3): 619 - 636.

[186] Chinn P. L., Kramer M. K. Theory and nursing integrated knowledge de-

velopment [J]. *Journal of Advanced Nursing*, 1999, 52 (5): 546 -553.

[187] Coleman J. S. Social capital, human capital, and investment in youth [J]. *Youth Unemployment and Society*, 1994: 34.

[188] Creswell J. W., Hanson W. E., Clark Plano V. L., et al. Qualitative research designs: Selection and implementation [J]. *The Counseling Psychologist*, 2007, 35 (2): 236 -264.

[189] Day R., Allen T. D. The relationship between career motivation and self-efficacy with protégé career success [J]. *Journal of Vocational Behavior*, 2004, 64 (1): 72 -91.

[190] D'Abate C. P., Eddy E. R. Mentoring as a learning tool: Enhancing the effectiveness of an undergraduate business mentoring program [J]. *Mentoring & Tutoring: Partnership in Learning*, 2008, 16 (4): 363 -378.

[191] Dreher G. F., Ash R. A. A comparative study of mentoring among men and women in managerial, professional, and technical positions [J]. *Journal of Applied Psychology*, 1990, 75 (5): 539.

[192] Elliott E. M., Isaacs M. L., Chugani C. D. Promoting Self - Efficacy in Early Career Teachers: A Principal's Guide for Differentiated Mentoring and Supervision [J]. *Florida Journal of Educational Administration & Policy*, 2010, 4 (1): 131 -146.

[193] Ehrich L., Tennent L., Hansford B. A review of mentoring in education: some lessons for nursing [J]. *Contemporary Nurse*, 2002, 12 (3): 253 -264.

[194] Evanciew C. E. P., Rojewski J. W. Skill and Knowledge Acquisition in the Workplace: A Case Study of Mentor - Apprentice Relationships in Youth Apprenticeship Programs [J]. *Journal of Industrial Teacher Education*, 1999, 36 (2): 24 -54.

[195] Freedman S. Effective Mentoring [J]. *IFLA Journal*, 2009, 35 (2): 171 -182.

[196] Gibb S. The usefulness of theory: A case study in evaluating formal mentoring schemes [J]. *Human Relations*, 1999, 52 (8): 1055 -1075.

[197] Goodyear M. Mentoring: A learning collaboration [J]. *Educause Quarterly*, 2006, 29 (4): 52.

[198] Glaser B. G. Discorery of grounded theory: Strategies for qualitative research [M]. Routledge, 2017: 93 -115.

[199] Greenhaus J. H., Parasuraman S., Wormley W. M. Effects of race on organizational experiences, job performance evaluations, and career outcomes [J].

Academy of Management Journal, 1990, 33 (1): 64 - 86.

[200] Gentles S. J. , Charles C. , Ploeg J. , et al. Sampling in qualitative research: Insights from an overview of the methods literature [J]. *The Qualitative Report*, 2015, 20 (11): 1772 - 1789.

[201] Groenewald T. A phenomenological research design illustrated [J]. *International Journal of Qualitative Methods*, 2004, 3 (1): 42 - 55.

[202] Hall L. , Burns L. Identity development and mentoring in doctoral education [J]. *Harvard Educational Review*, 2009, 79 (1): 49 - 70.

[203] Hetty van Emmerik I. J. The more you can get the better: Mentoring constellations and intrinsic career success [J]. *Career Development International*, 2004, 9 (6): 578 - 594.

[204] Hennequin E. What "career success" means to blue-collar workers [J]. *Career Development International*, 2007, 12 (6): 565 - 581.

[205] Heslin P. A. Conceptualizing and evaluating career success [J]. *Journal of Organizational Behavior: The International Journal of Industrial, Occupational and Organizational Psychology and Behavior*, 2005, 26 (2): 113 - 136.

[206] Hubbard S. S. , Robinson J. P. Mentoring: A catalyst for advancement in administration [J]. *Journal of Career Development*, 1998, 24 (4): 289 - 299.

[207] Hunt D. M. , Michael C. Mentorship: A career training and development tool [J]. *Academy of Management Review*, 1983, 8 (3): 475 - 485.

[208] Imenda S. Is there a conceptual difference between theoretical and conceptual frameworks? [J]. *Journal of Social Sciences*, 2014, 38 (2): 185 - 195.

[209] Judge T. A. , Higgins C. A. , Thoresen C. J. , et al. The big five personality traits, general mental ability, and career success across the life span [J]. *Personnel Psychology*, 1999, 52 (3): 621 - 652.

[210] Van Eck Peluchette J. , Jeanquart S. Professionals' use of different mentor sources at various career stages: Implications for career success [J]. *The Journal of Social Psychology*, 2000, 140 (5): 549 - 564.

[211] Kahle - Piasecki L. Making a mentoring relationship work: What is required for organizational success [J]. *Journal of Applied Business and Economics*, 2011, 12 (1): 46 - 56.

[212] Kern M. L. , Friedman H. S. , Martin L. R. , et al. Conscientiousness, career success, and longevity: A lifespan analysis [J]. *Annals of Behavioral Medicine*, 2009, 37 (2): 154 - 163.

[213] Kerno S. Continual Career Change: Tomorrow's Engineers Will Need to be Adaptable [J]. *Mechanical Engineering*, 2007, 129 (7): 30 -33.

[214] Kram K. E. Phases of the mentor relationship [J]. *Academy of Management Journal*, 1983, 26 (4): 608 -625.

[215] Kram K. E.. Improving the Mentoring Process. [J]. *Training & Development Journal*, 1985, 39 (4): 40 -43.

[216] Lent R. W., Brown S. D. Social Cognitive Career Theory and Adult Career Development [R]. National Career Development Association, 2002, 76 -97.

[217] Cain L. D., Levinson D. J.. The Season of a Man's Life [J]. *Contemporary Sociology*, 1979, 8 (4): 547 -552.

[218] Liehr P., Smith M. J. Middle range theory: Spinning research and practice to create knowledge for the new millennium [J]. *Advances in Nursing Science*, 1999, 21 (4): 81 -91.

[219] Limbert C. A. Chrysalis, a peer mentoring group for faculty and staff women [J]. *NWSA Journal*, 1995, 7 (2): 86 -99.

[220] Lo M. C., Ramayah T. Mentoring and job satisfaction in Malaysian SMEs [J]. *Journal of Management Development*, 2011, 30 (4): 427 -440.

[221] Levinson W., Kaufman K., Clark B., et al. Mentors and role models for women in academic medicine [J]. *Western Journal of Medicine*, 1991, 154 (4): 423.

[222] Lucas K., Buzzanell P. M. Blue-collar work, career, and success: Occupational narratives of sisu [J]. *Journal of Applied Communication Research*, 2004, 32 (4): 273 -292.

[223] McManus S. E., Russell J. E. A. New directions for mentoring research: An examination of related constructs [J]. *Journal of Vocational Behavior*, 1997, 51 (1): 145 -161.

[224] Melamed T. Career success: The moderating effect of gender [J]. *Journal of Vocational Behavior*, 1995, 47 (1): 35 -60.

[225] Mirvis P. H., Hall D. T. Psychological success and the boundaryless career [J]. *Journal of Organizational Behavior*, 1994, 15 (4): 365 -380.

[226] gabor S. C., Petersen P. B. When Giants Learn to Dance: Mastering the Challenge of Strategy, Management, and Careers in the 1990s [J]. Executire, 1991, 5 (1): 97 -99.

[227] Nicholson N., De Waal - Andrews W. Playing to win: Biological imperatives, self-regulation, and trade-offs in the game of career success [J]. *Journal of Or-*

ganizational Behavior: *The International Journal of Industrial*, *Occupational and Organizational Psychology and Behavior*, 2005, 26 (2): 137 – 154.

[228] Noe R. A. An investigation of the determinants of successful assigned mentoring relationships [J]. *Personnel psychology*, 1988, 41 (3): 457 – 479.

[229] Ragins B. R., Cotton J. L. Mentor functions and outcomes: A comparison of men and women in formal and informal mentoring relationships [J]. *Journal of Applied Psychology*, 1999, 84 (4): 529.

[230] Ragins B. R., McFarlin D. B. Perceptions of mentor roles in cross-gender mentoring relationships [J]. *Journal of Vocational Behavior*, 1990, 37 (3): 321 – 339.

[231] Rosenbaum J. E., Kariya T., Settersten R., et al. Market and network theories of the transition from high school to work: Their application to industrialized societies [J]. *Annual Review of Sociology*, 1990, 16 (1): 263 – 299.

[232] Sands R. G., Parson L. A., Duane J. Faculty mentoring faculty in a public university [J]. *The Journal of Higher Education*, 1991, 62 (2): 174 – 193.

[233] San Miguel A. M., Kim M. M. Successful Latina scientists and engineers: Their lived mentoring experiences and career development [J]. *Journal of Career Development*, 2015, 42 (2): 133 – 148.

[234] Starks H., Brown Trinidad S. Choose your method: A comparison of phenomenology, discourse analysis, and grounded theory [J]. *Qualitative Health Research*, 2007, 17 (10): 1372 – 1380.

[235] Suddaby R. From the Editors: What Grounded Theory is Not [J]. *Academy of Management Journal*, 2006, 49 (4): 633 – 642.

[236] Scandura T. A. Mentorship and career mobility: An empirical investigation [J]. *Journal of Organizational Behavior*, 1992, 13 (2): 169 – 174.

[237] Scandura T. A., Ragins B. R. The effects of sex and gender role orientation on mentorship in male-dominated occupations [J]. *Journal of Vocational Behavior*, 1993, 43 (3), 251 – 265.

[238] Sears S. A definition of career guidance terms: A National Vocational Guidance Association Perspective [J]. *Vocational Guidance Quarterly*, 1982: 137 – 143.

[239] Seibert S. E., Crant J. M., Kraimer M L. Proactive personality and career success [J]. *Journal of Applied Psychology*, 1999, 84 (3): 416.

[240] Shapiro E. S., Blom – Hoffman J. Mentoring, Modeling, and Money: The 3Ms of Producing Academics [J]. *School Psychology Quarterly*, 2004, 19

(4): 365.

[241] Shen Y. J., Herr E. L. Career placement concerns of international graduate students: A qualitative study [J]. *Journal of Career Development*, 2004, 31 (1): 15-29.

[242] Slavich B., Castellucci F. Wishing upon a star: How apprentice-master similarity, status and career stage affect critics' evaluations of former apprentices in the haute cuisine industry [J]. *Organization Studies*, 2016, 37 (6): 823-843.

[243] Smith P. Connections between Women's Glass Ceiling Beliefs, Explanatory Style, Self-efficacy, Career Levels and Subjective Success [D]. University of Wollongong, 2012: 112-115.

[244] Spreitzer G. M. Social structural characteristics of psychological empowerment [J]. *Academy of Management Journal*, 1996, 39 (2): 483-504.

[245] Super D. E. Career patterns as a basis for vocational counseling [J]. *Journal of Counseling Psychology*, 1954, 1 (1): 12.

[246] Tan J. Grounded theory in practice: issues and discussion for new qualitative researchers [J]. *Journal of Documentation*, 2010, 66 (1): 93-112.

[247] Turban D. B., Dougherty T W. Role of protégé personality in receipt of mentoring and career success [J]. *Academy of Management Journal*, 1994, 37 (3): 688-702.

[248] Underhill C. M. The effectiveness of mentoring programs in corporate settings: A meta-analytical review of the literature [J]. *Journal of Vocational Behavior*, 2006, 68 (2): 292-307.

[249] Vickerstaff S. 'I was just the boy around the place': what made apprenticeships successful? [J]. *Journal of Vocational Education and Training*, 2007, 59 (3): 331-347.

[250] Virtanen A., Tynjälä P., Eteläpelto A. Factors promoting vocational students' learning at work: study on student experiences [J]. *Journal of Education and Work*, 2014, 27 (1): 43-70.

[251] Wacker J. G. A definition of theory: research guidelines for different theory-building research methods in operations management [J]. *Journal of Operations Management*, 1998, 16 (4): 361-385.

[252] Waters L. Protégé-mentor agreement about the provision of psychosocial support: The mentoring relationship, personality, and workload [J]. *Journal of Vocational Behavior*, 2004, 65 (3): 519-532.

[253] Wenger E. Communities of practice: Learning as a social system [J]. *Systems Thinker*, 1998, 9 (5): 2 – 3.

[254] Weng R. H., Huang C. Y., Tsai W. C., et al. Exploring the impact of mentoring functions on job satisfaction and organizational commitment of new staff nurses [J]. *BMC Health Services Research*, 2010, 10 (1): 240.

[255] Rawls G. J. Research self-efficacy and research mentoring experiences as predictors of occupational commitment in counselor education doctoral students [D]. Western Michigan University, 2008.

[256] Zimmerman B. J. *Development and adaptation of expertise: The role of self-regulatory processes and beliefs* [M]. *The Cambridge Handbook of Expertise and Expert Rerformance*, 2006, 186: 705 – 722.

[257] Ashton D. N.. The Impact of Organisational Structure and Practices on Learning in the workplace [J]. *International Journal of Training and Development*, 2004: 43 – 50.

[258] Magosho Harun. Rethinking preparation of early career academics: experiences from Chinese and Tanzanian Universities [D]. 上海：华东师范大学，2015.

[259] Murphree P. H. A grounded theory study: How workers link with each other and how they form networks to solve problems [D]. Washington: George Washington University, 2005.